鬼谷子新解

全译本

鬼谷子·著 魏庆岷·译注

民主与建设出版社
Democracy & Construction Publishing House

图书在版编目（CIP）数据

鬼谷子新解全译本 /（战国）鬼谷子著；魏庆岷译注. —北京：民主与建设出版社，2016.3

ISBN 978-7-5139-0962-4

Ⅰ.①鬼⋯ Ⅱ.①鬼⋯ ②魏⋯ Ⅲ.①纵横家 ②《鬼谷子》—研究 Ⅳ.①B228.05

中国版本图书馆CIP数据核字（2015）第315063号

出 版 人：许久文

责任编辑：李保华

策划编辑：王可飞

出版发行：民主与建设出版社有限责任公司

电　　话：（010）59419778　　59417745

社　　址：北京市朝阳区阜通东大街融科望京中心B座601室

邮　　编：100102

印　　刷：北京中科印刷有限公司

版　　次：2016年3月第1版　2016年3月第1次印刷

开　　本：32

印　　张：10.5

书　　号：ISBN 978-7-5139-0962-4

定　　价：32.80元

注：如有印、装质量问题，请与出版社联系。

鬼谷子，姓王名诩（或利），又名王禅，人称"王禅老祖"，号玄微子，一说春秋战国时期卫国朝歌（今河南省鹤壁市淇县）人；一说是战国时期魏国邺地（今河北省邯郸市临漳县香菜营乡谷子村）人。春秋战国时期著名的兵家、道家、谋略家代表人物，还是纵横家的鼻祖，是中国历史上一位极具神秘色彩的人物。他长于持身养性，精于心理揣摩，深明刚柔之势，通晓纵横捭阖之术，独具通天之智。因他隐居于清溪的鬼谷之中，故世人称其为"鬼谷先生"。

鬼谷子在中国历史上是一位显赫人物，是"诸子百家"之一。他既有政治家的韬略，又兼有阴阳家的祖宗衣钵，预言家的江湖神算，并且精通兵法、武术、奇门八卦，所以世人称鬼谷子是一位奇才、全才。

对于鬼谷子，最早的记载是司马迁的《史记》。《史记·苏秦列传》中说："苏秦者，东周洛阳人也。东事师子齐，而习之于鬼谷先生。"道家把鬼谷子奉为"古之真仙"，相传其曾活了百余岁，而后不知去向。

鬼谷子的主要著作有《鬼谷子》及《本经阴符七术》。《鬼谷子》又叫作《捭阖策》，侧重于权谋策略及言谈辩论技巧，此书完整地保留在道家的经典《道藏》之中。《鬼谷子》共有十四篇，其中第十三、十四篇已失传。《鬼谷子》的版本，常见者有道藏本及嘉庆十年江都秦氏刊本。《本经阴符七术》则集中讲述了养神蓄锐之道。前三篇说明如何充实意志，涵养精神，后四篇讨论如何将内在的精神运用于外，如何以内在的心神去处理外在的事物。

《鬼谷子》一书，主要涉及谈判、游说等内容，但是由于其中涉及到大量的谋略问题，而且与军事问题触类旁通，因此也可称为兵书。此书以实用主义为思想主线，认为可以利用一切合理手段以求达到目的。

《鬼谷子》一书，历来被人们称为"智慧禁果，旷世奇书"，它在中国传统文化中颇具特色，被称为"乱世之学说，乱世之哲学"。它在世界观方面讲求实用主义，讲求名利与进取，而在方法上则讲求顺应时势，知权善变。因此，《鬼谷子》所倡导的是一种讲求行动的实践哲学。

《鬼谷子》作为一部谋略学的巨著，一直为中国古代军事家、政治家和外交家所研磨。本书秉着"取其精华，弃其糟粕"的原则，以内政、外交、战争、商务公关、职场以及日常生活中的故事为典型案例，深入浅出地向读者解读和剖析了《鬼谷子》的智慧精髓和谋略精华，实为当代政界、企业界、商界等领域的人士所必读之智慧宝典。

目录

‖ 第一篇　捭阖术 ‖

捭阖是万物运行规律的一种体现，应始终把握事物发展变化的关键，度量对方的智谋，测量对方的能力，再比较技巧方面的长处和短处。

‖ 第二篇　反应术 ‖

古代善于从反面听别人言论的人，可以改变鬼神，从而刺探到实情。他们随机应变很得当，对对手的控制也很到位。如果控制不到位，得到的情况就不清晰，得到的情况不清晰，心里的底数就不全面。

‖ 第三篇　内揵术 ‖

所谓"内"就是采纳意见；所谓"揵"就是进献计策。想要说服他人，务必要先暗暗地揣测；度量、策划事情，务必要遵循顺畅的途径。暗中分析是可是否，透彻辨明所得所失。

‖ 第四篇　抵巇术 ‖

"巇"是容器的裂痕，裂痕会由小变大。在裂痕刚刚出现时，可以通过"抵"使其闭塞，可以通过"抵"，使其停止，可以通过"抵"使其变小，可以通过"抵"使其消失，找准问题的关键，借势而为，趁虚而入。

第五篇 飞钳术

掌握事物发展变化的规律，然后权衡这些关系，如果还有不清楚的地方，就要进行研究，进行探索，使之为我所用。借用引诱对手说话的言辞，行动的手段，然后钳住对手。钩钳之语是一种游说辞令，其特点是忽同忽异。

第六篇 忤合术

凡是计谋不可能同时忠于两个对立的君主，必然违背某一方的意愿。合乎这一方的意愿，就要违背另一方的意愿；违背另一方的意愿，才可能合乎这一方的意愿。这就是"忤合"之术。

第七篇 揣情术

所谓揣情，就是必须在对方最高兴的时候，去加大他们的欲望，他们既然有欲望，就无法按捺住实情；又必须在对方最恐惧的时候，去加重他们的恐惧，他们既然有害怕的心理，就不能隐瞒住实情，心理、欲望必然要随着事态的发展变化而流露出来。

‖ 第八篇　摩意术 ‖

"摩意"是一种与"揣情"相类似的方法。在"揣情"的过程中需要掌握"揣"的规律。而这些规律都是隐而不现的，这就要适当地去"摩"，要将内心的感情表现于外，就必然要做出一些行动，这就是"摩意"的作用。

‖ 第九篇　权术 ‖

凡是经过修饰的言辞，都是为了蒙蔽对方；凡要进行应酬以及答对，必须掌握伶俐的外交辞令；凡是伶俐的外交辞令，都是不实在的言论；凡是难于启齿的话，都是反面的议论。

第十篇 谋术

筹划计谋的人都要遵循一定的法则，先是要弄清事情的原由，通过研究事情的原委，来确定"三仪"，三者互相渗透，就可以从中悟出出奇制胜的办法，而奇计是所向无敌的，从古至今都是如此。

第十一篇 决术

行阳道则努力守常如一，行阴道则努力掌握事物对立的两面。要在平时和关键时刻巧妙地运用并谨慎行事，如果可以就做出决断。所以说，解决事情，确定疑难，是万事的关键。

‖ 第十二篇　符言 ‖

鬼谷子认为，养志是由于欲望不能都得以实现，需要养志以通达。要求为人君者必须做到：安徐正静的境界；高瞻远瞩，耳聪目明；善于听取各种言辞；赏罚必正；善于统领百官，遵循为政之理；思维周密，洞察隐微。

‖ 第十三篇　本经阴符七篇 ‖

要使精神旺盛充沛，必须效法五龙；培养心志要效法灵龟；要使思想充实，必须效法腾蛇；发挥威力，要效法伏在地上准备出击的熊；散发威势，要效法鸷鸟。

第一篇　捭阖①术

第一章　阴阳刚柔之道

■■■ 原文

粤若稽古②，圣人之在天地间也，为众生之先③。观阴阳④之开阖以命物⑤。知存亡之门户，筹策⑥万类⑦之终始，达人心之理，见变化之朕⑧焉，而守司⑨其门户。故圣人之在天下也，自古至今，其道一也⑩。变化无穷，各有所归⑪。或阴或阳，或柔或刚，或开或闭，或弛或张。

注释

①捭阖：捭，分开、撕裂，敞开心怀积极行动，采取攻势，或接受外部事物及他人的主张和建议。阖，本意为门扇，郑玄注曰："用木曰阖，用竹苇曰扇"，引申为关闭，关闭心扉，把进来的事物化为自己的事物，或不让外来事物进入，取封闭形态。捭阖，在这里指纵横驰骋，大开大合。这是鬼谷学说中一种基本的方法。

②粤若稽古：粤，语助词。若，顺；稽，考察。粤若稽古，意为按着一定的规律考察历史。

③众生之先：众生，众多有生者；先，先知，意指尊者，指导者，先驱者。众生先，在这里指广大生众的老师。

④阴阳：阴，本意为山的背阴面；阳，本意为山的朝阳面。此处被引申来概括对立统一的两类事物或现象。

⑤命物：辨别事物。

⑥筹策：就是计算、谋划。

⑦万类：就是万物。

⑧朕：征兆，迹象。

⑨守司：看守和管理。

⑩其道一也：道，大自然的规律。全句指圣人的"道"始终是一样的。

⑪归：归宿。

译文

纵观从古至今的历史，可以知道：圣人生活在世界上，就是要成为众人的先导。通过观察阴阳两类现象的变化来对事物做出判断，并进一步了解事物生存和死亡的途径，计算和预测事物的发展过程，通晓人们思想变化的规律，揭示事物变化的征兆，从而把握事物发展变化的关键所在。所以，圣人在世界上的作用始终如一。事物的变化虽然无穷无尽，但是各自都有自己的归宿，是有章可循的：或者属阴，或者归阳；或者柔弱，或者刚强；或者开放，或者封闭；或者松弛，或者紧张。

⊙ 鬼谷锦囊

刚柔之术是一个人生存和发展的必备武器。刚，是说一个人刚直不阿、坚守自我立场、把持自我原则，即为"方"，但一味地刚，则难免变成脆，脆，则易断，所以不足取；柔，就是要在不失大原则的前提下，在细枝末节和一些技巧上适时、适度地让步、弯曲，以达到双方满意、不失和气的双赢状态，即为"圆"，但一味地柔，则难免变成软，软则弱，易受人欺，所以亦不足取。

在生活中不管是交朋友、谈感情还是谈生意、求合作，都应刚柔并济、外圆内方，这样才能顺利而快捷地达成目标、走向成功。

☽ 延伸阅读

"或阴或阳，或柔或刚，或开或闭，或弛或张"。其意是说世间万事万物，都有阴阳、柔刚、开闭、张弛之道，如果能够灵活掌握、运用自如，便可以在人生的各个领域中轻松自如、有所成就。

捭阖之术即为阴阳之术，意思是行事时要或开或合，或阴或阳，灵活处之，多方探寻，必要时以假象迷惑对方，从而达到自己的目的。

唐高祖李渊就是一个深谙阴阳之道的权谋家。

隋朝末年，隋炀帝杨广荒淫无道，致使众叛亲离、国运岌岌可危。蓄谋已久的太原留守李渊趁机起兵。可是当时群雄割据，各路兵马纷纷抢夺天下，李渊并不具备一统天下的实力。

其中，瓦岗军是隋末最为强大的一支农民起义军。李密在杀死翟让以后，建立了自己在瓦岗军中的领袖地位，此时的李密得意忘形，大言不惭地说自己已被各路英雄推为盟主，自然也包括李渊。

李密写信给李渊，希望和李渊齐心协力，共同取得天下。

读完李密的密信，李渊给李密回复了一封措辞极为谦逊的回信。信中，李渊对讨伐、诛杀昏君、取而代之之言，表示不敢从命，而且申明自己"志在尊隋",这番虚伪之言掩饰了李渊夺取天下的野心。李渊还极力褒奖李密,说"天生万民,必有其主。当今能为民之主者,非君莫属",并且说自己已年过五旬,别无奢望,自己非常乐意拥戴李密,希望李密早登大宝,以安天下。只要李密能让自己复封于唐,就心满意足了。

李密接到李渊的回信,果然大喜过望。但是实际上,李渊如此做法是想利用瓦岗军的强大力量牵制住东都洛阳的隋军,以便让自己可以顺利进军长安。

唐武德元年(公元 618 年)9 月,李密与盘踞洛阳的王世充作战失利,只好到河阳(今河南孟县)去找瓦岗军将领王伯当。李密企图南阻黄河,北守太行,东连黎阳,卷土重来。但这种企图东山再起的主张,遭到部下诸将的反对。李密在无可奈何之下,不得不前往长安,投靠李渊。

李密带领两万人入关的时候,李渊派人迎接,冠盖相望,异常隆重。李密非常高兴,洋洋得意地进了长安城。李渊对李密非常尊重,并将其表妹嫁与李密。但其他人就没有这份待遇了,李密一到长安,他的部下经常好几顿都没有饭吃,大家怨声载道。李渊这样做的目的无非是蓄意制造事端,让李密众叛亲离。

这时,李密已经相当于自投罗网,当然只能任由李渊摆布了。

正是因为李渊善用阴阳之术,才取得了一石二鸟的成就:既利用瓦岗军牵制了隋军,让自己的军队顺利进军长安,又控制和瓦解了瓦岗军。

一个团队中优秀的将帅,不仅能够善用阴阳,而且还能够刚柔并济甚至以柔克刚。单纯的柔和、软弱,会使自己的力量被削减,以至失败;而一味地刚烈、刚强又只会导致刚愎自用,也是注定要失败的。

汉代的张良给高祖刘邦筹划过许多关系大业成败的重要谋略，其中刚柔并用、以柔克刚、以弱胜强的例子颇多。

当秦军主力与项羽会战时，刘邦决定由南阳入武关攻秦，张良反对硬拼，认为秦军将领是屠户商家出身，商人都重利，张良便劝刘邦以重金招降秦将贾竖，而当贾竖同意投降时，张良又恐士卒不从，乘敌懈怠之机，一举破之，结果直下咸阳，擒获秦王子婴。

后来，楚汉相争，汉弱楚强，张良劝刘邦处处退让，以柔制刚，不但避开了鸿门宴的生命危险，而且取得了汉中、巴蜀之地。接着，张良又建议刘邦火烧栈道，使项羽疏于防范、屡屡上当。最后，刘邦转弱为强，终于以布衣取得天下。

张良的高明谋略，据说来自黄石老人所授的三略。三略并不是一味只讲以弱制强，而是强调刚柔强弱都要得当，做到"柔有所设，刚有所施，弱有所用，强有所加。兼此四者，而制其宜"。所以，不柔不刚，刚柔并济才是最理想的性格特点，才是运用刚柔的最佳状态。

鬼谷子的阴阳之理、刚柔之术、张弛之道对我们的现实人生颇具指导意义。

阴阳协调、风雨调顺、万物各得其所、万事各得其宜是一种顺其自然、合乎自然规律的理想状态。阴阳互补、协调运行，人才能健康，社会才能稳定，大自然才能和谐，做事才能顺利，做人才能安乐。

天人和谐是一种理想的状态。人生活在天地之间，如何才能体现出人在天间的固有价值呢？如何才能求得人与天地万物的和谐相处与和谐发展呢？这是每一个人都必须思考的人生问题。阴阳之道提倡人与自然的和谐关系，人不但要利用、改造自然，更重要的是适应、协调自然，从而达到与自然环境和谐相处的目的。这是阴阳之道在人与自然关系上的意义所在。

所谓"文武之道，一张一弛"，无论做任何事，都要张弛有度。一个懂生活、会生活的人，能够兼顾严肃和活泼，该工作的时候工作，该休息的时候休息，潇洒自如。一味地张，就会让自己绷得过紧，往往会导致自己失去弹性和张力；一味地弛，往往会让自己变得松垮、懒散，失去进取心和斗志，从而停步不前。所以，凡事有度、过犹不及。成功的时候不要得意忘形，以免乐极生悲；失败的时候不要灰心绝望、萎靡不振，只要坚持就能峰回路转、柳暗花明。人生之中，任何事情都要保持一个平衡，包括自己的工作和生活，只有有度的人生，才是美丽、成功的人生。

第二章　度权量能，任人为贤

▬ 原文

是故圣人一守司其门户，审察其所先后，度权量能①，校其伎巧短长。夫贤、不肖、智、愚、勇、怯有差②。乃可捭，乃可阖；乃可进；乃可退；乃可贱；乃可贵；无为以牧③之。审定有无，以其实④虚，随其嗜欲⑤以见其志意，微排其所言，而捭反之，以求其实，实得其指⑥，阖而捭之⑦，以求其利⑧。或开而示之，或阖而闭之⑨。开而示之者，同其情也；阖而闭之者，异其诚也。可与不可，明审其计谋，以原其同异。离合⑩有守⑪，先从其志。

注释

①度权量能：测度权衡、比较才能。

②有差：各有不同。

③以牧：用来掌握。

④实：指实情。

⑤嗜欲：喜欢，特殊的爱好。

⑥指：同"旨"，宗旨。

⑦阖而捭之：先封闭，然后再打开。

⑧求其利：检讨对方的善恶利害。

⑨或开而示之，或阖而闭之：或开放使其显现，或封闭使之隐藏。

⑩离合：离，离开，不一致。合，闭合，合拢与"开"相对。

⑪守：遵守，信守。

译文

所以，圣人要始终把握事物发展变化的关键，度量对方的智谋，测量对方的能力，再比较技巧方面的长处和短处。至于贤良与不肖，智慧与愚蠢，勇敢与怯懦，都是有区别的。所有这些，可以开放，也可以封闭；可以进升，也可以辞退；可以轻视，也可以敬重，要靠无为来掌握这些。考察他们的有无与虚实，通过对他们嗜好和欲望的分析来揭示他们的志向和意愿。适当贬抑对方所说的话，当他们开放以后再反复考察，以便探得实情，切实把握对方言行的宗旨所在，让对方先封闭而后开放，以便抓住有利时机。或者开放，使之显现；或者封闭，使之隐藏。开放使其显现，是因为情趣相同；封闭使之隐藏，是因为诚意不一样。要区分什么可行，什么不可行，就要把那些计谋研究明白、透彻，计谋有与自己不同的，也有与自己相同的，必须有主见，并且区别对待，还要注意跟踪对方的思想活动。

⊙ 鬼谷锦囊

任人唯贤、唯才是举是真正的用人之道。在竞争激烈的今天，这条法则更是企业用人的王道，是企业用人的精髓所在。今天的人才竞争，归根结底是实力与能力的竞争，很多企业在用人上已经摒弃了"学历至上"的陈腐理念，而是以能力和实力作为用人的首要标尺。

◯ **延展阅读**

"度权量能，校其伎巧短长"。本章主要讲使用人才一定要度量对方的智谋，测量对方的能力，再比较其技巧方面的长处和短处。所以，用人最重要的一点就是任人唯贤。《尚书》有云："任官惟贤才。"孔子在回答仲弓问政时也说"举贤才"。

《吕氏春秋》和《左传》中都记载有这样一个故事：

春秋时期晋国大夫祁奚请求退职，晋悼公要他推荐一个有才能的人继任，他推荐了与他有私仇的解狐。解狐上任不久便死去，悼公又要他推荐，他又推荐了自己的儿子祁午。

孔子、韩非子等先贤以及后人都称赞祁奚是个"外举不避仇，内举不避亲"的唯才是举者。这种外不避仇、内不避亲正是任人唯贤的要求和体现。

《大学衍义补辑要》中说："欲得良将而用之，必不以远而遗，不以贱而弃，不以仇而疏，不以罪而废。"意思是说，要想得到良将而任用他，就必须做到不因为关系不密切而遗忘他，不因为出身低贱而抛弃他，不因为有私人怨恨而疏远他，不因为曾犯过错误而废弃他。春秋时期齐桓公任用管仲就是一个最好的例证。

春秋时期齐国国君齐襄公被杀。襄公有两个弟弟，一个叫公子纠，当时在鲁国（都城在今山东省曲阜市）；一个叫公子小白，当时在莒国（都城在今山东省莒县）。两个人身边都有个师傅，公子纠的师傅叫管仲，公子小白的师傅叫鲍叔牙。两个公子听到齐襄公被杀的消息，都急着要回齐国争夺君位。

在公子小白回齐国的路上，管仲早就派好人马拦截他。管仲拈弓搭箭，对准小白射去。只见小白大叫一声，倒在车里。管仲以为小白已经死了，就不慌不忙护送公子纠回到齐国去。怎知公子小白是诈死，等到公子纠和管仲进入齐国国境，小白和鲍叔牙早已抄小道抢先回到了国都临淄，小白当上了齐国国君，即齐桓公。

齐桓公即位以后，立即要求鲁国杀公子纠把管仲送回齐国治罪。管仲被关在囚车里送到齐国。鲍叔牙立即向齐桓公推荐管仲。齐桓公气愤地说："管仲拿箭射我，要我的命，我还能用他吗？"鲍叔牙说："那回他是公子纠的师傅，他用箭射您，正是他对公子纠的忠心。论本领，他比我强得多。主公如果要干一番大事业，管仲可是个用得着的人。"齐桓公也是个豁达、大度之人，听了鲍叔牙的话，不但没治管仲的罪，还任命他为相，让他管理国政。

管仲帮着齐桓公整顿内政，开发富源，大开铁矿，多制农具，齐国变得越来越富强。后来，齐桓公终于成了春秋时期的霸主。

可以说没有管仲才能全面和淋漓尽致的发挥，也就难以有齐国的繁荣和齐桓公的霸业。齐桓公大胆起用管仲这个"大仇人"，结果"仇人"帮他缔造了盛世江山。类似的事例历史上有很多，例如：唐太宗李世民不计前嫌任用魏征。唐太宗说："用人跟用器物一样，每一种东西都要选用它的长处。"唐太宗是中国古代历史上最为贤明的皇帝之一，他的很多治国之道都为后世所推崇，而在他所有治国方略当中，用人之道是最为后世所推崇和称道的。在唐太宗理政的 23 年时间里，所用的文臣武将不胜枚举：除了魏征，还有尉迟敬德、房玄龄、杜如晦，等等，无不是有才之士。

任人唯贤、用人唯才大可以定国兴邦，小可以让企业兴旺、个人发达。因此，"度权量能，校其伎巧短长"才是用人的不二法门。

第三章 周详而隐秘的捭阖之术

■ **原文**

即欲捭之贵周①，即欲阖之贵密。周密之贵微，而与道相追②。捭之者，料其情③也；阖之者，结其诚④也。皆见其权衡轻重⑤，乃为之度数⑥，圣人因而为之虑。其不中权衡度数，圣人因而自为之虑。故捭者，或捭而出之，或捭而内之⑦；阖者，或阖而取之，或阖而去之。捭阖者，天地之道。捭阖者，以变动阴阳，四时开闭以化万物⑧。纵横⑨，反出、反复、反忤⑩必由此⑪矣。

注释

①欲捭之贵周：周，不遗漏。当要采取行动时，必须进行周详的考虑。

②与道相追：道，道理、规律。这里指与规律相近的道理。

③料其情：就是检查实情。

④结其诚：使其诚心坚定。

⑤权衡轻重：指权衡、比较谁轻谁重。

⑥为之度数：测量重量与长度的数值。

⑦或捭而出之，或捭而内之：出之，指出去。内之：收容、接纳。意思是或开放，让自己出去；或开放，使别人进来。

⑧四时开闭以化万物：就像春、夏、秋、冬的开始与结束一样，来促使万物发展变化。

⑨纵横：自由自在的变化。

⑩反复、反忤：或离开，或反回、或复归，或反抗。

⑪必由此：必须通过这里。

译文

如果要开放，最重要的是考虑周详；如果要封闭，最重要的是严守机密。由此可见周全与保密的重要，应当谨慎地遵循这些规律。让对方开放，是为了侦察他的真情；让对方封闭，是为了坚定他的诚心。所有这些都是为了使对方的实力和计谋全部暴露出来，以便探测出对方各方面的程度和数量。圣人会因此而用心思索，假如不能探测出对方的程度和数量，圣人会为此而自责。因此，所谓开放，或者是要自己出去；或者是让别人进来。所谓封闭，或者是通过封闭来自我约束；或者是通过封闭使别人被迫离开。开放和封闭是世界上各种事物发展变化的规律。开放和封闭都是为了使事物内部对立的各方面发生变化，通过一年四季的开始和结束使万物发生变化。不论是纵横，还是离开、归复、反抗，都必须通过开放或封闭来实现。

⊙ 鬼谷锦囊

现代管理学中有一句话，"细节决定成败"。在细节为首、效率当先的今天，周密的计划显得更为重要。时间管理专家说，你用于计划的时间越长，你完成计划目标所需的时间就越短。这两个时间存在着极大的相关性和互补性，就看你怎么做，你是愿意多花一些时间在计划细节上下功夫，还是愿意多花一些时间去调整因为盲目而导致的错误呢？

在人的一生中，每个人都必须做好自己的人生规划，必须具备睿智的眼光和超凡的远见，安排好生活中的每一件事。要全面系统地分析实现既定目标的有利条件和不利因素，或者说，存在哪些方面的机会与威胁。然后，依据上面的分析，确定实现既定目标的具体方案。只有进行周密的计划，才能对那些随时会出现的未知数和变数有所准备，才能在碰到各种各样的突发问题时临危不乱、处变不惊；只有进行周密的计划，才能很明确自己这一步该做什么，下一步该做什么，应该怎样去做。

◎ 延展阅读

"即欲捭之贵周，即欲阖之贵密。周密之贵微，而与道相追"。本章主要讲实行开阖之术，必须周详而隐秘，无论做任何事，事先都要有一个周详而严密的规划。下过象棋的人都知道，赢家没有一个是走一步算一步的，所有的赢家都能算计到后面将要走的好几步。因此，凡事只有有周详而严密的计划，做起来才能得心应手、游刃有余，成功的几率才会更大。隋炀帝杨广处心积虑、密谋夺取储君和帝位便是得益于他周密的谋划。

隋王朝统一中国后不久，杨广就开始酝酿他的夺嫡计划，向他的同胞哥哥皇太子杨勇伸出了毒手。

杨勇是个豪爽的花花公子，爱好广泛又不注意小节，更缺乏防人之心和政治谋略。其母独孤皇后最讨厌男人讨小老婆，杨勇偏偏有很多小老婆；隋文帝杨坚最讨厌花天酒地，杨勇偏偏喜欢音乐歌舞，饮宴达旦。在封建社会的上层，这些本是再正常不过的了，何况杨勇还是皇太子的身份。可这些小的细节却足以让杨广作为"反面教材"加以利用，大作文章了。比如：杨广在父母面前故作清贫和高尚，他只带妻子萧妃一人在身边，仅此一点就足以使父母高兴和欣慰。老夫妇有一次到杨广家，发现婢仆们都又老又丑，乐器上布满灰尘，甚至连弦都没有，不由大喜。老夫妇每派人到儿子们那里，皇太子杨勇只把他们当仆人看待，杨广却不然，他和妻子一定是双双站到门口亲自迎接，致送厚礼，于是老夫妻耳畔听到的全是赞扬杨广的声音。杨广出任江都府时，每次入朝辞行都痛哭流涕，依依不舍。父母见儿子如此孝心，也流下老泪，不忍他远离膝下。

杨广知识水平很高，有很好的文学修养和城府，对任何人都很诚恳，谦虚有礼，尤其善于曲意交结政府重要官员，包括杨坚最信任的宰相（尚书左仆射）杨素。他所展示出来的，全是一个千载难逢的标准领袖形象，具有肝胆相照、义薄云天的英雄胸怀和救国救民、普济苍生的圣贤抱负。节俭、朴实、谦恭，虚怀若谷兼好学不倦，礼贤下士加不爱声色犬马。几乎集人类美德于一身。

一切布置成熟后，公元600年，"诬以谋反"的罪名落到皇太子杨勇的头上，杨坚下令把杨勇贬为平民，囚禁深宫，改立杨广为皇太子，杨广终于夺嫡成功。在这段谋划夺嫡的漫长岁月中，杨广一直坚守"情操"，恪守"美德"，而且做得天衣无缝，说明他具有绝顶的谋略才智和超人的忍耐力。十几年的"事实"，相信没有人会怀疑他"美德"的真实性和可靠性，更不会怀疑他对父皇的忠诚。

公元602年，独孤皇后逝世。又过了两年，悲剧又降临到父亲杨坚头上。公元604年夏，杨坚前往仁寿宫避暑，患病，杨广入宫侍奉。看到老皇上日渐病重，他内心的兴奋使他再也无法继续控制自己，他对父亲最宠爱的宣华夫人陈氏垂涎已久。一天，趁着陈夫人上厕所的时候，杨广便上前一把抱住求欢。

陈夫人挣扎逃掉，杨坚见她神色仓惶，探问，她垂泪道："太子无礼。"

杨坚大怒曰："独孤误我！"急命两名亲信官员去长安召唤囚禁中的杨勇。

杨广得到消息，急急通知杨素，杨素立即把两名亲信官员逮捕，勒兵戒严，包围了仁寿宫，断绝了内外交通。杨广指使部属张衡，闯进杨坚寝宫，猛击其胸部，杨坚口吐鲜血，哀号之声传遍后宫。可怜一代开国皇帝，竟被自己的亲生儿子、亲自改立的皇太子残忍夺命，令人不寒而栗。

杨广弑父后立即派人驰赴长安，把他已经被罢黜的哥哥杨勇杀掉。杨广密谋了十几年的计划终于成功了。

杨广争夺太子的斗争是一场阴谋活动，他首先隐藏自己的不良野心，把自己伪装成正人君子，过着俭朴的生活，处处揣摸父母的心思，投其所好，讨他们欢心。其实杨广的"谋略"也并不复杂，只是因为他周密的计划好了每一个细节。

俗话说："凡事预则立，不预则废"。周密的计划是做事成功的基础。一个团队也好，一个自然人也好，做事都要有计划，越是重要的事计划越应周密。做什么、不做什么，先做什么、后做什么，粗做什么、细做什么，资源如何配置等等，都要依据实际情况计划周详。没有周密的、切实可行的计划，要很好地完成一件事几乎是不可能的。唐朝的"甘露之变"之所以失败，原因之一就在于没有周密的计划。

从唐穆宗以后，唐朝的皇帝都是由宦官拥立的。这样一来，宦官的权力就更大了，连皇帝的命运都掌握在他们的手里。

唐文宗李昂（穆宗的儿子）即位的第二年，各地推荐的举人到京都应试。有一个举人叫作刘蕡（fén），在试卷里公开反对宦官掌权，认为若要国家安定，应该排斥宦官，把政权交给宰相，把兵权交给将帅。

这份考卷落在几个考官手里，考官们传来传去，赞不绝口，觉得不但文采好，而且说理精辟，是篇难得的好文章。但是到了决定录取的时候，谁也不敢表示态度，因为录取了刘蕡，就得罪了宦官，他们的位子也就难保了。

结果，跟刘蕡一起来投考的二十二人都中了，而刘蕡却落了选。刘蕡是大家公认的杰出人才，这次因为说了些正直话落选，大家都觉得他委屈。

唐文宗在宦官操纵下做傀儡皇帝，自己也很气恼，他极力想除掉宦官。有一次，唐文宗生了一场病，急于找医生。正好宦官头子李守澄手下有个官员叫郑注，精通医道。王守澄把他推荐给唐文宗治病。文宗服了他的药，果然病一天天好了起来。唐文宗很高兴，于是召见了郑注。言谈举止中，唐文宗发现郑注口齿伶俐，是个很有才干的人，就把他提拔为御史。

郑注有个朋友李训，原是个很不得志的小官员，听到郑注受到朝廷重用，就带了一些礼物去求见郑注。郑注正好想找个帮手，就请王守澄把李训推荐给文宗。李训也得到文宗的信任，后来，竟被提升为宰相。

李训、郑注两人取得了唐文宗的信任，文宗把自己想除掉宦官的心事告诉了他们。他们就跟文宗秘密商量，想办法削弱王守澄的权力。他们打听到王守澄手下有个宦官叫仇士良，跟王守澄有矛盾，就请文宗封仇士良为左神策中尉，带领一部分禁卫军。

　　接着，李训又解除了王守澄的兵权。王守澄失了兵权，就容易摆布了。最后，唐文宗给王守澄一杯毒酒，把他杀了。

　　去了王守澄，接下来就是要除掉仇士良了。李训经过一番策划，联络了禁卫军将军韩约，决定动手。公元835年的一天，唐文宗上朝的时候，韩约上殿启奏，说禁卫军大厅后院的一棵石榴树上，昨天夜里降了甘露。

　　原来，封建王朝是最讲迷信的，天降甘露被认为是好兆头。李训当即带领文武百官向文宗庆贺，还请唐文宗亲自到后院观赏甘露。

　　唐文宗命令李训先去察看。李训装模作样到院子里去兜了一转回来说："我去看了一下，恐怕不是真的甘露，请陛下派人复查。"

　　唐文宗又命令仇士良带领宦官去观看。仇士良叫韩约陪着一起去。韩约走到门边，神情紧张，脸色发白。仇士良发现这个情况，觉得奇怪，问韩约说："韩将军，您怎么啦？"

　　正说着，一阵风吹来，吹动了门边挂的布幕。仇士良发现布幕里埋伏了不少手持武器的兵士。

　　仇士良大吃一惊，连忙退出，奔回唐文宗那里。李训看到仇士良逃走，立刻命令埋伏的卫士赶上去。哪知道仇士良和宦官们已经把文宗抢在手里，把他拉进软轿，抬起就走。

　　李训赶上去，拉住文宗的轿子不放，一个宦官抢前一步，朝李训劈胸一拳，把他打倒在地。仇士良趁机扶着文宗的软轿，进内宫去了。

　　李训预谋失败，只好从小吏身上讨了一件便衣，化装逃走。仇士良立即派兵出宫，大规模逮捕一些参加预谋的官员，把他们全都杀害。李训东奔西逃，走投无路，在路上被杀。郑注正从凤翔带兵进京，得到消息，想退回凤翔，也被监军的宦官杀死。

　　唐文宗和李训、郑注策划的计谋彻底失败，在这次事变后受株连被杀的有一千多人。历史上把这个事件称为"甘露之变"。

李训除掉王守澄，是用了引虎驱狼、以毒攻毒的阴谋，这种阴谋让李训等人尝到了甜头，他们进而打算继续用阴谋之术除掉仇士良，但仇士良却并不像王守澄那样不堪一击。甘露阴谋的失败在于李训、郑注期望通过阴谋诡计侥幸获胜，这是一种政治投机分子和政治暴发户的心理，因而对于整个事件缺乏严密、周详的计划和部署，而他们又不具备威望、号召力和凝聚力，亦不具备审时度势的能力，所以失败也是必然的。

细节是和计划密不可分的一个最重要因素。细节始于计划，计划同时也是一种细节，是很重要的细节。在你制定计划时，应对所要进行的事情的每一个环节做出深入细致的规划，保证每个环节都有一个目标，都有法可依、有章可循，每一个流程、每一个动作，都要进行量化，都要从细节去分析。计划做得越周密，细节做得越到位，做起事情来就越得心应手，越容易取得成功。由此可见，细节不仅是一种态度，更是一种能力，细节决定修养，细节体现艺术，细节隐藏机会，细节凝结效率，细节创造效益。

所以，无论做什么事情，制定一个详细、周密的计划都是非常重要的，它可以帮你从容地应对和解答事情的未知数，帮你把事情的细节不断量化。过去的人们常说"别老坐在这里了，赶紧去干活吧"，而今天我们则大力倡导"别忙着干活，先坐下来想一想吧"！

第四章 "道"在于如何说

■■ 原文

捭阖者，道之化，说之变①也；必豫审其变化，吉凶大命系焉。口者，心之门户也，心者，神之主也。志意、喜欲、思虑、智谋，此皆由门户出入，故关之以捭阖，制之以出入。捭之者，开也、言也、阳也；阖之者，闭也、默也、阴也。阴阳其和，终始其义②。故言长生、安乐、富贵、尊荣、显名、爱好、财利、得意、喜欲为阳，曰"始"。故言死亡、忧患、贫贱、苦辱、弃损、亡利、失意、有害、刑戮、诛罚为阴，曰"终"。诸言③法阳之类者，皆曰"始"，言善以始其事；诸言法阴之类者，皆曰"终"，言恶以终其谋。

注释

①道之化，说之变：道的变化规律，说的变化形态。
②终始其义：始终保持的义理，即善始善终。
③诸言：各种言论。

译文

开放和封闭是万物运行规律的一种体现，是游说活动的一种形态。人们必须首先慎重地考察这些变化，事情的吉凶，人们的命运都系于此。口是心灵的门面和窗户，心灵是精神的主宰。意志、情欲、思想和智谋都要由这个门窗出入。因此，用开放和封闭来把守这个关口，以控制出入。所谓"捭之"，就是开放、发言、公开；所谓"阖之"，就是封闭、缄默、隐匿。阴阳两方相协调，开放与封闭才能有节度，才能善始善终。所以说长生、安乐、富贵、尊荣、显名、嗜好、财货、得意、情欲等，属于"阳"的一类事物，叫作"开始"。而死亡、忧患、贫贱、羞辱、毁弃、损伤、失意、灾害、刑戮、诛罚等，属于"阴"的一类事物，叫作"终止"。凡是那些遵循"阳道"的一派，都可以称为"新生派"，他们以谈论"善"来开始游说；凡是那些遵循"阴道"的一派，都可以称为"没落派"，他们以谈论"恶"来终止施展计谋。

鬼谷锦囊

在当今社会，掌握和运用捭阖术，就是要做到阴阳平衡、进退有度、趋利避害、稳操胜券。通过对捭阖之道的理解和分析，我们可以总结出以下几点人生智慧。

第一，处世之道。人生要捭阖有度，进退自如，这是为人处世的宗旨和要领。进和退是人生截然不同的两种选择，然而却都是为了人生大目标而服务的，换句话说，退一步是为了进两步甚至更多步。所以在人生道路上，一定要捭阖有度，适时进退。这种灵活的选择是一种随机应变的智慧，往往会对以后的人生轨迹带来很大的影响。在顺境中，有很多机遇和"天时地利"的有利条件，一定要坚决果断地把握机会，大踏步前进；在逆境中，有很多挑战和阻碍前进的不利因素，你必须暂时停下脚步思考。所以在面临重大抉择的重要关口时，一定要懂得进和退的选择。把握好自己的人生目标，认清有利和不利条件，用自己的理性和智慧为自己的人生导航，只有这样才能正确决断自己的进退隐显。

第二，待人之道。人世间，人和人是千差万别的，所以，我们对待不同的人就要用不同的应对方法：对贤德之人要赞颂、褒奖，对不肖之人要惩戒、教育；对聪明之人要器重、提拔，对糊涂之人要开导、舍弃；对勇敢之人要敬重、激励，对怯懦之人要鼓励；等等。运用到企业管理领域，用人要量体裁衣、因材定岗、因人施管；运用到教育领域，要因材施教、因人而异；等等。总之，我们要做到：识人心、待人正、用人长。

第三，谈判之道。谈判讲求"知己知彼"：可以"合"上自己，不让对方察觉自己的真实意图，"合"的目的是为了更好地了解对方的实力和意图，以争取和寻找最佳合作方案。可以"开"启自己，让对方知道自己的真实意图。但是要"开"，必须要考虑周详。一定要做好周详、科学、合理的计划，从而能在谈判中达成双方共识，实现双赢。

第四，"开口"之道。俗语说："病从口入，祸从口出"，"一言可兴邦，一言可丧国"。口是心灵的关口，用开阖之法把守这个关口，当开则开，当闭则闭；当多则多，当少则少；当高则高，当低则低；当缓则缓，当急则急；当硬则硬，当软则软；等等。只有这样，才能做到言谈有度、挥洒自如。

第五，商战之道。在商海里，倘若遇到强硬劲敌，可采用"捭"，以势压人；亦可采用"阖"，以柔克刚。若是遇到弱小对手，则比较适于采用"阖"，以德服人；但同样可采用"捭"，兼并收购。一言以蔽之，在商战中，掌握了捭阖之术，就是掌握了制胜之术，就能纵横商海。

⊘ **延展阅读**

"捭阖者，道之化，说之变也"。本章主要讲确定游说的内容，必须符合开阖之道。"捭"即是"开"，"阖"即是"闭"。鬼谷子认为，掌握并灵活运用捭阖之术，便能洞悉世事、人情练达，万事皆能获得成功。

战国时代纵横家的代表人物苏秦游说六国的活动，就是运用捭阖之术进行游说的典型。

苏秦，字季子，战国时期韩国人，是与张仪齐名的纵横家。他出身农家，素有大志，曾随鬼谷子学习纵横捭阖之术多年。苏秦游说六国，力主合纵抗秦。

苏秦起先主张连横，劝秦惠王说："大王您的国家，西面有巴、蜀、汉中的富饶，北面有胡、貉和代、马的物产，南面有巫山、黔中的屏障，东面有肴山、函谷关的坚固。耕田肥美，百姓富足，战车有万辆，武士有百万，在千里沃野上有多种出产，地势形胜而便利，这就是所谓的天府，天下显赫的大国啊。凭着大王的贤明，士民的众多，车骑的充足，兵法的教习，可以兼并诸侯，独吞天下，称帝而加以治理。希望大王能对此稍许留意，我请求协助您来实现这件事。"

秦王回答说："我听说羽毛不丰满的不能飞上高天，法令不完备的不能惩治犯人，道德不深厚的不能驱使百姓，政教不顺民心的不能烦劳大臣。现在您一本正经老远跑来在朝廷上开导我，我愿改日再听您的教诲。"

后来，劝说秦王的奏折多次呈上，但苏秦的主张迟迟未能实行，苏秦只得返回家乡。经过反复选择、研究、体会，苏秦得出结论：当时的秦国日益强大，其它各国都受到秦国的威胁，说服六国联合抗秦是有可能的。于是，苏秦决定改变策略，游说六国，合纵抗秦。

最早信服苏秦计谋的是燕昭王，给他了许多车马银钱，资助他到各国进行合纵抗秦的活动。苏秦到魏国，用激将法，使魏昭王接受了合纵抗秦的主张。然后他又到了赵国，用唇齿相依、唇亡齿寒的道理，说服了赵惠文王。赵王送给苏秦车子百辆，黄金千镒，白璧百双，锦缎千匹，请他继续去联络其它各国抗秦。

苏秦又连续说服了韩国、齐国、楚国，经历了许多曲折，终于形成了燕、赵、韩、魏、齐、楚等六国联合抗秦的局面，苏秦被公推为纵约长，组成了六国联军，驻扎在荥阳，声势浩大。

苏秦派人把合纵盟约送到秦国，使秦国受到了震慑，秦军十五年不敢出函谷关。秦国还把蚕食魏国、赵国的一些土地和城池，还给了这两个国家，使东方各国获得了一段时间的安宁。苏秦合纵劳苦功高，各国都封他为相国，赵惠文王还封他为武安君。

苏秦游说惠王时是初出茅庐，缺少经验，只知道"开"，不知道"阖"，而且没有摸准惠王的心理，所以以失败告终。接着，苏秦改其道而行之，游说六国，合纵抗秦，针对不同对象，顺应其心意，指陈其利害，或激或励，或羞或诱，开阖并用，使六国合纵缔约，一致对秦，使秦人闭函谷关达十五年，取得了巨大成功。苏秦的游说是基于他对列国的政治形势有深入的钻研，对天下政局及其变化趋势的熟悉程度远在各国君主之上，因此在游说中可以纵横捭阖，开阖自如。

第五章　懂得示弱，以小忍换大谋

▅ 原文

捭阖之道，以阴阳试之①，故与阳言者依崇高，与阴言者依卑小。以下求小，以高求大。由此言之，无所不出，无所不入，无所不可②。可以说人，可以说家，可以说国，可以说天下③。为小无内，为大无外④。益损、去就、倍反⑤，皆以阴阳御其事。阳动而行，阴止而藏；阳动而出，阴随而入。阳还终始，阴极反阳⑥。以阳动者，德相生也；以阴静者，形相成也。以阳求阴，苞以德也；以阴结阳，施以力也；阴阳相求，由捭阖也。此天地阴阳之道，而说人之法也，为万事之先，是谓"圆方之门户"⑦。

注释

①捭阖之道，以阴阳试之：或开启或闭藏，都以阴阳之道试行。

②无所不入，无所不可：入，进入，与"出"相对。可，可以。这里指没有不可以的地方，没有不成功的事情。

③可以说天下：可以说服天下。

④为小无内，为大无外：做小事没有"内"的界限，做大事没有"外"的疆界。

⑤倍反：背叛或复归。

⑥阳还终始，阴极反阳：阴阳相生，它们之间是可以相互转

化的。

⑦圆方之门户：圆方即方圆，所谓"天圆地方"的简称，天地的代称，也是宇宙对立统一的标志。圆方之门户，指决定事理矛盾两方面相互制约、相互转化的关键。

译文

关于开放和封闭的规律都要从阴阳两方面来理解。因此，从阳的方面来游说就为人指明崇高的理想，而从阴的方面来游说则向人灌输卑小的目标。用卑下来求索微小，以崇高来求索博大。如果运用这个原则来游说，那么一定开合有度、纵横自如，也就没有不可以去的地方，也没有什么是办不成的。用这个道理，可以说服人，可以说服一人一家，可以说服一邦一国，还可以说服整个天下。要做小事的时候没有"内"的界限；要做大事的时候没有"外"的疆界。所有的损害和补益，离去和接近、背叛和归附，等等，都是运用阴、阳的变化来驾驭的。阳的方面运动前进时，阴的方面就会静止、隐藏。阳的方面活动而显出时，阴的方面就会随之潜入。阳的方面环行于终点和开端时，阴的方面到了极点就会反归为阳。在"阳"的活跃中道德就会与之相生，在"阴"的安静中，有力相助，自有形势。所以，用"阳"来求得"阴"，就要用道德来包容；用"阴"来求得"阳"，就要施用力量。阴阳之气相追求，是依据并启和关闭的原则。这是天地阴阳之道，也是游说他人的基本方法，是各种事物的先导，是领悟游说以及一切事理的根本途径。

⊙ 鬼谷锦囊

生活中向人示弱，可以小忍而不乱大谋；工作中向人示弱，可以收敛触角、蓄势待发；强者示弱，可以展示出虚怀若谷、胸襟广阔；弱者示弱，可以积蓄实力、厚积薄发。

示弱并不是妥协和倒下，更不是懦弱，而是一种理智和"小不忍则乱大谋"的智慧，是为了更好、更坚定地站立。人生是一个艰难的旅程，绝不会风平浪静、一帆风顺，不可能达到"直挂云帆济沧海"的境界，所以我们必须懂得适时和及时地扬帆和收帆，以避免被风浪吞没，安全地抵达彼岸。

延展阅读

"捭阖之道，以阴阳试之，故与阳言者依崇高，与阴言者依卑小。以下求小，以高求大。由此言之，无所不出，无所不入，无所不可"。本章主要讲采取开阖手段，必须从阴阳两方面来理解和实践，如此以来，就没有什么办不成的事。

为了求得更大的发展目标，而暂时示弱于人便是这种智慧最突出的一种体现。

孙膑与庞涓师从鬼谷子学习兵法。庞涓为求功名先孙膑下山，到了魏国被魏王拜为上将军，但他心里清楚，孙膑的才华远在自己之上。所以，尽管曾允诺推举这位同门师兄，但庞涓始终没有在魏王面前提起孙膑。

后来，孙膑由师父的至交墨子举荐到魏国。见过魏王，叩问兵法，孙膑对答如流。魏王喜出望外，准备任命孙膑为副军师。这时庞涓假惺惺地说："我们情同手足，孙膑是我师兄，怎么能让兄在我之下呢？不如先拜为客卿，等到功勋卓著，臣当让位。"于是，孙膑被拜为客卿。从此，两个老同学来往又密切起来。

庞涓虽然表面上仍与孙膑以同学相处，暗地里却心怀鬼胎，欲置孙膑于死地。他暗中陷害孙膑，使其惨受"膑刑"（割去膝盖骨），然后又假意派御医敷药疗伤，并派人将孙膑抬入书馆，好言安慰。孙膑对庞涓感激涕零。

庞涓一心想要得到鬼谷子注释的《孙子兵法》，便巧施恩惠使孙膑答应刻写出来。直到从侍从口里获知了庞涓真实目的后，孙膑才彻底认清了庞涓的真面目，他烧毁已刻兵书，心想，唯有装疯方可暂保一命。

于是，孙膑又哭又笑开始装疯。庞涓来探时，他目中无人地说："我笑魏王想夺我性命，却不知我有十万天兵护佑；我哭魏国除我之外没有一个人可以当大将。"说完，睁大眼睛瞪住庞涓，接着又磕头如捣蒜，大声叫喊："师父救我！"

无论庞涓怎么诱说，孙膑都死拽住他的袍子不松手，一直叫喊："师父救我呀！"庞涓无法，只得令左右将孙膑扯脱后快快回府。

庞涓对孙膑的表现疑心不已，心想孙膑可能是装疯。于是，又私下派人把孙膑拖到猪圈里。猪圈里到处是屎是尿，臭气熏天。孙膑披头散发，在屎尿中呼呼大睡。有人挑来一担酒食，说是可怜先生如此遭遇，瞒着军师送来的。

孙膑知道这又是庞涓在试探自己，便破口大骂："畜生，又来毒害我吗？"并把酒食掀翻在猪圈里。来人抓起一把猪屎砸向他，他一把接住送到嘴里津津有味地吃了起来。来人把情况报告给庞涓。

庞涓冷笑道："这家伙真疯了！"就这样，孙膑巧借装疯瞒天过海，逃过了庞涓的谋害，日后在围魏救赵一役中得以报仇雪恨。

孙膑在知道庞涓加害自己的真实目的后，清醒地意识到敌我力量悬殊，如果以硬碰硬，无异于以卵击石，于是明智地采取了避实就虚、避其锋芒的"示弱"之术。孙膑装疯卖傻的示弱是一种表面的伪装，是手段，属于阳；消除庞涓的戒心并最终摆脱庞涓的加害是其真实目的，属于阴。孙膑在敌我交锋中巧妙地采用了阴阳捭阖之术。

历史上还有很多典故可以说明这一点：韩信能忍胯下之辱，遂成一代名将；勾践卧薪尝胆，"十年生聚，十年教训"，方能洗刷耻辱，复国兴邦；蔺相如不与廉颇争锋，才有"将相和"的千古美名；邓小平"三起三落"，终成为中国改革开放的总设计师，成就千秋伟业……百折不挠、宁死不屈确实是令人钦佩的美德和品性，但面对强大的对手，若无取胜的机会，却一味地勇往直前，就会陷入被动，给自己带来不必要的伤害甚至牺牲。如果适时示弱，可以避其锋芒，迷惑对手，得以养精蓄锐，然后等待时机反戈一击，常常能出奇制胜。

示弱的智慧在自然界中随处可见：一堆石子压在草地上，小草被压在下面，但为了继续生存和生长，小草改变了生长的方向，沿着石头间的缝隙，弯弯曲曲地探出头来。在重压面前，小草选择了弯曲、选择了示弱，而正是这种选择，才使它们散发出永恒的勃勃生机。海滩上有两种蓝甲蟹：一种很凶猛，生性好斗，跟谁都敢开战；一种很温顺，遇上敌人便一味装死，一动不动。随着时间的推移，强悍凶猛的蓝甲蟹在残杀中越来越少，濒临灭绝；而甘于示弱的蓝甲蟹因为善于保护自己，反而繁衍昌盛，不断壮大。

自然界中的植物和动物能够应用阴阳之道保护自己、求得生存和繁衍的空间，乃是出于生存的本能。而我们人类拥有无上的智慧，所以更应懂得运用阴阳之道来谋发展、求进步、铸成功。人们常常用毫不示弱来形容勇敢和刚毅，面对压力誓不低头的确是值得钦佩的个性和品格，但懂得适时选择示弱、认输乃至于放弃的人才是最聪明的人。

瑞典的克洛普以登山为生。1996年春，他骑自行车从瑞典出发，历经千辛万苦，来到了喜马拉雅山的脚下，与其他12名登山者一起登珠峰。但在距离峰顶仅剩下300英尺时，他毅然决定放弃此次登峰行动，返身下山，那意味着前功尽弃啊！而他做出这个决定的原因是他预定返回的时间是下午2点，虽然他仅需45分钟就能登上峰顶，但那样他会超过安全返回的时限，无法在夜幕降临前下山。同行的另外12名登山者却无法认同他的明智决定，毅然向上攀登，虽然他们大多数到达了顶峰，但最终错过了安全时间而葬身于暴风雪中，让人扼腕叹息。而克洛普经过对恶劣环境的适应，在第二次征服中轻松地登上了峰顶。

假如克洛普也和其他人一样，执着地选择勇往直前，不顾一切地去实现目标，那么他将遭遇同行者一样的悲惨结局，更不会有以后的成功。正是因为他学会了示弱，学会了审时度势，把握大局，以小忍换大谋，最终安全实现了自己登珠峰的夙愿。

人生只有既拿得起，又放得下，才能做得更好、走得更远。适时的示弱，才是大家的风范和最终的赢家。

曾有一位记者去拜访一位企业家，目的是获得有关他的一些丑闻资料。然而，还来不及寒暄，这位企业家就对想质问他的记者说："时间还早得很，我们可以慢慢谈。"记者对企业家这种从容不迫的态度大感意外。

不多时，保姆将咖啡端上桌来，这位企业家端起咖啡喝了一口，立即大嚷道："哦！好烫！"咖啡杯随之滚落在地。

等保姆收拾好后，企业家又把香烟倒着插入嘴中，从过滤嘴处点火。这时记者赶忙提醒："先生，你将香烟拿倒了。"

　　企业家听到这话之后，慌忙将香烟拿正，不料却将烟灰缸碰翻在地。

　　在商场中趾高气扬的企业家出了一连串的洋相，使记者大感意外，不知不觉中，原来的那种挑战情绪完全消失了，甚至对对方产生了一种同情。这就是企业家想要得到的效果。这整个的过程，其实是企业家一手安排的。

　　这位企业家并未依仗权势趾高气扬，而是采取示弱的智慧赢得了最终的胜利。当对方发现杰出的权威人物也存在这些常人的"弱点"时，曾经的敌意和功利之心就可能随之消失，而化之为同情、怜悯之心。

第二篇　反应^①术

第一章　观今鉴古，上下求索

原文

古之大化者^②，乃与无形俱生。反以观往，复以验来^③反以知古，复以知今；反以知彼，复以知己。动静^④虚实^⑤之理，不合来今^⑥，反古而求之。事有反而得复^⑦者，圣人之意也，不可不察^⑧。

注释

①反应：反，通"返"；应，应和。反应，在这里指从对方反回的信息。

②古之大化者：化，教化指导。大化者是指圣人。

③反以观往，复以验来：反和复都是返回、重复的意思。追溯过去的事情，经验，再回首察验未来。

④动静：运动与静止，"动"与"静"是相对而言的。

⑤虚实：真伪的意思。

⑥来今：未来与现在。

⑦反而得复：调查过去，反复研究现在与将来的对策，以便掌握其中的道理。

⑧圣人之意也，不可不察：察，仔细观察研究，此句是说对圣人的见解不可不悉心研究思考。

译文

在古代能以"大道"来化育万物的圣人，其所作所为都能与自然的发展变化相吻合。反顾以追溯过去，再回首以察验未来；反顾以考察历史，再回首以了解今天；反顾以洞察对方，再回首以认识自己。动静、虚实的原则，如果在未来和今天都得不到应用，那就要到过去的历史中去考察前人的经验。有些事情是要反复探索才能把握的，这是圣人的见解，不可不认真研究。

⊘ **鬼谷锦囊**

"路漫漫其修远兮，吾将上下而求索。"探索，使人类在艰难的历史进程中，领略到了无限的风光，也使人类在进步的每一次突破中，充满了自信和憧憬。

"探索精神"是历史发展、人类进步的永恒动力和不竭源泉。任何一种探索都是一个艰难反复的过程，没有不懈的探索，哥伦布就不会发现美洲，没有不懈的探索人类至今还在靠火照明。载人飞船上天，万米钻孔入地，宇宙浩瀚茫茫，纳米材料微微，人类基因组计划……这些都源自于两个字——探索。

⊘ **延展阅读**

"事有反而得复者"，主要是说要运用"反复"的方法。要想做到观今鉴古，知己知彼，收获成绩，必须经过反复的探索过程。知识的获取需要反复不断的复习，土地的丰收需要反复不断的耕耘，一项成功的发明创造需要反复不断的试验，真理的获得需要经过反复不断的验证。

大发明家爱迪生发明电灯泡就是经历了上千次的反复试验才取得最终成功的。

爱迪生是铁路工人的孩子，小学未读完就辍学，在火车上卖报度日。爱迪生是一个异常勤奋的人，喜欢做各种实验，制作出了许多巧妙的机器。他对电器特别感兴趣，自从法拉第发明电机后，爱迪生就决心制造电灯，为人类带来光明。

爱迪生12岁时，便沉迷于科学实验之中，经过自己孜孜不倦的自学和实验，16岁那年，便发明了每小时拍发一个信号的自动电报机。后来，又接连发明了自动数票机，第一架实用打字机、二重与四重电报机，自动电话机和留声机等。有了这些发明成果的爱迪生并不满足，1878年9月，爱迪生决定向电力照明这个堡垒发起进攻。他翻阅了大量的有关电力照明的书籍，决心制造出价钱便宜，经久耐用，而且安全方便的电灯。

他从白热灯着手试验。把一小截耐热的东西装在玻璃泡里，当电流把它烧到白热化的程度时，便由热而发光。他首先想到炭，于是就把一小截炭丝装进玻璃泡里，但是刚一通电马上就断裂了。

"这是什么原因呢？"爱迪生拿起断成两段的炭丝，再看看玻璃泡，过了许久，才忽然想起，"噢，也许因为这里面有空气，空气中的氧又帮助炭丝燃烧，致使它马上断掉！"于是他用自己手制的抽气机，尽可能地把玻璃泡里的空气抽掉。一通电，果然没有马上熄掉。但8分钟后，灯还是灭了。

可不管怎么说，爱迪生终于发现：真空状态对白热灯非常重要，关键是炭丝，问题的症结就在这里。

那么应选择什么样的耐热材料好呢？爱迪生左思右想，熔点最高，耐热性较强要算白金啦！于是，爱迪生和他的助手们，用白金试了好几次，可这种熔点较高的白金，虽然使电灯发光时间延长了好多，但不时要自动熄掉再自动发光，仍然很不理想。爱迪生并不气馁，继续着自己的试验工作。他先后试用了钡、钛、铟等各种稀有金属，效果都不很理想。

过了一段时间，爱迪生对前边的实验工作做了一个总结，把自己所能想到的各种耐热材料全部写下来，总共有 1600 种之多。

接下来，他与助手们将这 1600 种耐热材料分门别类地开始试验，可试来试去，还是采用白金最为合适。由于改进了抽气方法，使玻璃泡内的真空程度更高，灯的寿命已延长到两个小时。但这种由白金为材料做成的灯，价格太昂贵了，谁愿意化这么多钱去买只能用两个小时的电灯呢？

实验工作陷入了低谷，爱迪生非常苦恼，一个寒冷的冬天，爱迪生在炉火旁闲坐，看着炽烈的炭火，口中不禁自言自语道："炭炭……"可用木炭做的炭条已经试过，该怎么办呢？爱迪生感到浑身燥热，顺手把脖子上的围巾扯下，看到这用棉纱织成的围脖，爱迪生脑海突然萌发了一个念头：对！棉纱的纤维比木材的好，能不能用这种材料？

他急忙从围巾上扯下一根棉纱，在炉火上烤了好长时间，棉纱变成了焦焦的炭。他小心地把这根炭丝装进玻璃泡里，一试验，效果果然很好。

爱迪生非常高兴，紧接着又制造很多棉纱做成的炭丝，连续进行了多次试验。灯泡的寿命一下子延长 13 个小时，后来又达到 45 小时。

这个消息一传开，轰动了整个世界。使英国伦敦的煤气股票价格狂跌，煤气行也出现一片混乱。人们预感到，点燃煤气灯即将成为历史，未来将是电光的时代。

大家纷纷向爱迪生祝贺，可爱迪生却无丝毫高兴的样子，摇头说道："不行，还得找其它材料！"

"怎么，亮了45个小时还不行？"助手吃惊地问道。"不行！我希望它能亮1000个小时，最好是16000个小时！"爱迪生答道。

爱迪生这时心中已有数。他根据棉纱的性质，决定从植物纤维这方面去寻找新的材料。

于是，马拉松式的试验又开始了。凡是植物方面的材料，只要能找到，爱迪生都做了试验，甚至连马的鬃，人的头发和胡子都拿来当灯丝试验。最后，爱迪生选择竹这种植物。他在试验之前，先取出一片竹子，用显微镜一看，高兴得跳了起来。于是，把炭化后的竹丝装进玻璃泡，通上电后，这种竹丝灯泡竟连续不断地亮了1200个小时！

这下，爱迪生终于松了口气，助手们纷纷向他祝贺，可他又认真地说道："世界各地有很多竹子，其结构不尽相同，我们应认真挑选一下！"

助手深为爱迪生精益求精的科学态度所感动，纷纷自告奋勇到各地去考察。经过比较，在日本出产的一种竹子最为合适，便大量从日本进口这种竹子。与此同时，爱迪生又开设电厂，架设电线。过了不久，美国人民便使用上这种价廉物美，经久耐用的竹丝灯泡。

竹丝灯用了好多年。直到1906年，爱迪生又改用钨丝来做，使灯泡的质量又得到提高，一直沿用到今天。

爱迪生通过上千次长期反复的试验，终于点燃了世界上第一盏有实用价值的电灯。从此，爱迪生的名字，就像他发明的电灯一样，走进了千家万户。当人们点亮电灯时，每每会想到这位伟大的发明家，是他，给黑暗带来无穷无尽的光明。1979 年，美国花费了几百万美元，举行长达一年之久的纪念活动，来纪念爱迪生发明电灯一百周年。而爱迪生之所以取得如此的成就和赢得世人的永恒爱戴及尊重，正是由于他不懈的探索精神。

不但是一项伟大的发明需要反复不断的试验和探索才能成功，人生任何目标的达成都是如此，不管是个人的理想，还是一个团队、一个集体乃至一个国家的目标，都离不开这种反复探求的精神。

2005 年 1 月 18 日一个再普通不过的日子，但是历史会铭记这一天，鲜红的五星红旗在冰穹 A 的巅峰飘舞，这是冰盖上距海岸线最遥远的一个冰穹，也是南极内陆冰盖海拔最高的地区，气候条件极端恶劣，被称为"不可接近之极"。现在，这亿万年来寒冷孤独的地球"不可接近之极"，终于有了人类的足迹，征服它的人叫"中国"。

中国用了 21 年的时间征服了南极的巅峰，也用了 21 次才站在了南极这块"不可接近之极"之上，在这个过程中，中国的科考队员们用科学在不断地探索，每一个南极科考者无疑都具备了这种"探索精神"，他们为了科学、为了国家在探索，他们知道探索就是一种冒险，一种生命的冒险，我们经常在报道中看到南极科考队员与死亡擦肩而过的消息，但是他们没有停下探索的步伐，用他们的南极精神赢得了世界的尊重。

这次令人振奋的"征服"以及历史上一个个开创新纪元的创造都来源于两个字"探索"。

大千世界，无奇不有，这个世界还有很多未知的"问号"等待着我们去探索来给予答案。也正是这份永恒不灭的探索精神，驱使人类文明的车轮不断地前进，向未知的世界不断地前进。

第二章　因其言，听其辞

■ **原文**

　　人言者，动也；己默者，静也。因其言，听其辞①。言有不合②者，反而求之，其应③必出。言有象，事有比。其有象比④，以观其次。象者象其事，比者比其辞也。以无形求有声，其钓语⑤合事，得人实也。其张罝网⑥而取兽也，多张其会⑦而司之。道合其事，彼自出之，此钓人之网也。常持其网驱之，其言无比⑧，乃为之变⑨，以象动之，以报其心，见其情，随而牧之⑩。已反往，彼复来，言有象比，因而定基。重之袭之，反之复之，万事不失其辞，圣人所诱愚智⑪，事皆不疑。

注释

①辞：言词。

②言有不合：所说的话不合理。

③应：答应。

④象比：象，法象、仿效形象和原形。比：比较。指按照形象进行比较。

⑤钓语：像钓鱼投饵一样，在发言时给对方以诱饵，以便引出对方的话头。

⑥罝（jū）网：罝是捕兔子等野兽的网。

⑦会：会合，聚会。

⑧其言无比：比，可比的规范。指言辞无可比较。

⑨乃为之变：于是就为此改变方向。

⑩牧之：在此与“察”同义。就是进行调查加以阐明。

⑪愚智：愚者和智者。

译文

人家说话，是活动；自己缄默，是静止。要根据别人的言谈来听他的辞意。如果其言辞有矛盾之处，就反复诘难，其应对之辞就要出现。语言有可以模拟的形态，事物有可以类比的规范。既有“象”和“比”存在，就可以预见其下一步的言行。所谓“象”，就是模仿事物，所谓“比”，就是类比言辞。然后以无形的规律来探求有声的言辞。引诱对方说出的言辞，如果与事实相一致，就可以刺探到对方的实情。这就像张开网捕野兽一样，要多设一些网，汇集在一起来等待野兽落入。如果把捕野兽的这个办法也能应用到人事上，那么对方也会自己出来的，这是钓人的“网”。但是，如果经常拿着“网”去追逐对方，其言辞就不再有平常的规范，这时就要变换方法，用“法象”来使对手感动，进而考察对方的思想，使其暴露出实情，进而控制对手。自己返过去，使对手返回来，所说的话可以比较类推了，心里就有了底数。向对手一再袭击，反反复复，所有的事情都可以通过说话反映出来，圣人可以诱惑愚者和智者，这些没有什么值得怀疑的。

鬼谷锦囊

在今天，能够做到克己制人、喜怒不形于色是一个人成功的必备能力，倘若一遭遇困难或面临危险，就无法自持，脸上立刻露出不安或慌乱，不仅会降低自己的自信心，还会影响到周围共事者的士气和情绪，一旦如此，便有可能根基动摇，"军心涣散"，导致事业停步甚至倒退或失败。

所以，对于每一个人来说，如果想开创自己的一番事业，就要尽量做到克己、喜怒不形于色。当然这并非一朝一夕所能成就的本领，是需要经过反复磨练方能达到的一种境界。遇到事情要学会忍耐，首先让自己冷静下来，用理智的思维去看待周围的一切，磨练自己的性情，这样才能逐渐成熟起来，久而久之，才能达到喜怒不形于色的境界。

◎ 延展阅读

"因其言，听其辞"。本章主要讲要善于倾听，并且在听的过程中要善于诱导对方发言，通过对对方发言的反复推敲，来把握对方内心的真实情况，然后再确定自己的应对策略。本章在讲如何诱导对方时，提出了"象比"与"钓语"两个名词。所谓"象"，有"形象""象征"的含义，"象其事"就是用象征或比喻之类的具体形象的语言去阐述抽象的事理。所谓"比"，就是通过可供类比的先例使对方信服。巧妙地运用"象比"，就可以借助形象而有力的语言说服对方，这就是"钓语"。

公元前 265 年，秦国猛烈进攻赵国，赵国向齐国求救。齐国却要求赵国用长安君作为人质，他们才能出兵。这时赵国由赵太后掌权，她坚决不同意用自己最钟爱的小儿子做人质，大臣们极力劝谏，太后十分恼怒，明确告诉左右："有谁再说让长安君做人质的，我老婆子一定朝他的脸吐唾沫。"

　　赵国的左师触龙说他希望谒见太后。太后猜想他肯定也是为人质之事而来，于是怒容满面地等待他。触龙一进屋，慢步走向太后，到了跟前连忙请罪说："老臣脚有病，已经丧失了快跑的能力，好久没能来谒见了，心里很是过意不去，一直怕太后玉体偶有欠安，所以很想来看看太后。"太后说："我老婆子行动全靠手推车。"

　　触龙又说："太后每天的饮食还好吧？"太后回答道："就靠喝点粥罢了。"触龙又说："老臣现在胃口很不好，就自己坚持着步行，每天走三四里，稍为增进一点食欲，对身体也能有所调剂。"太后说："我老婆子可做不到。"说着说着，脸色渐渐和缓了起来。

　　触龙接着说："老臣的劣子舒祺，年纪最小，是个不肖之子。臣老了，偏偏又很爱怜他。希望能派他到侍卫队里凑个数，来保卫王宫。所以冒着死罪来禀告您。"太后说："没问题。年纪多大了？"触龙回答说："十五岁了。虽然还小，但希望在老臣没死的时候先拜托给太后。"

　　太后说："做父亲的也爱怜他的小儿子吗？"触龙答道："比做母亲爱的更深。"太后笑道："妇道人家才特别喜爱小儿子。"

　　谁知触龙却说："依老臣个人的看法，老太后爱女儿燕后，要胜过长安君。"

　　太后连忙说："您错了，对女儿的爱比不上对长安君爱得深。"

　　触龙说："父母爱子女，就要为他们考虑得深远一点。老太后送燕后出嫁的时候，抱着她的脚为她哭泣，是想到可怜她要远去，也是够伤心的了。送走以后，并不是不想念她，每逢祭祀一定为她祈祷，总是说：'一定别让她回来啊！'难道不是从长远考虑，希望她有了子孙可以代代相继在燕国为王吗？"太后点点头，说："确实如此。"

　　触龙又说："从现在往上数三世，到赵氏建立赵国的时候，赵国君主的子孙凡被封侯的，他们的后代还有能继承爵位的吗？"

太后说："没有。"

触龙说："不只是赵国，其他诸侯国的子孙有吗？"

太后说："我老婆子没听说过。"

触龙说："这是因为他们近的灾祸及于自身，远的及于他们的子孙。难道是君王的子孙就一定不好吗？地位高人一等却没什么功绩，俸禄特别优厚却未尝有所操劳，而金玉珠宝却拥有很多。这才是真正的不好。现在老太后授给长安君以高位，把富裕肥沃的地方封给他，又赐予他大量珍宝，却不曾想到目前让他对国家做出功绩。有朝一日太后百年了，长安君在赵国凭什么使自己安身立足呢？老臣认为老太后为长安君考虑得太短浅了，所以我以为你爱他不如爱燕后。"

太后恍然大悟，马上让人套马备车一百乘，让长安君到齐国去做人质，长安君一到，齐国也就出兵了。

触龙的谏说，妙就妙在"神不知鬼不觉"，步步诱导，环环紧扣、不露痕迹。先用"缓冲法"，然后用"引诱法"，再用"旁敲侧击法"，借用自己疼爱儿子，却让儿子"参军"作为可供类比的先例，正是"象比"手法的妙用。最后，触龙才触及主旨，提到长安君，指明太后的做法，看似"爱子"，实为"害子"，终于让太后心悦诚服，同意让长安君作为人质出使齐国。

《十善业道经》说"言必契理，言可承领，言则信用，言无可讥"，意思是说，言论一定要合理。要让别人能接纳领受，就要有信用，令人无懈可击。说话的前提是一个"理"字，触龙的话之所以最终能让赵太后信服，同意让长安君到齐国做人质，关键就在于触龙能在动之以情的基础上，晓之以理。

"因其言，听其辞"在今天同样具有现实的指导意义，尤其是销售和谈判方面。谈判中一定要善于倾听。因为谈判中有一半左右的时间要听对方说话。常言说："锣鼓听声，听话听音。"会不会倾听，能不能听懂对方的话中之意、听准对方的"弦外之音"，能不能在倾听中摸准对方的"软肋"或"破绽"，从而迅速调整应对的策略，关系着整个谈判的成败。一个高明的谈判者不仅善于用耳倾听，还善于用嘴在不显山露水的情形下，引导对方多多地说、不停地说。

美国钢铁公司总经理卡里，请来著名的房地产经纪人约瑟夫·戴尔，对他说："我们公司的房子是租别人的，我想还是自己有座房子才行。"从卡里的办公室窗户望出去，只见江中船来船往，码头密集，这是多么繁华的景致呀！卡里说："我想买的房子，也必须能看到这样的景色，请你替我物色一所与此相当的吧。"

约瑟夫费了好几个星期来琢磨这所"相当"的房子。在许多"相当的"房子中间，第一所便是卡里钢铁公司隔壁的那幢楼房，卡里似乎很想买隔壁那座房子，并且据他说，有些同事也竭力想买那座房子。

当卡里第二次请约瑟夫去商讨买房之事时，约瑟夫却劝他买下钢铁公司住着的那幢旧楼房，同时指出，隔壁那座房子中所能眺望到的景色，不久便要被一所计划中的新建筑所遮蔽了，而这所旧房子还可以保全多年对江面景色的眺望。

卡里立刻对此建议表示反对，表示他对这所旧房子绝对无意。约瑟夫并不申辩，他只是认真地倾听着，脑子飞快地思考着，究竟卡里的意思是想要怎样呢？卡里始终坚决反对那所旧房子，然而他对那所房子的木料，建筑结构所下的批评，以及他反对的理由，都是些琐碎的地方，显然可以看出，这并不是卡里真实的意见，而是那些主张买隔壁那幢新房子的职员的意见。

约瑟夫听着听着，心里明白了八九分，他知道卡里心里实际想买的，其实是他嘴中竭力反对的那所旧房子。

由于约瑟夫一言不发地坐在那里听，没有表示他的反对意见，卡里也就不讲了。这时约瑟夫开始运用他的策略：连眼皮都不眨一下，沉静地说："先生，您初来纽约时，您的办公室在哪里？您的钢铁公司在哪里成立的？"卡里沉默了一会儿才答道："在这里，就在我们此刻所坐的办公室里诞生的。"卡里说得很慢，约瑟夫也不再说什么。就这样过了五分钟，他们都默默地坐着。

终于，卡里以半带兴奋的腔调对约瑟夫说："我的职员们差不多都主张搬出这座房子，但是我们的发祥地啊！我们差不多可以说就是在这里诞生、成长的，这里实在是我们应该永远长驻下去的地方呀！"于是，在半小时内，这件事就完全办妥了。

约瑟夫并没有卖弄华而不实的推销术，而是凭借两只耳朵分析和判断出了卡里的真实意图，然后很巧妙地引出了卡里的隐衷，就像一个燃火引柴的人，以微小的星光，触发了熊熊的烈焰。

"因其言，听其辞"是说话的一个不可或缺的重要组成部分，是交谈艺术中的重要技巧，在与人沟通的过程中，尤其是以推销或说服为目的的谈话中，必须学会倾听，善于倾听。

"因其言，听其辞"还有一个重要表现，就是以静制动、克己以制人。这样的人拥有超强的自我克制力，能够时时处处控制住自己的脾气和情绪，喜怒不形于色，通过制己进而达到制人的目的。历史上凡是成大事者，一般都具备这种品质和能力，汉高祖刘邦便是其中一位。

楚汉相争时期，有一次刘邦和项羽在阵前对话，刘邦历数项羽的罪状，项羽大怒，命令潜伏的士兵放箭射杀刘邦。刘邦躲闪不及，一支箭射中胸口，伤势严重，刘邦甚至痛得无法起身。

此时事态严峻，若是主将受伤，群龙便会无首。万一楚军乘胜追击，那么汉军就会溃败。于是刘邦忍了忍，他镇静下来，趁人不注意，把手放在自己的脚上，对项羽大声喊道："碰巧你们射中了，不过可惜射中了我的脚，并不是我的身体。"士兵听见刘邦这样说，便稳定下来，最终没有被楚军攻陷。

历史上大凡成大事者，往往都是城府很深、喜怒不形于色的人，《三国志·先主传》中有关于刘备"喜怒不形于色"的描述：刘备身长七尺五寸，两只手能垂到膝盖，眼睛能看到自己的耳朵，他沉默寡言，喜怒不形于色。正是因为如此，刘备才被神化为奇人奇像，所以才能拥有那么多的追随者，从而成就大业。

当然在日常生活中，喜怒哀乐是人之常情，我们应当顺其自然，喜乐随心，不必强行克制自己做一个面无表情的"木头人"，否则就会失去人生情趣，让人觉得不可理喻，敬而远之。

第三章　欲擒故纵，欲取反与

■ 原文

古善反听者，乃变鬼神①以得其情。其变当也，而牧之审也。牧之不审，得情不明；得情不明，定基不审。变象比，必有反辞，以还听之。欲闻其声反默，欲张反敛②，欲高反下，欲取反与。欲开情③者，象而比之，以牧其辞④，同声相呼，实理同归。或因此，或因彼⑤，或以事上，或以牧下⑥。此听真伪、知同异，得其情诈⑦也。动作言默，与此出入，喜怒由此以见其式⑧，皆以先定为之法则。以反求复，观其所托⑨。故用此者，己欲平静，以听其辞，察其事，论万物，别雄雌。虽非其事，见微知类⑩。若探⑪人而居其内，量其能射其意⑫也。符应⑬不失，如蛇⑭之所指，若羿⑮之引矢。

注释

①鬼神：鬼，隐密不测。鬼神是指死者的灵魂和山川的神明。

②敛：收敛。

③开情：情，感情、情绪。这里是说敞开心灵的大门。

④象而比之，以牧其辞：象，模仿。比，类比。用象比的方法把握对方的言辞。

⑤或因此或因彼：因，原因。此，这里。彼，那里。或这个原因，

或那个原因。

⑥或以事上，或以牧下：事，侍奉。牧，统治（人民）。全句的意思是说或用来侍奉君主，或用来观察民情。

⑦情诈：真情和虚伪。

⑧式：定式，模式。

⑨观其所托：托，寄托。观察其所寄托之处。

⑩见微知类：微，微小。类，种类。根据轻微征兆探索有关联的重大事物。

⑪探：侦察，打听。

⑫射其意：此处指如弓之发矢，准确猜中对方意图。

⑬符应：验合符契。

⑭蛇：意指飞龙。

⑮羿：即后羿，神话传说中的神射手。

译文

古代善于从反面听别人言论的人，可以改变鬼神，从而刺探到实情。他们随机应变很得当，对对手的控制也很周到。如果控制不周到，得到的情况就不清晰，得到的情况不清晰，心里的底数就不全面。要把模仿和类比灵活运用，就要说反话，以便观察对方的反应。想要讲话，反而先沉默；想要敞开，反而先收敛；想要升高，反而先下降；想要获取，反而先给与。要想了解对方的内情，就要善于运用模仿和类比的方法，以便把握对方的言辞。同类的声音可以彼此呼应，合乎实际的道理会有共同的结果。或者由于这个原因，或者由于那个原因；或者用来侍奉君主，或者用来管理下属。这就要分辨真伪，了解异同，以分辨对手的真实情报或诡诈之术。活动、停止，言说、沉默都要通过这些表现出来，喜怒哀乐也都要借助这些模式，都要事先确定法则。用逆反心理来追索其过去的精神寄托。所以就用这种反听的方法。自己要想平静，以便听取对方的言辞，考察事理，论说万物，辨别雄雌。虽然这还不是事情本身，但是可以根据轻微的征兆，探索出同类的大事。就像刺探敌情而深居敌境一般，要首先估计敌人的能力，其次再摸清敌人的意图，像验合符契一样可靠，像蛇一样迅速，像后羿张弓射箭一样准确。

◎ 鬼谷锦囊

本节主要讲反应之术要善于变化，特别是善于从反方向下手，事情若从正面无法入手，不妨考虑反其道而行之，往往能收到化繁为简、事半功倍、神鬼不测的效果。

商场如战场，没有永恒的敌人，也没有永恒的朋友，只有永恒的利益。所以，投身商海，一定要谨慎从事，切不可贪图小恩小惠，否则就会因小失大、得不偿失。在商海中打拼，更要掌握一些必备的兵法谋略，用来保护自己、克制敌人！"欲闻其声反默，欲张反敛，欲高反下，欲取反与"便是其中一个最有力的制胜法宝！

◎ 延展阅读

汉武帝颁布推恩令就是成功运用"欲取反与"策略的典范。

西汉自文、景两代起，如何限制和削弱日益膨胀的诸侯王势力，一直是封建皇帝面临的严重问题。文帝时，贾谊鉴于淮南王、济北王的谋逆，曾提出"众建诸侯而少其力"的建议。文帝在一定程度上接受了这一建议，但没有完全解决问题。汉景帝即位后，采纳晁错的建议削藩，结果吴楚七国以武装叛乱相对抗，即"七国之乱"。景帝迅速平定了叛乱，并采取一系列相应的措施，使诸侯王的势力受到很大的削弱。但至武帝初年，一些大国仍然连城数十，地方千里，骄奢淫逸，阻众抗命，威胁着中央集权的巩固。因此，元朔二年（公元前127年），主父偃上书武帝，建议令诸侯推私恩分封子弟为列侯。这样，名义是上施德惠，实际上是剖分其国，以削弱诸侯王的势力。这一建议既迎合了武帝巩固专制主义中央集权的需要，又避免激起诸侯王武装反抗的可能，因此立即为武帝所采纳。

同年春正月，武帝颁布推恩令。推恩令下达后，诸侯王的支庶多得以受封为列侯，不少王国也先后分为若干侯国。按照汉制，侯国隶属于郡，地位与县相当。因此，王国析为侯国，就是王国的缩小和朝廷直辖土地的扩大。这样，汉朝廷不行黜陟，而藩国自析。其后，王国辖地仅有数县，彻底解决了王国问题。

推恩令是汉武帝推行的一个旨在减少诸侯封地，削弱诸侯王势力的一项重要法令。颁布推恩令以前，诸侯王只能把封地和爵位传给嫡长子，推恩令颁布之后，允许诸侯王把封地分为几部分传给几个儿子，形成直属于中央政权的侯国。推恩令吸取了晁错削藩令引起"七国之乱"的教训，反其道而行，欲取反与，使得诸侯王国名义上没有进行任何的削蕃，避免了激起诸侯王武装反抗的可能性。于是"藩国始分，而子弟毕侯矣"，导致封国越分越小，势力大为削弱，从此"大国不过十余城，小侯不过十余里"。

"欲闻其声反默，欲张反敛，欲高反下，欲取反与"在后世应用甚广，尤其是政治和军事方面。"欲擒故纵"便是推而广之的典型。欲擒故纵中的"擒"和"纵"，是一对矛盾。其中，"擒"是目的、结果，是实质；"纵"是方法、手段，是表象。

西晋末年，幽州都督王浚野心极大，甚至想代晋称帝。匈奴人刘渊建立的汉（后改称赵，史称前赵）名将石勒打算消灭王浚的部队。王浚势力强大，石勒恐一时难以取胜。他决定采用"欲擒故纵"之计，麻痹王浚，他派门客王子春带了大量珍珠宝物，敬献王浚。并写信向王浚表示拥戴他为天子。信中说，现在社稷衰败，中原无主，只有你威震天下，有资格称帝。王子春又在一旁添油加醋，说得王浚心里喜滋滋的，信以为真。正在这时，王浚有个部下名叫游统的，伺机谋叛王浚。游统想找石勒做靠山，石勒却杀了游统，将游统首级送给王浚。这一着，使王浚对石勒绝对放心了。

公元 314 年，石勒探听到幽州遭受水灾，老百姓没有粮食，王浚不顾百姓生死，苛捐杂税，有增无减，民怨沸腾，军心浮动。石勒亲自率领部队攻打幽州。这年 4 月，石勒的部队到了幽州城，王浚还蒙在鼓里，以为石勒来拥戴他称帝，根本没有准备应战。等到他突然被石勒将士捉拿时，才如梦初醒。王浚中了石勒"欲擒故纵"之计，身首异处，美梦成了泡影。

战场上没有同情和怜悯，更没有真正的饶恕。争池掠地、消灭敌人才是目的。但战场总会有胜有负，古人有"穷寇莫追"的说法。实际上并非不追，而是看如何去追。若把敌人逼急了，它就会狗急跳墙，甚至集中全力，拼命疯狂反扑，与其如此，倒不如暂时放他一马。放他一马，不等于放虎归山，目的在于使其放松戒备、丧失警惕、懈其斗志，然后再伺机而动，一举将他歼灭。

中国历史上，欲擒故纵之例颇多。诸葛亮将孟获七擒七纵，在于审时度势，采用攻心之计。如今，"欲张反敛，欲高反下，欲取反与""欲擒故纵"更成为大多数精明企业家和商家的制胜法宝。

有个大的电器公司，其产品质量上乘，在国内外享有盛誉，急需扩大生产规模，但公司当时拿不出那么多的资金搞扩建项目，比较可行的办法是兼并其它的小企业，利用改造小企业原有的设备。如何兼并对方？如果对方一点好处都得不到，怎么会俯首称臣呢？于是，电器公司决定给小企业三大好处：一是抽一部分技术人员对小企业职工进行培训；二是拿出一部分资金对小企业原有设备进行改造；三是在产品质量合格的前提下，小企业可使用公司的品牌。

结果轻而易举地吞并了这些小企业，使这家大电器公司，少花70%的资金，扩大了生产规模，增加了盈利。

这就像先播种后丰收一样，先博得对方的好感，进而达到你的目的，这比主动出击成功率要高得多。

类似的事例还有很多：

美国的可口可乐公司，为了打开中国市场，不是一开始就向中国倾销商品，而是采取"欲将取之，必先予之"的办法。先无偿向中国提供价值400万美元的可乐灌装设备，花大力量在电视上做广告，提供低价浓缩饮料，吊起你的胃口，使你乐于生产和推销美国的可乐，而一旦市场打开，再要进口设备和原料，他就要根据你的需要情况来调整价格，抬价收钱了。

10年中，美国的可口可乐风行中国，生产企业由一家发展到8家，销量、价格也成倍增长。美国商人赚足了钱，无偿给中国设备的投资早已不知收回几倍了。

"欲速则不达"，先让你尝到些甜头割舍不掉，然后再实施自己的计划，这种"欲擒故纵""欲得先与"的战术，在商场上俯拾皆是、举不胜举。可以说，鬼谷子的思想在当今商战中绽放着奇光异彩。

第四章　自知而后知人

━━ **原文**

故知之始己，自知而后知人^①也。其相知也，若比目之鱼^②。其伺言也，若声与之响^③；其见形也，若光之与影。其察言也，不失若磁石之取针，舌之取燔骨^④。其与人也微，其见情也疾。如阴与阳，如阳与阴；如圆与方，如方与圆。未见形圆以道之，既见形方以事之。进退左右，以是司之。己不先定，牧人不正^⑤，事用不巧，是谓"忘情失道"；己审先定以牧人，策而无形容^⑥，莫见其门，是谓"天神"。

注释

①知之始己，自知而后知人：想要知道他人，就必须先从了解自己开始；了解自己以后才能知人。

②比目之鱼：只有一只眼睛的鱼，经常是两鱼协同并游。

③响：回声。

④燔（fán）骨：燔，烧，燔骨，烧烤骨头上所带的肉。

⑤牧人不正：牧，统驭。统驭人，但不能整齐。

⑥形容：形态、形象、容貌。

译文

所以，要想掌握情况，要先从自己开始，只有了解了自己，然后才能了解别人。对别人的了解，就像比目鱼一样没有距离；掌握对方的言论就像声音与回响一样相符；明了对方的情形，就像光和影子一样不走样；侦察对方的言辞，就像用磁石来吸取钢针，用舌头来获取焦骨上的肉一样万无一失。自己暴露给对方的微乎其微，而侦察对手的行动十分迅速，就像阴变阳、又像阳转阴、像圆变方，又像方转圆一样自如。在情况还未明朗之前就用圆略来诱惑对手，在情况明朗以后就要用方略来战胜对方。无论是向前，还是向后，无论是向左，还是向右，都可用这个方法来对待。如果自己不事先确定策略，统帅别人也就无法步调一致。做事没有技巧，叫作"忘情失道"，自己首先确定斗争策略，再以此来统领众人，策略要不暴露意图，让旁人看不到其门道所在，这才可以称为"天神"。

☯ 鬼谷锦囊

人贵有自知之明。识人虽然重要，但识己更有甚之。知人先知己，才能果断出击。乌鸦认识到老鹰的长处和优势，并且知道向他人学习，"以彼之长，补己之短"。然而，乌鸦的初衷虽好，却不明智，没有自知之明，忽略了自身的条件，鹰的俯冲速度、力量、锐利的爪子，乌鸦一样都不具备，怎能有鹰的本领和成就呢？有时候属于别人的东西，照搬照抄到自己身上未必有用，"拿来主义"要不得！

了解别人，学习别人的优点是一种谦虚好学的好品质，但必须建立在了解自己的基础之上，按照自己的实际条件，学习适合自己、能为我所用的东西才能有所成就。

⊙ **延展阅读**

"知之始己，自知而后知人也"。本章主要讲要了解别人，首先必须了解自己，自己有了定见，才能正确而灵活地运用各种策略，进退自如。老子曰："知人者智，自知者明。"能了解别人的长短善恶，固然算得上聪明；但若能知人更能知己，才真正算得上大智慧。

有这样一则寓言。

鹰从高岩上飞下来，以非常优美的姿势俯冲而下，把一只羊羔抓走了。一只乌鸦看见了，非常羡慕，心想：要是我也能这样去抓一只羊，就不用天天吃腐烂的食物了，那该多好啊！于是乌鸦凭借着对鹰的记忆，反复练习俯冲的姿势，也希望像鹰一样去抓一只羊。

一天，乌鸦觉得练习得差不多了，呼拉拉的从山崖上俯冲而下，猛扑到一只公羊身上，狠命地想把羊带走，然而乌鸦的脚爪却被羊毛缠住了，拔也拔不出来。尽管乌鸦不断地使劲怕打翅膀，但仍飞不起来。牧羊人看到后，跑过去将乌鸦一把抓住，剪去了它翅膀上的羽毛。傍晚，牧羊人带着乌鸦回家，交给了他的孩子们。孩子们问是什么鸟，牧羊人回答说："这确确实实是一只乌鸦，可是它自己却要充当老鹰。"

了解自己是人生在世最需要做的首要事情，也是世界上最难做到的一件事。

一位少年去拜访年长的智者。

少年问老者如何才能变成一个自己愉快，又能给别人带来快乐的人呢？

智者笑着望着他说："孩子，你有这样的愿望，已经是很难得了。很多比你年长的人，从他们问的问题本身就可以看出，不管给他们多少解释，都不可能让他们明白真正重要的道理，就只好让他们那样好了。"

少年满怀虔诚地听着，脸上没有丝毫得意之色。

智者接着说："我送给你四句话。第一句话是，把自己当成别人。你能说说这句话的含义吗？"

少年回答说："是不是说，在我感到忧伤的时候，就把自己当成是别人，这样痛苦就自然减轻了；当我欣喜若狂之时，把自己当成别人，那些狂喜也会变得平淡、中和一些？"

智者微微点头，接着说："第二句话，把别人当成自己。"

少年沉思一会儿，说："这样就可以真正同情别人的不幸，理解别人的需求，而且在别人需要的时候给予恰当的帮助。"

智者两眼发光，继续说道："第三句话，把别人当成别人。"

少年说："这句话的意思是不是说，要充分地尊重每个人的独立性，任何情形下都不可侵犯他人的核心领地？"

智者哈哈大笑："很好，很好，孺子可教也。第四句话是，把自己当成自己。这句话理解起来太难了，留着你以后慢慢品味吧。"

少年说："这句话的含义，我一时体会不出。但这四句话之间有许多自相矛盾之处，我怎样才能把它们统一起来呢？"

智者说："很简单，用一生的时间和阅历。"

少年沉默了很久，然后叩首告别。

后来少年变成了壮年人，又变成了老人。再后来在他离开这个世界很久以后，人们都还时时提到他的名字。人们都说他是一位智者，因为他是一个愉快的人，而且也给每一个见到过他的人带来了快乐。

能够认识别人，自是一种智慧和能力；能够认识自己则是圣者贤人。人生最难做到的就是正确、客观的认识自己。在人的一生当中，很多人因为不能正确认识自己，所以终其一生不知道自己应该做什么、适合做什么、能够做什么，不能为自己的人生准确定位；因为不能正确认识自己，所以时常陷入自卑或自大的误区；因为不能正确认识自己，所以出现了错误，往往找不到问题的症结所在；因为不能正确认识自己，所以总是牢骚满腹、怨天尤人，却不知从自身找原因。

所谓"当局者迷，旁观者清"，自己处在自身的立场和角度，难免会自我设限，这就是一种"心障"，"心障"会蒙蔽自己的双眼，对自己认识不清、不全面或者有失偏颇，这就需要放低自己、放宽心胸，借助和求教于别人，看看别人眼中和心中的自己究竟是怎么样的。

所谓"以铜为镜，可以正衣冠；以古为镜，可以知兴替；以人为镜，可以明得失。"有时候单单通过别人对自己的评价来认识自己也是远远不够的，因为别人出于"明哲保身"等种种立场和因素，难免会隐匿自己的真实观点，对你敷衍塞责。所以人要认识自己，还在于能够以人为镜，反照自己，做到时刻自省。《论语·学而》中曾子有曰："吾日三省吾身……"只有时时处处反省自己，总结经验，吸取教训，才能不断进步和完善自我。

认识自己，绝非一朝一夕的事，而是需要一生的时间和阅历。如果我们能及时发现自己的不足和过错，在实际可行的基础上，取彼长，补己短，自我调整，我们就是聪明人中的智者，我们就能更快地走向成功，取得更大、更好的成就。

第三篇　内揵①术

第一章　遵循顺畅的途径

■ 原文

君臣上下之事，有远而亲②，近而疏③，就之不用，去之反求④。日进前而不御，遥闻声而相思⑤。事皆有内揵，素结本始⑥。或结以道德，或结以党友，或结以财货，或结以采色⑦。用其意⑧，欲入则入，欲出则出，欲亲则亲，欲疏则疏，欲就则就，欲去则去，欲求则求，欲思则思。若蚨母⑨之从其子也，出无间，入无朕，独往独来，莫之能止。内者进说辞，揵者，揵所谋⑩也。欲说者，务隐度⑪；计事者，务循顺⑫。阴虑可否，明言得失，以御⑬其志。

注释

①内揵（jiàn）：内，内心、内情；揵，通楗，本义为门闩。内，本指内情相守，这里指要从内心与君主勾通关系，以达到情投意合、揵开任意的目的。

②远而亲：看似疏远，其实极亲密。

③近而疏：看似亲密，其实极疏远。

④就之不用，去之反求：就，靠近、趋近；去，离开。在身边却不任用，离去以后还受聘请。

⑤日进前而不御，遥闻声而相思：日进前，每天都在皇帝的跟前；御，驾驭马车，这里引申为"使用"；遥闻声，听到很遥远的地方的声音。

⑥素结本始：素，平常。本始，本源。意思是把平常与本源相连结。

⑦采色：这里指艺术和娱乐。

⑧用其意：推行某种主张。

⑨蜘母：母蜘蛛。土蜘蛛的母爱极强，因此每当出入巢穴时，都要把穴口加盖以防外敌。

⑩捷所谋：进献计谋。

⑪隐度：暗中揣测、估量。

⑫循顺：沿着顺畅的途径，遵循固有规律。

⑬御：驾驭，把握。

译文

君臣上下之间的事情，有的距离很远却很亲密，有的距离很近却很疏远。有的在身边却不被使用，有的在离去以后还受聘请。有的天天都能到君主眼前却不被信任，有的距离君主十分遥远却听到声音就被思念。凡是事物都有采纳和建议两方面，平常的东西都与本源相连结。或者靠道德相连结，或者靠朋党相连结，或者靠钱物相连结，或者靠艺术相连结。要想推行自己的主张，就要做到想进来就进来，想出去就出去；想亲近就亲近，想疏远就疏远；想接近就接近，想离去就离去；想被聘用就被聘用，想被思念就被思念。就好像母蜘蛛率领小蜘蛛一样，出来时不留洞痕，进去时不留标记，独自前往，独自返回，谁也没法阻止它。所谓"内"就是采纳意见；所谓"揵"就是进献计策。想要说服他人，务必要先悄悄地揣测；度量、策划事情，务必要遵循顺畅的途径。暗中分析是可是否，透彻辨明所得所失，以便影响君主的意向。

☽ 鬼谷锦囊

批评或者建议别人，一定要"欲说者，务隐度；计事者，务循顺"，把握好对方的实际情况和真实心理，再采用适当和切实可行的方法，才能收到预期的效果。

如果批评和建议的方法得当，就很容易达到预期的效果，反之如果直言不讳，则一定引起对方的反感和不悦，让对方觉得没面子、下不了台，即使你的意见或建议是合理的，对方也不愿接受。这不仅达不到"治病救人"的目的，甚至连自己也要遭到"池鱼之殃"。

☽ 延展阅读

"欲说者，务隐度；计事者，务循顺"是讲游说别人，首先要了解其真实情况，分析和揣度其内心世界，然后再"对症下药"，这样才能"合其道"、顺其意、称其心，使对方顺利接受自己的主张。因此，掌握对方的真实情况与真实心理，是游说成功与否的关键。

懂得进谏之道的人在掌握对方的真实情况与真实心理的基础上，往往能倚靠各种巧妙的方法取得成功。"邹忌讽齐王纳谏"便是一个典型。

邹忌身高八尺多，形体容貌光艳美丽。早晨穿戴好衣帽，照镜子，对他的妻子说："我与城北徐公相比，哪一个美？"他妻子说："您美极了，徐公怎能比得上您呢？"城北的徐公，是齐国的美男子。邹忌不相信自己会比徐公美，就又问他的妾："我与徐公相比，哪一个美？"妾说："徐公怎么能比得上您呀？"第二天，有客人从外边来，邹忌同他坐着谈话，又问他："我和徐公谁美？"客人说："徐公不如您美。"又过了一天，徐公来了，邹忌仔细端详他，自己觉得不如徐公美丽；再照镜子看看自己，更觉得远远不如。晚上躺着想这件事，说："我妻子认为我美，是偏爱我；妾认为我美，是害怕我；客人认为我美，是想有求于我。"

于是邹忌上朝拜见齐威王，说："我确实知道自己不如徐公美。我的妻子偏爱我，我的妾害怕我，我的客人有求于我，他们都认为我比徐公漂亮。如今齐国有方圆千里的疆土，一百二十座城池，宫里的嫔妃和身边的亲信，没有不偏爱大王的；朝中的大臣没有一个不害怕大王的；全国的老百姓没有不有求于大王的。由此看来，大王受到蒙蔽很深啊！"

齐威王说："好！"就下了命令："所有的大臣、官吏、百姓能够当面指责我的过错的，可得上等奖赏；上书劝谏我的，可得中等奖赏；在公共场所批判议论我的过失，传到我耳朵里的，可得下等奖赏。"命令刚下达，群臣都来进谏，门前、院内像集市一样；几个月以后，还偶尔有人来进谏；一年以后，就是想进谏，也没什么可说的了。

燕、赵、韩、魏等国听到这种情况，都到齐国来朝见。这就是所谓的在朝廷上战胜别国。

这个故事主要写的是战国初期齐威王接受邹忌的劝谏而采纳群言，终于使齐国大治，塑造了邹忌善于思考，能够"欲说者，务隐度；计事者，务循顺"，运用得当的方法巧妙进谏的形象。邹忌见威王后，并没有开门见山、单刀直入，而是先讲自己的切身体会，用类比推理的方式讲出"王之蔽甚矣"。他先叙述了妻、妾、客蒙蔽自己的原因，然后从自己的生活小事推而广之到治国大事，说明齐王因为处于最有权势的地位，因而所受的蒙蔽也就最深。邹忌没有对威王的直接批评，而是以事设喻，启发诱导齐威王看到自己受蒙蔽的严重性，从而使他懂得纳谏的重要性。邹忌对齐威王的进谏符合对方的身份，并且遵循了正确的途径，利用了适当的方法，所以取得了成功。

由邹忌的故事我们可以总结出这样的道理：在批评、建议别人的时候一定要懂得委婉含蓄之道，这就如同在苦药丸外面加了一层"糖衣"，不仅不影响治病救人的目的，还能让对方因为尝到"甜头"而乐于咽下你的良药。

春秋时期发生过这样一个故事，烛邹替齐景公饲养的爱鸟不小心飞走了，景公发怒要杀烛邹。在这千钧一发的时候，国相晏婴站出来说："烛邹这书呆子有三大罪状，请大王让我列举完以后，再按罪论处。"得到景公的允许后，晏婴把烛邹叫到景公的面前说："你为大王管理着爱鸟，却让它飞走了，这是第一条罪状；你使得我们大王因为鸟的事杀人，这是第二条罪状；更严重的是各国诸侯听了这件事后，以为大王重视鸟而轻视读书人，这是第三条罪状。"数完这些所谓罪状后，晏婴便请景公把烛邹杀掉。景公尽管残忍，但从晏婴的话里听出了利害，就对晏婴说："不要杀了，我听从你的意思就是了。"

晏婴没有直接表达自己对齐景公荒唐做法的不满，而是就坡骑驴、顺势而下、因势利导，故意推导出一个更加荒唐的结论，让齐景公自然而然地看清自己的过错，从而做出正确的取舍。

第二章 切摩形势，从便利处入手

━ 原文

方①来应时②，以合其谋。详思③来捷，往应适当也。夫内有不合者，不可施行也。乃揣切④时宜，从便所为，以求其变。以变求内者，若管取捷。

注释

①方：方法，道术。

②应时：合乎时宜。

③详思：详细地思考。

④揣切：揣量、切摩。

译文

以道术来进言当应合时宜，以便与君主的谋划相合。详细地思考后再来进言，去适应形势。凡是内情有不合时宜的，就不可以实行。就要揣量切摩形势，从便利处入手，来改变策略。用善于变化来争取被采纳，就像以门管来接纳门楗一样顺当。

⊙ 鬼谷锦囊

大自然中播种和收获都各有各的时机，农民们不能在秋冬播种，在春夏收获；人们不能在格陵兰岛的冰山上栽种柑橘，也不能到热带地区的河里去取出冰块儿，因为季节、时间和地点不对，所以不会有收获。

以此类推，下属向上司进言，若想让上司接受，又不致使自己遭受危险，就必须选择合适的时机，尤其不能当众批评指责上司或与上司争论。常常有这样的情况，在公司中，一些人其实很有才干，但由于爱当面向上司提不同意见，或当众顶撞上司，所以结果往往得不到重用。这是因为他们犯了一个职场中最大的忌讳，即不尊重上司。任何管理阶层的人，都想维护自己的权威，而当众批评甚至顶撞上司无疑是对上司尊严与威信的损害和贬低。所以韩非子说："向君主进谏，最忌讳的便是当面触犯。"

⊙ 延展阅读

"方来应时，以合其谋"。是说向君主进言，应当应和时宜，才能与君主的谋划相合，时机不当，就会因为触犯了君主的威严而很难成功。

《韩非子》上记载了这样一个故事。

殷纣王曾做长夜之饮，即：大白天关起窗子、拉上帷幕、点上蜡烛，不分昼夜地饮酒作乐。结果搞得他神魂颠倒，以致忘了年、月、日。他问左右的人，现在何月何日，左右也没有人知道。他只好派人去问箕子。箕子私下对家人说："以天下之尊，居然不知月日，这个天下可危险极了；举国上下都忘了月日，我若独自清醒而知道月日，我也危险极了。"于是，他对来者说："我醉得厉害，人也迷糊了，什么日子我也记不起来了。"

假如箕子用"天下之尊，居然不知月日，这个天下可危险极了"为进谏之言，劝谏纣王，势必会招来纣王的不悦，因为正是纣王不分昼夜的寻欢作乐、不务正业导致了他不知月日的荒谬结果，在这种时候向他进谏，显然是讽刺纣王是个无道昏君。"众人皆醉我独醒"显然不合时宜，会冒犯龙威。所以，箕子的做法可谓明智之举。

然而，历史上的臣子并非都像箕子那样明智。有的人虽然是出于一片赤胆忠心，对君主冒死直言力谏，但往往因为不合时宜、不识进退之道，结果不但起不到进谏的作用，反而可能白白断送了性命。这就是所谓的"逆鳞"。传说龙的脖项下面有片鳞，是逆着长的，叫作"逆鳞"，"逆鳞"可是万万触不得，因为稍稍一动，龙就会疼痛钻心，非得搅个海浪翻腾、地动山摇不可。当然，龙只是传说中的动物，并无真实性可考。但在现实生活中，长有这种逆鳞的人却为数不少，以皇帝或君主最为典型，俗话说："伴君如伴虎"，对于这种人，千万不能触动他们的"逆鳞"，否则是会招惹麻烦甚至招致杀身之祸的。

唐朝的魏征以直言极谏而流芳后世，这主要是由于他运气佳，遇到了像唐太宗这样的"明主"，如果他遇到的是像夏桀、殷纣、隋炀那样的无道昏君，不知道早被砍过多少次头了。然而即使是唐太宗这样的明君圣主，也曾对直言不讳的魏征动过杀心。

有一次，魏征在上朝时，当着众多大臣的面，跟唐太宗争得面红耳赤，唐太宗实在听不下去了，想发怒，却又怕在大臣面前丢了自己从谏如流的好名声，只好忍气吞声，强压怒火。退朝后，回到后宫，恨恨地自言自语道："总有一天要把这个乡巴佬杀了！"在一旁的长孙皇后听到后，忙问："陛下要杀谁啊？"唐太宗说："还不是那个魏征，他总是当着众臣的面侮辱我，使我实在难堪。"长孙皇后听罢，立即退了出去，换上朝服，走到唐太宗面前叩首道贺。

唐太宗十分惊讶，忙问缘由。皇后说："我听说有贤明的君主才有忠直的臣子。现在魏征敢于直言进谏，皆因陛下贤明之故，我怎能不庆贺呢？"

倘若不是长孙皇后的巧妙求情，或许魏征真的就死于李世民的龙威之下了。

由此可见，下属向上司进言，若想让上司接受，又不致使自己遭受危险，就必须选择合适的时机，尤其不能当众批评指责上司或与上司争论。常常有这样的情况，在公司中，一些人其实很有才干，但由于爱当面向上司提不同意见，或当众顶撞上司，所以结果往往得不到重用。这是因为他们犯了一个职场中最大的忌讳，即不尊重上司。任何管理阶层的人，都想维护自己的权威，而当众批评甚至顶撞上司无疑是对上司尊严与威信的损害和贬低，这和古代向君主进谏"逆鳞"的道理如出一辙。所以韩非子说："向君主进谏，最忌讳的便是当面触犯。"

向人谏言如此，商场上做生意也是如此，每一种商品都有其旺季与淡季，买进和卖出都各有各的时机，一定要顺势而行，不可逆势而动。

第三章　坚持己见与随机应变

▬ 原文

言往来，先顺辞也。善变者，审知地势，乃通于天，以化四时使鬼神合于阴阳而牧人民，见其谋事，知其志意。事有不合者，有所未知也。合而不结者，阳亲而阴疏。事有不合者，圣人不为谋也。故远而亲者，有阴德①也；近而疏者，志不合也；就而不用者，策不得也；去而反求者，事中来也；日进前而不御者，施不合也；遥闻声而相思者，合于谋待决事②也。故曰："不见其类③而为之者见逆④，不得其情而说之者见非⑤。得其情，乃制其术⑥。此用可出可入，可揵可开。"

注释

①阴德：心意暗合。

②决事：谋大事，指参与决断国家大事。

③类：类似，共同点。

④见逆：违逆，与愿望相背反。

⑤见非：遭到非议。

⑥术：技能、手段、方法等。

译文

凡是谈论过去的事情，要先有顺畅的言辞，凡是谈论未来的事情要采用容易、变通的言辞。善于变化的人，要详细了解地理形势，只有这样，才能沟通天道、化育四时、驱使鬼神、附合阴阳，牧养人民。要了解君主谋划的事情，要知晓君主的意图。所办的事情凡有不合君主之意的，是因为对君主的意图还有不了解的地方。意见一致了，而不能密切结合是因为只停留于表面亲近，而背地里还有距离。如果与君主的意见没有吻合的可能，圣人是不会为其谋划的。所以说，与君主相距很远却被亲近的人，是因为能与君主心意暗合；距离君主很近却被疏远的人，是因为与君主志向不一；就职上任而不被重用的人，是因为他的计策没有实际效果；辞职离去而能再被反聘的人，是因为他的主张被实践证明可行；每天都能出入君主面前，却不被信任的人，是因为其行为不得体；距离遥远只要能听到声音就被思念的人，是因为其主张正与决策者相合，正等他参与决断大事。所以说，在情况还没有明朗之前就去游说的人，定会事与愿违，在还不掌握实情的时候就去游说的人，定要受到非议。只有了解情况，再依据实际情况确定方法，这样去推行自己的主张，既可以出去，又可以进来；既可以进谏君主，坚持己见，又可以放弃自己的主张，随机应变。

🜚 鬼谷锦囊

"不想当将军的士兵不是好士兵"，在职场中打拼的人，有谁不想步步高升、一展职业抱负呢？然而，要想成就这个梦想，就需要和上司、领导打交道，只有得到上司的器重和垂青，才能在职场中大展拳脚、大显身手、有所成就。而要想得到上司的器重，往往需要通过向上司提意见和建议的途径来展示你的能力和才华。

其实，向上司提出意见或建议和古代臣子向君王进谏是同样的道理，需要"得其情，制其术"。

首先，在下属向上司进谏的时候，应该"多献可，少加否"。多从正面去阐发自己的观点；少从反面去否定和批驳上司，要懂得用迂回变通的办法，刻意回避与上司的意见产生正面冲突。

其次，进谏应该"多桌下，少桌面"。即多利用非正式场合，少使用正式场合，尽量与上司私下交谈，交换意见，避免对上司公开提意见，这样做不仅能给自己留有回旋余地，即使提出的意见出现失误，也不会有损自己在公众心目中的形象，而且有利于维护上司的个人尊严，不至于使上司陷入被动和难堪的境地。

美国的罗宾森教授曾说过这样一段："人有时会很自然地改变自己的看法，但是如果有人当众说他错了，他会恼火，更加固执己见，甚至会全心全意地去维护自己的看法，这不是那种看法本身多么珍贵，而是他的自尊心受到了威胁。"这句话是告诫我们人人都有自尊心，人人都有维护自己尊严的本能，作为下属，在向上司进谏的时候千万莫要忘记维护上司的尊严。

最后，向上司进谏应该"多引水，少开渠"。即对上司进谏千万不要直接去点破上司的错误所在，或越俎代庖地替上司做出你所谓的正确决策。而是要用引导，试探，征询意见的方式，使上司在参考你所提出的建议信息后，水到渠成地用他的嘴说出你心中想的正确决策，即把你的东西"转一个弯"变成上司自己的东西，把你的功劳让渡给你的上司。

对此，著名成功学和励志大师戴尔·卡耐基曾说过："如果你仅仅提出建议，而让别人自己去得出结论，让他觉得这个想法是他自己的，这样不更聪明吗？"实际就是如此，我们对于自己得出的看法，往往比别人强加给我们的看法更加坚信不疑。因此作为一个聪明的下属，在向上司提意见或建议时，仅仅需要做好引导，提出建议，提供资料即已足矣，而其中所蕴含的结论，则留给上司。

延展阅读

"不见其类而为之者，见逆；不得其情而说之者，见非。得其情，乃制其术。此用可出可入，可揵可开。"是教导我们在情况还没有明朗之前就去游说的人，一定会事与愿违，在还不掌握实情的时候就去游说的人，定要受到非议。只有了解情况，再依据实际情况确定方法，这样去推行自己的主张，既可以出去，又可以进来；既可以进谏，坚持己见，又可以放弃自己的主张，随机应变。

春秋战国时的韩非子，就深明此道。在古代社会里，衡量忠臣的一个重要标准，就是"文死谏、武死战"。即是说，当君主有错误的时候，大臣们要"冒死直谏"。但韩非子并不赞同让臣子去做无谓的牺牲，而是主张"进谏"要因人而异、从客观实际出发、具体问题具体分析，并且随机应变。这是一种进言的智慧。古人在这方面留下了许多富于启迪意义的故事。"宓子贱掣肘"便是很好的一个例子。

鲁国人宓子贱是孔子的学生。他曾有一段在鲁国朝廷做官的经历。后来，鲁君派他去治理一个名叫单父的地方（今山东单县）。他受命时心里很不平静。宓子贱担心：到地方上做官，离国君甚远，更容易遭到自己政治上的宿敌和官场小人的诽谤。假如鲁君听信了谗言，自己的政治抱负岂不是会落空？因此，他在临行时想好了一个计策。宓子贱向鲁君要了两名副官，以备日后施用计谋之用。

宓子贱风尘仆仆地刚到单父不久，该地的大小官吏都前往拜见。宓子贱叫两个副官拿记事簿把参拜官员的名字登记下来，这两人遵命而行。当两个副官提笔书写来者姓名的时候，宓子贱却在一旁不断地用手去拉扯他们的胳膊肘儿，使两人写的字一塌糊涂，不成样子。

等前来贺拜的人已经云集殿堂，宓子贱突然举起副官写得乱糟糟的名册，当众把他们狠狠地鄙薄、训斥了一顿。

宓子贱故意滋事的做法使满堂官员感到莫名其妙、啼笑皆非。

两个副官受了冤屈、侮辱，心里非常恼怒。事后，他们向宓子贱递交了辞呈。

宓子贱不仅没有挽留他们，而且火上加油地说："你们写不好字还不算大事，这次你们回去，一路上可要当心，如果你们走起路来也像写字一样不成体统，那就会出更大的乱子！"

两个副官回去以后，满腹怨恨地向鲁君汇报了宓子贱在单父的所为。他们以为鲁君听了这些话会向宓子贱发难，从而可以一解心头之恨。

然而，这两人没有料到鲁君想了想，竟然负疚地叹息道："这件事既不是你们的错，也不能怪罪宓子贱。他是故意做给我看的。过去他在朝廷为官的时候，经常发表一些有益于国家的政见。可是我左右的近臣往往设置人为的障碍，以阻挠其政治主张的实现。你们在单父写字时，宓子贱有意掣肘的做法实际上是一种隐喻。他在提醒我今后执政时要警惕那些专权乱谏的臣属，不要因轻信他们而把国家的大事办糟了。若不是你们及时回来禀报，恐怕今后我还会犯更多类似的错误。"

鲁君说罢，立即派其亲信去单父。这个钦差大臣见了宓子贱以后，说道："鲁君让我转告你，从今以后，单父再不归他管辖。这里全权交给你。凡是有益于单父发展的事，你可以自主决断。你每隔5年向鲁君通报一次就行了。"

宓子贱很赞赏鲁君的开明许诺。在没有强权干扰的条件下，他在单父实践了多年梦寐以求的政治抱负。

宓子贱深怕鲁君听信了谗言，自己的政治抱负到头来落得一场空，但又深知要劝谏的人是高高在上的君主，直谏万不可取，于是发挥智慧，用一个自编自演、一识即破的闹剧，让鲁君意识到了奸诈隐蔽的言行对志士仁人报国之志的危害。这正是"得其情，乃制其术"的妙用。这种不用说话便起到进谏之功效的方式，可谓达到了进谏的至高境界。

在中国历史上，懂得这种高超的智慧不仅可以成就自己的政治抱负，还可以用来成就或保全自己的仕途。

孟尝君是战国时期有名的四公子之一，在齐国担任相国的重要职务。这一年，齐王的夫人死了，孟尝君为此大伤脑筋：齐王要立谁为夫人呢？倘若是个与自己做对的人，那就麻烦了，搞不好，相国要职也会被别人夺走。

齐王有七名宠妾，个个如花似玉，齐王经常与七名宠妾在一起。孟尝君想："齐王要立夫人肯定会从这七人中挑选一位，不过，哪一位是齐王最喜欢的呢？"

孟尝君想来想去，想到了一个好主意，他命人制作了七个耳环，每个耳环都用上等美玉制作，其中一个耳环最精巧、最珍贵，然后把七个耳环献给齐王，齐王看到这么精美的耳环，立刻高兴地把它们赐给了七个宠妾。

过了几天，孟尝君再次进宫会见齐王，悄悄地观察齐王身边的七位美人，见她们都戴上了自己进献的耳环，其中一位美人戴上那一对特殊的耳环更显得楚楚动人。

告别齐王回府后，孟尝君立即命人起草奏章，劝齐王立那位楚楚动人的美女为夫人。齐王接奏，正合心意，便立最中意的美人为夫人。

那位当上了夫人的美人身价倍增，自然不会忘记孟尝君，所以孟尝君还是平平安安地做他的相国，齐国百姓也因此安居乐业。

孟尝君根据具体情况，采用"以物相人"的计谋，通过一对小小的耳环保全了自己的相国之职，可谓高明。

这个道理在今天的职场中最为适用。

第四章　圣人谋事，预则立

■ 原文

故圣人立事^①，以此先知而捷万物。由夫道德、仁义、礼乐、计谋，先取《诗》《书》，混说损益^②，议论去就^③。欲合者，用内，欲去者，用外^④。外内者必明道数^⑤，揣策来事^⑥，见疑决之，策无失计，立功建德。治民入产业^⑦，曰"捷而内合"。上暗不治^⑧，下乱不悟^⑨，捷而反之^⑩。内自得^⑪，而外不留说^⑫，而飞^⑬之。若命自来己，迎而御之^⑭；若欲去之，因危与之，环转因化，莫知所为，退^⑮为大仪^⑯。

注释

①立事：建立事业。

②先取《诗》《书》，混说损益：引用《诗经》和《书经》来验证自己的学说。

③议论就去：经过讨论，最后决定是否应该做。

④欲合者，用内，欲去者，用外：欲，想；合，与离相对。指根据想法来运用力量。

⑤外内者必明道数：在决定内外大事时，必须明确道理和方法。

⑥揣策来事：推理判断未来的事情。

⑦产业：产，谋生，财产；业，事情，经营功绩。

⑧上暗不治：暗，昏暗。全句是说君主昏庸，不能推行善政。

⑨下乱不悟：乱，昏乱，糊涂。全句是说人民掀起叛乱而不能分辨事理。

⑩捷而反之：固执己见，事与愿违。

⑪自得：自以为自己聪明，得计。

⑫不留说：不接受他人的主张。

⑬飞：表扬。

⑭若命自来己，迎而御之：命，召令；自来，指君主有令召来。御：防御、抵制，这里是指拒不接受。

⑮退：保全、完成的意思。

⑯大仪：好办法，大原则，秘诀。

译文

圣人立身处世，都以自己的先见之明来议论万事万物。其先见之明来源于道德、仁义、礼乐和计谋。首先摘取《诗经》和《书经》的教诲，再综合分析利弊得失，最后讨论是就任还是离职。要想与人合作，就要把力量用在内部，要想离开现职，就要把力量用在外面。处理内外大事，必须明确理论和方法，要预测未来的事情，就要善于在各种疑难面前临机决断，在运用策略时要不失算，不断建立功业和积累德政。要善于管理人民，使他们从事生产事业，这叫作"巩固内部团结"。如果上层昏庸，不理国家政务，下层纷乱不明为臣事理，各执己见，事事抵触，还自鸣得意；不接受外面的新思想，还自吹自擂。在这种情况下，如果朝廷诏命自己，虽然也要迎接，但又要拒绝。要拒绝对方的诏命，要设法给人一种错觉。就像圆环旋转往复一样，使旁人看不出你想要干什么。在这种情况下，急流勇退是最好的方法。

◎ 鬼谷锦囊

孔子曾说过："危险的邦国不要进入，混乱的邦国不要居住。""天下有道时，就出来从政治国；无道时，就要隐居不出。"这是古代封建社会中很重要的"明哲保身"之道。不过，在今天这个充满竞争的社会里，它有着不可避免的局限性。我们生存在这个社会，社会给我们提供了吃、穿、住、用、行等各种生存和发展条件，我们就应该用自己的智慧和才能积极回报社会，为社会做出应有的贡献，绝不能为求自保，而把自己封闭起来，不思进取，因为这是一个开放和彼此息息相关的时代，世界上根本没有世外桃源的存在，生存在这个世界上一天，就要与他人、与社会联系在一起一天，孤立自己无异于固步自封、自寻死路。清王朝若不是夜郎自大、闭关锁国，就不会让中华民族遭受近代百年耻辱。

所以，我们在当代的大环境、大背景下，不能选择明哲保身，一是大势不允、不合时宜，二是不符合现代的价值观和生存之道。

但明哲保身在当代仍有其合理的一面。在当代，利益是人们追逐的首要目标，为了利益，人们难免会自私自利，所以每个人都难免会遭遇勾心斗角、明争暗斗的际遇，在这种际遇下，如果你想做个温和派、中立者，那么不妨借鉴一下古人应付危险、化险为夷的明哲哲学，这对于现代社会中每一个人保存自己、从而运用自己的才干为社会做出更大的贡献，是非常有利的。

先见之明在当代则具有很强的指导意义。"凡事预则立，不预则废"，没有先见之明，就不能在做事之前做好必要的策划和准备，没有先见之明，也不能在激烈的市场竞争中把握先机、占领市场。

所以，先见之明，在任何时代、任何场合，都是一种不可或缺的能力和方法。

◎ 延展阅读

"圣人立事，以此先知而捷万物。"本章主要讲和君主打交道要小心谨慎、步步为营，更要有先见之明。本章还提出针对不同的对象要采取不同的策略，包括"捷而内合""捷而反之""飞之""迎而御之""因危与之"，等等。

拥有先见之明，在生活上才能避凶趋吉、趋利避害，在工作上才能事半功倍，在敌我斗争中，才能先发制人、克敌制胜。

三国时期诸葛亮的空城计之所以成功便是得益于他的先见之明。

蜀军将士大部分在外，诸葛亮坐守孤城，司马懿率大军前来攻城，寡不敌众，这次必败在司马懿手上无疑。但诸葛亮有先见之明，深知司马懿生性胆小多疑，故大开城门，命少数士卒打扫城门前道路，自己在城楼上安坐，燃香弹琴，司马懿果然中计，恐有埋伏，遂下令退兵，使诸葛亮转危为安。

可见，有先见之明，则可以取得胜利、转危为安。倘若没有先见之明，或刚愎自用，不听别人先见之言，往往会一败涂地、悔之晚矣。

在吴越交战之时，吴王夫差活捉越王勾践回国，吴王军师伍子胥有先见之明，力奏吴王杀掉勾践斩草除根，但吴王不听，并且最后还将伍子胥处死。临刑前，伍子胥嘱咐将其双眼高挂城楼，他要亲眼看到越王勾践反攻回来。后来，勾践卧薪尝胆，"十年生聚，十年教训"，振兴国政，结果果然"苦心人，天不负，卧薪尝胆，三千越甲可吞吴"。

夫差不仅没有先见之明，而且刚愎自用，不听伍子胥先见之良言，结果放虎归山，为越所灭。

拥有先见之明，不仅可以取得政治和军事上的胜利，还可以"明哲保身"，在尔虞我诈、勾心斗角、明争暗斗、纷繁复杂的官场上保全自己。

唐朝名将郭子仪封爵为汾阳王，他的王府在首都长安的亲仁里。自汾阳王府落成后，每天都是府门大开，任凭人们出出进进，府中人从不干涉。

有一天，郭子仪帐下的一名将官因外调去某地任职，前来王府辞行。他知道郭子仪王府中百无禁忌，就一直走进了内宅。他看见郭子仪的夫人和他的爱女两人正在梳洗打扮，郭子仪在一旁侍奉她们，她们一会儿要王爷拿手巾，一会儿要他去端洗脸水，使唤他就好像使唤奴仆一样。

这位将官回去后，不免把这情景讲给他的家人听，于是一传十，十传百，没几天，整个京城的闲人都把这件事当作一个笑话在谈论着。

郭子仪听了倒没有什么，他的几个儿子听了都觉得大丢面子。他们相约一齐来找父亲，要他下令，像别的王府一样，关起大门，不让闲杂人等出入。

郭子仪听了哈哈一笑，不愿接受。几个儿子哭着跪下来求他。

一个儿子说："父亲您功业显赫，普天下的人都尊敬您，可是您自己却不尊敬自己，不管什么人，您都让他们随意进入内宅。孩儿以为，即使商朝的贤相伊尹、汉朝的大将军霍光也无法做到您这样。"

郭子仪笑着叫儿子起来，语重心长地说："我敞开府门，任人进出，不是为了追求浮名虚誉，而是为了自保，为了保全我们的身家性命。"

儿子们一个个惊讶万分，忙问这其中道理何在？郭子仪叹了口气，说:"你们光看到郭家显赫的声势,没看到这声势丧失的危险。我爵封汾阳王,往前走,再没有更大的富贵可求了。月盈而蚀,盛极而衰,这是必然的道理,所以,人们常说要急流勇退。可是,朝廷尚要用我,怎肯让我归隐;再说,即使归隐,也找不到一块能容纳郭府一千余口的隐居地呀。可以说,我现在是进不得也退不得。在这种情况下,如果我们紧闭大门,不与外面来往,只要有一个人与我家结下怨仇,诬陷我们对朝廷怀有二心,必然就会有专门落井下石、妒害贤能的小人从中挑拨,制造冤案,那么我们郭家的九族老小都要死无葬身之地了。到那时,我们是叫天天不应,叫地地不灵,谁也救不了我们。现在,我们郭府的四门敞开着,府中没有任何隐密,即使有人想要进我的谗言,也找不到借口!"

儿子们听了郭子仪的话,恍然大悟,无不佩服父亲的先见之明。

郭子仪有先见之明,并且紧紧把握明哲保身的自救之道,减少甚至避免了皇帝与权臣对他的猜忌,因而成功地在唐玄宗、肃宗、代宗、德宗四朝中长期任职,安享富贵。

这个故事提出了"明哲保身"的问题。"保身"的一个重要条件就是"明哲",即明白道理才能保存自己。郭子仪明白以静制动的道理,所以能在风云变幻的宦海中立于不败之地,使自己的聪明才干为社会发挥了更大的效用。如果郭子仪没有先见之明,不能用冷静、理智的行动去防止和杜绝形形色色的流言蜚语,那么,很有可能他的政敌们就会抓住把柄,制造一些莫须有的罪名,将其整垮。到那时,纵使郭子仪有天大的本事,又怎能为社会做贡献呢?

有先见之明、明哲保身还体现在能够功成身退,敢于舍弃来之不易的功名利禄上。张良就是最典型的一位。

张良素来体弱多病,自从汉高祖入都关中,天下初定,他便托辞多病，闭门不出。随着刘邦皇位的渐次稳固，张良逐步从"帝者师"退居"帝者宾"的地位，遵循着可有可无、时进时止的处事原则。在汉初刘邦翦灭异姓王的残酷斗争中，张良极少参与谋划。在西汉皇室的明争暗斗中，张良也恪守"疏不间亲"的古训。

当初高祖刘邦在论功行封时，曾令张良自择齐国三万户为食邑，张良辞让，谦请封始与刘邦相遇的留地（今江苏沛县），刘邦同意了，故称张良为留侯。

张良辞封的理由是：韩灭后他家败落沦为布衣，布衣得封万户、位列侯，应该满足。看到汉朝政权日益巩固，国家大事有人筹划，自己"为韩报仇强秦"的政治目的和"封万户、位列侯"的个人目标亦已达到，一生的宿愿基本满足。再加上身缠病魔，体弱多疾，又目睹彭越、韩信等有功之臣的悲惨结局，联想范蠡、文种兴越后的或逃或死，张良乃自请告退，摒弃人间万事，专心修道养精。

张良很有先见之明，深谙"狡兔死，走狗烹；飞鸟尽，良弓藏；敌国破，谋臣亡"的哲理，而且他深知刘邦的为人，所以选择了功成身退，因此避免了韩信等人的悲惨命运在自己身上重演，可谓高明。

‖ 第四篇　抵巇①术 ‖

第一章　万物离合之道

━━ 原文

物有自然，事有合离②。有近而不可见，远而可知。近而不可见者，不察其辞也；远而可知者，反往③以验来④也。巇者，罅也。罅⑤者，涧也，涧者，成大隙也。巇始有朕，可抵而塞，可抵而却，可抵而息，可抵而匿，可抵而得，此谓抵巇之理也。

注释

①抵巇（xī）：抵，抵塞；巇，缝隙。抵巇，在这里指弥补不足、堵塞漏洞。

②物有自然，事有合离：物，天地间的一切事物；自然，非人所为的，天然的；合离；聚合与分离。

③往：既往，过去。

④来：将来的意思。

⑤罅（xià）：裂痕，间隙。

译文

万物都存在着一定的规律，任何事情都有对立的两个方面。有时彼此距离很近，却互相不了解；有时互相距离很远，却彼此熟悉。距离近而互相不了解，是因为没有互相考察言辞；距离远却能彼此熟悉，是因为经常往来，互相体察。所谓"巇"就是"瑕罅"，而"罅"就是容器的裂痕，裂痕会由小变大。在裂痕刚刚出现时，可以通过"抵"使其闭塞，可以通过"抵"，使其停止，可以通过"抵"使其变小，可以通过"抵"使其消失，可以通过"抵"而夺取器物。这就是"抵巇"的原理。

◎ 鬼谷锦囊

"矛盾是无处不在的"，本章主要讲天下万事万物都有合有离，都难免会产生裂缝，产生矛盾，从政者一定要善于观察矛盾的征兆，采取不同的态度对待："巇始有朕，可抵而塞，可抵而却，可抵而息，可抵而匿，可抵而得。"这五种态度中，"抵而塞"与"抵而得"是两种最常用的方法。大到国家的治理，小到企业经营、人际交往，都会出现矛盾和裂缝，在这种时候，一定要及时查漏补缺、弥补缝隙，正所谓"亡羊补牢，为时未晚"矣！

家庭关系如此，朋友关系、同事关系都是如此，有了缝隙，一定要及时"抵而塞之"。当然，我们更不能人为制造矛盾、撕破团结，因为利益而争得头破血流，否则不但无法获得应得的利益，还会失去应有的和谐与幸福，成为他人的笑柄。

◎ 延展阅读

家喻户晓的"将相和"便是一个典型的例子。

战国时候，秦国最强大，常常进攻别的国家。

有一回，赵王得了一件无价之宝，叫和氏璧。秦王知道了，就写一封信给赵王，说愿意拿十五座城换这块璧。赵王接到了信非常着急，立即召集大臣来商议。大家说秦王不过想把和氏璧骗到手罢了，不能上他的当，可是不答应，又怕他派兵来进攻。正在为难的时候，有人说有个蔺相如，他勇敢机智，也许能解决这个难题。

赵王把蔺相如找来，问他该怎么办。蔺相如想了一会儿，说："我愿意带着和氏璧到秦国去。如果秦王真的拿十五座城来换，我就把璧交给他；如果他不肯交出十五座城，我一定把璧送回来。那时候秦国理屈，就没有动兵的理由。"赵王和大臣们没有别的办法，只好派蔺相如带着和氏璧到秦国去。

蔺相如到了秦国，进宫见了秦王，献上和氏璧。秦王双手捧住璧，一边看一边称赞，绝口不提十五座城的事。

蔺相如看这情形，知道秦王没有拿城换璧的诚意，就上前一步，说："这块璧有点儿瑕疵，让我指给您看。"

秦王听他这么一说，就把和氏璧交给了蔺相如。

蔺相如捧着璧，往后退了几步，靠着柱子站定。他理直气壮地说："我看您并不想交付十五座城。现在璧在我手里，您要是强逼我，我的脑袋和璧就一块儿撞碎在这柱子上！"说着，他举起和氏璧就要向柱子上撞。

秦王怕他把璧真的撞碎了，连忙说一切都好商量，就叫人拿出地图，把允诺划归赵国的十五座城指给他看。蔺相如说和氏璧是无价之宝，要举行个隆重的典礼，他才肯交出来。秦王只好跟他约定了举行典礼的日期。

蔺相如知道秦王丝毫没有拿城换璧的诚意，一回到宾馆，就叫手下人化了装，带着和氏璧抄小路先回赵国去了。

到了举行典礼那一天，蔺相如进宫见了秦王，大大方方地说："和氏璧已经送回赵国去了。您如果有诚意的话，先把十五座城交给我国，我国马上派人把璧送来，决不失信。不然，您杀了我也没有用，天下的人都知道秦国是从来不讲信用的！"秦王没有办法，只得客客气气地把蔺相如送回赵国。

这就是"完璧归赵"的故事。蔺相如立了功，赵王封他做上大夫。

过了几年，秦王约赵王在渑池会见。赵王和大臣们商议说："去吧，怕有危险；不去吧，又显得太胆怯。"蔺相如认为对秦王不能示弱，还是去的好，赵王才决定动身，让蔺相如随行。大将军廉颇带着军队送他们到边界上，做好了抵御秦兵的准备。

赵王到了渑池，会见了秦王。秦王要赵王鼓瑟。赵王不好推辞，鼓了一段。秦王就叫人记录下来，说在渑池会上，赵王为秦王鼓瑟。

蔺相如看秦王这样侮辱赵王，生气极了。他走到秦王面前，说："请您为赵王击缶。"秦王拒绝了。蔺相如再要求，秦王还是拒绝。

蔺相如说："您现在离我只有五步远。您不答应，我就跟您拼了！"秦王被逼得没法，只好敲了一下缶。蔺相如也叫人记录下来，说在渑池会上，秦王为赵王击缶。

秦王没占到便宜。他知道廉颇已经在边境上做好了准备，不敢拿赵王怎么样，只好让赵王回去。

蔺相如在渑池会上又立了功。赵王封蔺相如为上卿，职位比廉颇高。廉颇很不服气，他对别人说："我廉颇攻无不克，战无不胜，立下许多大功。他蔺相如有什么能耐，就靠一张嘴，反而爬到我头上去了。我碰见他，得给他个下不了台！"这话传到了蔺相如耳朵里，蔺相如就请病假不上朝，免得跟廉颇见面。

有一天，蔺相如坐车出去，远远看见廉颇骑着高头大马过来了，他赶紧叫车夫把车往回赶。蔺相如手下的人可看不过眼了。他们说，蔺相如怕廉颇像老鼠见了猫似的，为什么要怕他呢！蔺相如对他们说："诸位请想一想，廉将军和秦王比，谁厉害？"他们说："当然秦王厉害！"蔺相如说："秦王我都不怕，会怕廉将军？大家知道，秦王不敢进攻我们赵国，就因为武有廉颇，文有蔺相如。如果我们俩闹不和，就会削弱赵国的力量，秦国必然乘机来打我们。我所以避着廉将军，为的是我们赵国啊！"

蔺相如的话传到了廉颇的耳朵里。廉颇静下心来想了想，觉得自己为了争一口气，就不顾国家的利益，真不应该。于是，他脱下战袍，背上荆条，到蔺相如门上请罪。蔺相如见廉颇来负荆请罪，连忙热情地出来迎接。从此以后，他们俩成了好朋友，同心协力保卫赵国。

将相和好的表面原因是蔺相如的宽阔胸襟和廉颇勇于认错、知错就改、负荆请罪。实际上，是缘于他们共同的爱国思想，缘于他们共同的认识：将相不和，就会让敌人有机可乘、乘虚而入，赵国危矣！正是因为他们二人及时弥补了这种空隙和漏洞，才保全了国家社稷的大局。

一个国家如此，人与人相处更是如此。人与人之间相处，产生隔阂和裂痕是在所难免的。不管是亲人之间、夫妻之间、朋友之间、同事之间，等等，有了裂痕就要及时主动地去缝合和补救，不要让裂痕越来越大，以致无法挽救。现在我们仅以家庭关系中最难处理的婆媳关系为例。

一直以来，王晓丽对婆婆的态度都是保持分寸、拿捏尺度，带着敬畏之心的。就是不得已和婆婆上街并肩行走时，王晓丽都尽力避免靠得太近。这不是说王晓丽对婆婆有多么生分和见外，只是觉得婆媳之间固有的那种微妙关系，需要保持小小的距离才让王晓丽觉得舒服和安全。

王晓丽的婆婆说话很直，有时甚至还有一些刻薄，心眼在某些时候也显得小。王晓丽能做到的就是回避，回避和她在任何时刻可能会有的正面冲突。

偌大的厅堂里，婆婆一人绣着毛线鞋，王晓丽走过她的身边，婆婆看看王晓丽，又低下头去继续纳鞋底。王晓丽能感觉到婆婆希望自己能主动上去和她说说话聊聊天，婆婆的眼神里透着落寞。但是，王晓丽却像一阵风一样，掠过她的身边，撂下她一个人，也撂下了满眼的期待。

有时上街，王晓丽时不时就能淘得新衣服回家。婆婆看到王晓丽手里拎的包就说："又买新衣服啊。""对啊。"王晓丽眉也不抬，"看着喜欢就买了。""你上次那件还没有穿呢。"婆婆的语气明显有些责备。"肯定是要穿的呀，你急什么。"王晓丽也有点不高兴。"多少钱啊，贵不贵？"这是婆婆的惯例。"不贵。"但王晓丽报出的数字却往往让婆婆吓一跳。而对婆婆诧异的眼神王晓丽也早已见怪不怪，喜滋滋自顾去房里试换新衣。

去年冬天的一个午后，王晓丽兴冲冲地买回一条休闲皮裤。皮裤是越小越好的，因为会越穿越松。当王晓丽费尽力气地穿上并奋力拉好拉链，艰难地松出口气，正蹲下身去磨合时，只听"哧"一声响，休闲皮裤的后头中缝竟裂开了长长一条裂缝。王晓丽"哎呀"一声，婆婆从厨房里冲出来，不停地咋舌："就裂了啊，找他去，什么货啊，哪个店里的？""找什么找啊！"王晓丽没好气白了婆婆一眼，"在市区，远着呢。"王晓丽气冲冲扔下裤子上班去了，心里一直不痛快。

晚上回到家，皮裤被整整齐齐叠放在桌上，王晓丽没好气地拿在手里，奇怪的是却找不着那条开裂的缝了。明明是裂了的啊，王晓丽很纳闷。"别找了，我帮你缝好了。"婆婆从厨房中端出最后做好的汤放在桌上，"吃饭了。"婆婆的语气淡淡的，像什么事情也没发生过。王晓丽拿着裤子不作声响进了房间。在灯下，看清了婆婆手缝的纹线，一针一针，紧紧密密，和原先的纹线完全吻合，而且不只是裂口处，所有的接口，都被婆婆纳上了细密结实的针眼。一阵很强烈的温暖的感觉猛然间溢上了王晓丽的心头！

王晓丽在灯下坐了很久，手指在皮裤上反复地摸索。王晓丽深知自己最讨厌的事情就是缝纫，对于针钱活她一直避而远之。而婆婆一个冬日下午的清冷时光，就全耗在了她的皮裤上。想到婆婆长满冻疮开裂的手，想到婆婆千沟万壑、疼痛难忍却又抖嗦着为自己缝补的手，王晓丽的泪水不自觉地流了下来，一滴一滴，全落在这几百针细细密密结结实实的针眼上。王晓丽知道，婆婆为自己缝补的不仅仅是开裂的皮裤，而是在用爱的丝线，缝补着婆媳二人之间浅浅的隔阂。

第二天，在婆婆每日梳妆的案头，多了两样东西，一样是热水袋、一样是冻疮膏，那是王晓丽悄悄放上去的。看到婆婆手里拿着那两样东西露出幸福笑容的样子，王晓丽的心里也暖融融的。而曾有的隔阂，也就在无声的关爱里默默地消融。

生活就是这样，如果有了隔阂和缝隙不及时缝补，缝隙就会越来越大，隔阂就会越来越深，矛盾就会越积越重，最终难以弥补、无法挽救，倘若及时弥补，把矛盾和隔阂消灭在萌芽状态，不但可以和好如初，还能拉近心理距离、增进彼此感情。

从前，在苏州某山下有一户人家姓田。父母已亡，只剩下三兄弟，老大叫家福，老二叫家禄，老三叫家寿。一家人靠种花采茶过日子。

然而，三兄弟经常斗嘴吵架，甚至动手相打，有时相互打得头破血流，一家人难以相安。是什么原因呢？原来三兄弟中，老大贪利，老二贪财，老三贪钱，三个人都自私贪婪。

有一年，弟兄三人在北山背阴面种了茶树，在南山朝阳面栽了花。栽的是一种据说从印度传来的花，叫摩尼花。摩尼本是印度国王给公主的帽冠上镶嵌的一颗宝珠，洁白光亮，珍贵无比。这花儿的形状就很像那颗宝珠，洁白圆润，芬芳四溢，因此就叫它"摩尼花"。

这年的春末夏初，摩尼花儿开了，茶树也长大可以采摘了。南山的花香被风儿吹到北山的茶树林。老大头一个发现今年的茶叶上有一股甜香味儿。甜得沁人心脾，香得使人陶醉。老大高兴极了，瞒着老二、老三，偷偷把茶叶抢先摘下来，拿到市场上去卖了。果然人人喜欢、争先恐后地来买，价钱也比往年高了许多，一会儿就卖完了。

这事儿被老二、老三知道了。老二说："北山的茶树是我种，南山的摩尼花是我栽，卖茶叶的钱应该全归我。"老三说："种茶我出了力，栽花我吃了苦，卖的钱应该全归我。"老大却说："摩尼是大家栽，茶叶是大家采。但是发现茶叶有香味的却是我一个人，所以卖的钱理应只归我。"

三兄弟吵得不可开交，就动手打了起来。俗话说："相骂无好言，相打无好拳"。这一打就打了个三败俱伤，头破血流，兄弟三人还不肯罢休，你揪着我，我揪着你，就闹到戴逵那儿去了。

戴逵是何许人呢？原来他是当时有名的雕塑家兼琴师。据说他弹出的琴声可以把凤凰引来，可以使鸟儿跳舞。当朝宰相知道了，就派人去找他来宰相府弹琴。他却不愿为权贵弯腰，把琴砸了，就隐居到苏州的深山中来了。因此，苏州一带的百姓，人人都知道他为人正直、办事公道，都尊重他，有事都愿找他帮个忙，评个理。

这一天，田家三兄弟就找到戴逵这儿来了。三人争着把事情前后叙说了一番。戴逵听了，笑笑说："摩尼花香茶叶贵，本是好事。但是，摩尼、摩尼，不要变成谋利，要认作末利。人不能过分求利，而更不能因利忘义。为谋利而伤了兄弟的手足情，太不值得。若是你们兄弟三人一条心，门前的黄土也会变成金。我看以后把'摩尼'改成'末利'吧。只要你们三人都牢记住这两个字：末利，就再也不会吵闹打架了。"兄弟三人听从了戴逵的劝导，从此，团结一心，共创幸福生活。这件事也教育了四方百姓。从此这一带民风淳朴，百姓和睦相处。人们都把"摩尼花"改叫作"末利花"。后人兴许末利既是花草，就都加了个草字头，叫作"茉莉花"。

这个传说虽然无证可考，但却教给了我们一个深刻的道理，即"抵巇"之理，切勿因为小利而失大道。茉莉花那清纯、自然，超凡脱俗的高雅气质正是它不追名逐利的象征，值得我们世人学习。

总之，在有矛盾和裂痕时，我们一定要及时"抵而塞之"，在没有矛盾和裂痕时，我们要加强和巩固内部团结，这才是真正的"抵巇"之道。

第二章　知微见著的洞察力

原文

事之危①也，圣人知之，独保其用。因化②说事，通达计谋，以识细微，经起秋毫之末③，挥之于太山④之本。其施外，兆萌芽蘖⑤之谋，皆由抵巇。抵巇隙，为道术。

注释

①事之危：事物仅有危机征兆的时候。

②因化：顺应变化。

③秋毫之末：指秋季所生出的动物细毛。

④太山：即泰山。

⑤兆萌芽蘖：兆萌是微小的征候，芽蘖是伐木后从根部所生的新芽。

译文

当事物出现危机之初，只有圣人才能知道，而且知道它产生的原理，按着事物的变化来说明事理，了解各种计谋，以便观察对手的细微举动。万事万物在开始时都像秋毫之末一样微小，一旦发展起来就像泰山的根基一样宏大。当圣人将行政向外推行时，奸佞小人的一切阴谋诡计，都会被排斥，可见抵巇原来是一种方法。

◎ 鬼谷锦囊

在管理实践中，作为管理者，必须高度警觉和重视那些看起来轻微的、不起眼的、但触犯了公司核心价值的"小过错"，并坚持严格依法管理。所谓"千里之堤，溃于蚁穴"，倘若不能及时修好第一扇被打碎玻璃的窗户，就有可能给企业带来无法弥补的损失。

◎ 延展阅读

鬼谷子曰："经起秋毫之末，挥之于太山之本。"是说万事万物在开始时都像秋毫之末一样微小，一旦发展起来就像泰山的根基一样宏大。本章主要讲事物和矛盾都是从细微发展到巨大的，圣人之所以能够抓住事物的危险征兆是在于能够见微知著。

智者圣贤往往初见端倪，就能知道事情的本质和发展趋势，这是一种明察秋毫、见微知著、以小见大的能力。下面是鬼谷子见微知著，及时帮助百姓避免灾祸、挽救损失的故事。

有一年夏初的一天，晴空万里，艳阳高照，黄鹂欢唱，蝉鸣蝶舞。鬼谷子突然对孙膑和庞涓说："很快要涨大水啦！你们马上分头下山，告诉四周百姓，加固房屋，备好粮草，以防水淹。"孙膑、庞涓面面相觑，将信将疑，又不敢多问，只好遵命下山。

三天后，天气果然骤变。闷雷滚滚，大雨倾盆，山洪爆发，大地变成一片汪洋。幸亏鬼谷子事先告诉了百姓，才免遭一场灾祸。百姓感激鬼谷子，孙膑、庞涓也更加敬重他。但是他们却不知其中的奥妙，于是便向鬼谷子求教。

鬼谷子告诉他们，自己并非神仙，也不会料事如神，只是通过常年观察天象总结出了一些规律。在涨大水之前，早晨的天空会昏黄一片。这说明远处已有大水，阳光一照，水面的颜色反射到天空是昏黄色，因此可以断定，不久就要发洪水。

正是因为鬼谷子能够见微知著、防微杜渐，才使得百姓幸免于难。正所谓"千里之堤，溃于蚁穴"，倘若不能防微杜渐，往往会酿成大祸。

临近黄河岸畔有一片村庄，为了防止黄患，农民们筑起了巍峨的长堤。一天有个老农偶尔发现蚂蚁窝一下子猛增了许多。老农心想这些蚂蚁窝究竟会不会影响长堤的安全呢？他要回村去报告，路上遇见了他的儿子。老农的儿子听了不以为然地说："如此坚固的长堤，还害怕几只小小的蚂蚁吗？"说完拉老农一起下田了。当天晚上风雨交加，黄河里的水猛涨起来，开始咆哮的河水从蚂蚁窝渗透出来，继而喷射，终于堤决人淹。

由此可见，防微杜渐、及时修复裂痕和缺口在人生的各个环节上都非常重要。人生的某一个环节出现了缺口，哪怕是很小的缺口，假如不及时修补，势必造成不堪设想的严重后果。

美国斯坦福大学心理学家詹巴斗曾进行过一项试验：他找来两辆一模一样的汽车，把其中一辆摆在一个中产阶级社区，而另一辆摆在相对杂乱的一个社区。他把后一辆车的车牌摘掉，并且把顶打开。结果不到一天，这辆车就被人偷走了。而前一辆车摆了一个星期也安然无事。后来，詹巴斗用锤子把那辆车的玻璃砸了个大洞。结果仅仅几个小时之后，车就不见了。

以这个试验为基础，政治学家威尔逊和犯罪学家凯琳提出了一个"破窗理论"：如果有人打破了一个建筑物的窗户玻璃，而这扇窗户又得不到及时的维修，别人就可能受到某些暗示性的纵容去打烂更多的

窗户玻璃。久而久之，这些破窗户就给人造成一种无序的感觉。结果
在这种公众麻木不仁的氛围中，犯罪就会滋生、增长。

实际上"破窗理论"所描述的现象在我们的日常生活和工作中
随处可见：桌上的财物，敞开的大门，可能使本无贪念的人心生贪
念；对于违反公司程序的行为，没能引起上层的重视，或看到了却
没能及时给予严肃处理，从而致使类似行为再次甚至多次重复发生；
有关领导对工作中不起眼的员工浪费行为不以为然，结果导致成本
增加且浪费日趋严重，等等。

"破窗理论"给了我们很深刻的启示：必须及时修复第一个被打
破玻璃的窗户，防微杜渐。这在社会管理和企业管理中具有重要的
借鉴意义。

在日本，有一种称做"红牌作战"的质量管理活动，主要内容包
括以下几个方面：清楚区分要与不要的东西，找出需要改善的事、地、
物；将不要的东西贴上"红牌"；将需要改善的事、地、物以"红牌"
标示；有油污、不清洁的设备贴上"红牌"；藏污纳垢的办公室死角
贴上"红牌"；办公室、生产现场不该出现的东西贴上"红牌"；努力
减少"红牌"的数量。在这样一种积极暗示下，久而久之，人人都遵
守规则，认真工作。日本的实践证明，这种工作现场的整洁对于保障
企业的产品质量起到了重要的作用。

企业借助"红牌作战"的活动，可以让工作场所变得整齐清洁，
工作环境变得舒适幽雅，企业成员都养成做事耐心细致的好习惯。
久而久之，大家都遵守规则，认真工作。

一个企业产品质量是否有保障的重要标志，就是生产现场是否
整洁。这是"破窗理论"在企业管理领域的直观体现。

"勿以恶小而为之，勿以善小而不为"，对于公司员工中发生的

"小奸小恶"行为,管理者一定要予以高度重视,防微杜渐,必要的时候还需要小题大做,以收到"杀鸡儆猴"、小惩大诚的作用。

美国有一家公司,规模虽然不大,但以极少炒员工鱿鱼而著称。有一天,资深车工杰克在切割台上工作了一会儿,就把切割刀前的防护挡板卸下放在一旁。没有防护挡板,虽然埋下了安全隐患,但收取加工零件会更方便、快捷一些,这样杰克就可以赶在中午休息之前完成三分之二的零件了。

不巧的是,杰克的举动被无意间走进车间巡视的主管逮了个正着。主管雷霆大怒,令他立即将防护板装上之后,又站在那里大声训斥了半天,并声称要作废杰克一整天的工作。

第二天一上班,杰克就被通知去见老板。老板说:"身为老员工,你应该比任何人都明白安全对于公司意味着什么。你今天少完成了零件,少实现了利润,公司可以换个人换个时间把它们补起来,可你一旦发生事故、失去健康乃至生命,那是公司永远都补偿不起的……"

离开公司那天,杰克流泪了,工作了几年时间,杰克有过风光,也有过不尽人意的地方,但公司从没有人对他说不行。可这一次不同,杰克知道,这次碰到的是公司灵魂的东西。

在管理实践中,作为管理者,必须高度警觉和重视那些看起来轻微的、不起眼的、但触犯了公司核心价值的"小过错",并坚持严格依法管理。不及时修好第一扇被打碎玻璃的窗户,就可能给企业带来无法弥补的损失。

"破窗理论"的本质在于建立一种防范和修复"破窗"的机制,"亡羊补牢",并且要严厉惩治"破窗"的罪魁祸首和始作俑者。只有这样,企业之窗才能永远窗明几净,再无失败之忧患!

第三章　穷则思变

━━ 原文

天下分错①，上无明主；公侯无道德，则小人谗贼②；贤人不用，圣人窜匿③；贪利④诈伪者作，君臣相惑，土崩瓦解，而相伐射⑤。父子离散，乖乱⑥反目，是谓"萌芽巇罅"。圣人见萌芽巇罅，则抵之以法。世可以治则抵而塞之，不可治则抵而得之⑦。或抵如此，或抵如彼；或抵反之⑧，或抵覆之⑨。五帝⑩之政，抵而塞之，三王⑪之事，抵而得之。诸侯相抵⑫，不可胜数。当此之时，能抵为右⑬。

注释

①分错：错，混乱、骚乱；分错是四分五裂。

②谗贼：说坏话，邪恶为害。

③窜匿：逃跑隐匿。

④贪利：贪图利禄。

⑤伐射：互相残杀，激射。

⑥乖乱：违背常理，行为混乱。

⑦抵而得之：得，取得。通过"抵"来取得。

⑧反之：帮助其恢复原状。

⑨覆之：颠覆对手。

⑩五帝：中国古代五位帝王，一说为黄帝、颛顼、帝喾、尧帝、舜帝。

⑪三王：夏商周三朝开国君主，即夏禹王、商汤王、周文王和周武王。

⑫诸侯相抵：这里指春秋五霸，即齐桓公、晋文公、宋襄公、楚庄王、秦穆公五个霸主互相抵制和对抗。

⑬右：上位。

译文

天下动乱不止，朝廷没有贤明的君主；官吏们失去社会道德，小人谗言妄为；贤良的人才不被信用，圣人逃匿躲藏起来；一些贪图利禄，奸诈虚伪的人飞黄腾达，君主和大臣之间互相怀疑，君臣关系土崩瓦解，互相征伐；父子离散，骨肉反目，就叫作"轻微的裂痕"。当圣人看到轻微的裂痕时，就设法治理。当世道可以治理时，就要采取弥补的"抵"法，使其"巇"得到弥合继续保持它的完整，继续让它存在下去；如果世道已坏到不可治理时，就用破坏的"抵"法（彻底把它打破），占有它并重新塑造它。或者这样"抵"，或者那样"抵"；或者通过"抵"使其恢复原状，或者通过"抵"将其重新塑造。对五帝的圣明政治只能"抵而塞之"；三王从事的大事就是了解当时的残暴政治，从而夺得并重新建立政权。诸侯之间互相征伐，斗争频繁，不可胜数，在这个混乱的时代，善于斗争的诸侯才是强者。

☉ 鬼谷锦囊

"可治则抵而塞之，不可治则抵而得之"。本章是《鬼谷子》中

最有特色的一篇，充满了民主思想，因而也是受正统思想攻击最厉
害的一篇。作者并不是站在最高统治者的立场来看待和处理社会矛
盾，而是站在一种比较公正的立场，他公开宣布：国家发生了矛
盾，如果还可以挽救的话，就协助当权者挽救；如果国家已经腐败
不堪，无可救药，就推翻它，取而代之。这种观点已接近了民主思
想的边缘。

⊙ 延展阅读

所谓"穷则变，变则通"，当一个国家的统治出现了危机和矛
盾，若能"抵而塞之"，则可以变法图强，以挽救危机。

商朝第 19 代君主盘庚（甲骨文做"般庚"），名旬，生卒年不详。
汤的九世孙，祖丁子，阳甲弟。阳甲死后继位。根据《夏商周年表修正》，
他在位 28 年（公元前 1300-公元前 1277 年在位），于在位的第三年（公
元前 1298 年）迁都于殷。盘庚是一位很有作为的国王。病死，葬于殷
（今河南省安阳市小屯村西北岗）。

商朝从建国到灭亡，历经五百多年。因为前期屡屡迁都。而最后
的二百七十多年定都于殷（今河南省安阳市），所以商朝又叫殷朝。有
时候也称为殷商或者商殷。盘庚定都于殷，不再迁徙，反映了这时候
农业的重要性已经超过了畜牧业，人们有了定居下来的需要。

盘庚决定迁殷，是经历了一番斗争的。太甲以后，商朝历代的君
主和奴隶主贵族们，过着腐化的生活。他们寄生在国人和奴隶身上。
残酷地剥削人民和奴隶，任何事情都驱使奴隶去做。在奴隶和奴隶主
之间，阶级矛盾十分尖锐，奴隶们不堪忍受折磨便大批逃亡。在统治
者之间，对王位的争夺也十分激烈，有的人说应当父死子继，有的人
说应当兄终弟及，叔侄之间，兄弟之间，为争夺王位，常常展开你死

我活的斗争。他们为私利把国家搞得混乱不堪。

商朝被阶级矛盾和奴隶主内部的矛盾削弱，国力日渐减弱，有些小国和少数民族也起来反叛，加上水涝、干旱等自然灾害，内外交困使得商朝这个奴隶制国家简直到了崩溃的边缘。

盘庚看到这种情况，觉得国家不能再照老样子维持下去了。应当想出一个根除弊病的办法来解决这些问题，挽救商朝的衰亡。他想出来的办法，是把都城迁到殷，因为到那里去有着几条好处：第一，殷地的土地比较肥沃，自然环境和现在的都城奄比起来，无论是建设都城还是发展农业生产，都会比现在的情况要好；第二，迁都以后，一切都得从头做起，王室、贵族将会受到抑制，这样阶级矛盾就可以得到缓和；第三，迁都可以避开那些叛乱势力的攻击，都城比较安全，外部的干扰少了，统治就可以稳定很多。

为了扭转动乱局面，公元前1300年，盘庚不顾旧贵族的反对，毅然将都城由奄（今山东省曲阜市）迁于殷（今河南省安阳市殷都区小屯村一带）。可是不少人为反对迁都的决定，反对的人主要是奴隶主贵族。他们知道，到了新的地方不能像现在一样照旧享乐。

盘庚是个意志十分坚定的人，决不因为有人反对就改弦易张。他把奴隶主贵族召集起来，对他们发表了两篇训话。第一篇训话是劝说。告诉大家迁都到殷去的好处。他说："我要效仿先王关心臣民的样子，关心你们，保佑你们，带着你们去寻求安乐的地方。你们如果怀有二心，先王的在天之灵便要降下灾难，惩罚你们。"第二篇训话是示威，用强硬的口气，告诫人们一定要规规距距地服从迁都命令，否则就要受到严厉的制裁。

盘庚用了软硬兼施的手段，终于完成了迁都的计划，可是斗争并没有结束。老百姓到了一个新地方，好多事情不能适应，就闹着要回老家。奴隶主贵族就乘机捣乱，煽动大家要求搬回老家去。盘庚又发表了一篇训话，用强硬的态度，毫不妥协地警告奴隶主贵族不要捣乱，否则必遭严惩。过了几年，局面才安定下来。奴隶们在这里被迫夜以继日地劳动，一个十分繁荣的都市出现在殷的土地上。从此，商朝的都城就永久地固定在殷城，由于盘庚的治理，商朝在这时政治上比较稳定，社会经济和文化因此有了更大的发展。

盘庚迁都，使得殷商这个奴隶制国家，摆脱了困境，并且得到了进一步的发展。此后，商朝的政治长期稳定，经济和文化都有了很大发展。近代在殷城发掘出的大量青铜器就是那个时代鼎盛的反映，著名的司母戊大方鼎就是那个时期铸造的。

迁都之后，殷商的生产力、生产技术都有了相当的进步和提高，成为我国文明发展史上一个重要的里程碑。盘庚迁殷可算得上我国历史上最早的、成功的改革之一。

由此可见，变法图强、改弦易张、进行适时适当的改革，是可以挽救统治危机的。但是，这种改革只限于阶级矛盾还有余地缓和的基础之上，倘若阶级矛盾和统治危机已达到无法挽救的地步，则只能"不破不立"，即通过革命"破旧"以"立新"，取而代之。周武王顺天应命、替天行道、兴周伐纣便是"抵而得之"。

商朝最后一个国王是商代的第三十二位帝王子辛，也叫"帝辛"，"纣王"并不是其正式的帝号，是后人硬加在他头上的恶谥，意思是"残又损善"。

据正史所载，商纣王博闻广见、思维敏捷、身材高大、臂力过人。他曾经攻克东夷，把疆土开拓到东南一带，开发了长江流域。殷商末年，它有两个主要的敌手：西部的周方国及东部的夷人部族（甲骨文里被称作人方）。

这个时候，活动在渭河流域的姬姓周部落逐渐强大起来，首领周武王姬发正在积极策划灭商。他继承父亲文王遗志，重用姜尚等人，使国力增强。当时，商的军队主力正远在东方与东夷作战，国内军事力量空虚，周武王把握时机，联合各个部落，率领兵车300辆，虎贲（卫军）3000人，士卒4.5万人，进军到距离商纣王所居的朝歌只有70里的牧野（今河南省淇县西南），举行了誓师大会，历数纣王罪状，鼓励军队同纣王决战。

此时，商王的大军远在东南，无力回援，牧野之战的商军，并非商王朝的精锐之师，而是临时武装起来的奴隶和囚徒。交战中，部分奴隶与囚徒临阵倒戈，周武王最终赢得了胜利，取代了商纣。

自古以来，变法改革以及王朝更替都是顺应社会发展规律的举措和行为，能不能通过变法得以图强，能不能通过革命取而代之，是要看能否顺应历史发展潮流、社会发展规律以及是否顺应民心，而并非一己人力所能为也。

所以，"世可以治则抵而塞之，不可治则抵而得之"，是符合社会发展规律、符合民心的正确思想和行为。

第四章　找准弱点，乘"隙"而入

━ 原文

自天地之合离、终始，必有巇隙，不可不察也。察之以捭阖，能用此道，圣人也。圣人者，天地之使①也。世无可抵②，则深隐而待时③；时有可抵④，则为之谋⑤。可以上合⑥，可以检下⑦。能因能循，为天地守神⑧。

注释

①天地之使：天地的代行者。

②世无可抵：世，这里指乱世；无可抵，指无可补救。

③深隐而待时：隐，隐藏，隐迹。深深的隐藏等待时机。

④时有可抵：有补救的机会。

⑤为之谋：为治理乱世而筹划的计谋。

⑥可以上合：对上层可以合作。

⑦可以检下：对下级可以督促检查。

⑧为天地之守神：守神，守护神。成为天地的守护神。

译文

自从天地之间有了"合离""终始"以来，万事万物就必然存在着裂痕，这是不可不研究的问题。要想研究这个问题就要用"捭阖"的方法。能用这种方法的人，就是圣人，圣人是天地的使者。当世道不需要"抵"的时候，就深深地隐居起来，以等待时机；当世道有可以"抵"的弊端时，对上层可以合作，对下属可以督察，有所依据、有所遵循，这样就成了天地的守护神。

◎ 鬼谷锦囊

万事万物皆有"巇隙"，在敌我较量和斗争中，完全可以凭借慧眼找准敌手的矛盾和空隙所在，然后乘"隙"而入，以敌方内部矛盾作为突破口，大做文章，离间其内部关系，瓦解其内部团结，以赢得斗争的胜利。

在现代经商活动中，"乘虚而入"是经营高手惯用之计。精明的商家为了使自己的企业和产品在竞争中立于不败之地，千方百计地寻找对方的弱点和空位，进而抢占市场、赢得自身最大利益。但应用此计必须要求自己真正了解对手的详细情况，要不断进行分析、论证，以求准确无误地把握住对方的空隙，然后迅速而果断地出击，切勿操之过急，以免"欲速则不达"，或者为对方的假象所迷惑。

◎ 延展阅读

"自天地之合离、终始，必有巇隙，不可不察也。察之以捭阖，能用此道，圣人也。"本章主要讲抵巇之术是一种符合自然规律的圣人之道。

王允利用董卓和吕布的矛盾，巧施离间之计就是一个典型的例子。

董卓在长安自称太师，要汉献帝尊称他为"尚父"。他还把他的弟弟、侄儿都封为将军、校尉，连他的刚生下的娃娃也封为侯。为了寻欢作乐，他在离长安二百多里的地方，建筑了一个城堡，称作郿坞。他把城墙修得又高又厚，把从百姓那里搜刮得来的金银财宝和粮食都贮藏在那里，单是粮食，足足够三十年吃的。

郿坞筑成之后，董卓十分得意地对人说："大事成了，天下就是我的；即使不成功，我就在这里安安稳稳度晚年，谁也别想打进来。"

董卓在洛阳的时候，就杀了一批官员；到了长安以后，更加专横跋扈。文武官员说话一不小心，触犯了他，就丢了脑袋。一些大臣怕保不住自己性命，都暗暗地想除掉这个坏蛋。

董卓手下有一个心腹，名叫吕布，是一个出名的勇士。吕布的力气特别大，射箭骑马的武艺，十分高强。他本来是并州刺史丁原的部下。董卓进洛阳的时候，丁原正带兵驻守洛阳。董卓派人用大批财物去拉拢吕布，要吕布杀死丁原。吕布被董卓收买，背叛了丁原，投靠董卓。董卓把吕布收作干儿子，叫吕布随身保护他。他走到哪里，吕布就跟到哪儿。人们害怕吕布的勇猛，就不好对董卓下手。

司徒王允决心除掉董卓。他知道要除掉董卓，先要拉拢他身边的吕布。他就常常请吕布到他家里，一起喝酒聊天。日子久了，吕布觉得王允待他好，也就把他跟董卓的关系说了出来。

原来，吕布跟董卓虽说是父子关系，但是董卓性格暴躁，稍不如他的意，就向吕布发火。有一次，吕布说话顶撞了他，董卓竟将身边的戟扔了过去。幸亏吕布眼疾手快，把身子一侧，躲过了飞来的戟，没有被刺着。后来，吕布向董卓赔了礼，董卓也表示宽恕他。但是，吕布心里很不痛快。他把这件事告诉了王允。

王允听了挺高兴，就把自己想杀董卓的打算也告诉了吕布，并且说："董卓是国贼，我们想为民除害，您能不能帮助我们，做个内应？"

吕布听到真要杀董卓，倒有点犹豫起来，说："我是他的干儿子，儿子怎么能杀父亲呢？"王允摇摇头说："唉，将军真糊涂，您姓吕，他姓董，本来不是骨肉至亲，再说，他向您掷戟的时候，还有一点父子的感情吗？"吕布听了，觉得王允说得有道理，就答应跟王允一起干。

公元192年，汉献帝生了一场病刚刚痊愈，在未央宫会见大臣。董卓从郿坞到长安去。为了提防人家暗算，他在朝服里面穿上铁甲。在乘车进宫的大路两旁，派卫兵密密麻麻排成一条夹道。他还叫吕布带着长矛在他身后保卫着。经过这样的安排，他认为万无一失了。

他哪儿知道王允和吕布早已商量好了。吕布约了几个心腹勇士扮作卫士混在队伍里，专门在宫门口守着。董卓的座车一进宫门，就有人拿起戟向董卓的胸口刺去。但是戟扎在董卓胸前铁甲上，刺不进去。董卓用胳膊一挡，被戟刺伤了手臂。他忍着痛跳下车，叫着说："吕布在哪儿？"

吕布从车后站出来，高声宣布说："奉皇上诏书，讨伐贼臣董卓！"

董卓见他的干儿子背叛了他，就骂着说："狗奴才，你敢……"他的话还没说完，吕布已经举起长矛，一下子戳穿了董卓的喉头。兵士们拥了上去，把董卓的头砍了下来。吕布从怀里拿出诏书向大家宣布："皇上有令，只杀董卓，别的人一概不追究。"

董卓的将士们听了，都高兴地呼喊万岁。长安的百姓受尽了董卓的残酷压迫，听到除了奸贼，成群结队跑到大街上唱着，跳着。许多人还把自己家里的衣服首饰变卖了，换了酒肉带回家大吃一顿，庆祝一番。

王允之所以能够成功，就是因为他看到和利用了敌人的内部矛盾。正所谓"堡垒最易从内部攻破"。如果对方并无缝隙让你有机可乘、乘虚而入，那么就需要你随时注意捕捉和利用敌人阵营中的内部矛盾，人为地给对手制造裂痕，使之互相猜疑，瓦解其内部团结，使其形成内乱，分崩离析，然后乘隙而攻之，这就是兵书上说的"离间"之计。楚汉相争时的刘邦之所以能击败项羽，很大程度上得利于他的离间计。

公元前203年，刘邦被项羽围困在荥阳城内。项羽率领的楚军在城外断绝了汉军的运粮甬道，城内粮草日渐困乏，十分危急。刘邦向项羽求和，项羽不肯。

陈平向刘邦献计，建议离间项羽与亚父范增、钟离昧、龙且、周殷等人的关系，待项羽众叛亲离时，再举兵进攻。

刘邦采纳了陈平的计谋，使人造谣说：项王属下钟离昧、龙且、周殷想要投降汉王。

项羽为人本来就好猜忌，果然对钟离昧等人产生了怀疑。一天，项羽派使者到刘邦营中，陈平让侍者准备好十分精致的餐具，侍者刚一进屋，便假装惊讶地说："我们以为是亚父派来的人呢，原来是项王的使者。"又把这些餐具端了出去，换上了十分粗劣的餐具和饮食。使者回营告诉了项羽，项羽对范增也产生了怀疑。

这时，范增向项羽建议急攻荥阳，项羽却一反常态，拒不听从。

过了几天，范增得到了项羽已经怀疑自己的消息，便找到项羽告辞回乡，在回乡路上患病死去。项羽失掉了范增，又不信任钟离昧等人，真正成了孤家寡人。

不久，韩信、陈平等人用计从城中救出了刘邦。以后，不到一年的时间，项羽便失去了军事优势。最后，垓下一战，项羽自刎于乌江。

乘虚而入、抢占市场是当今很多商家在商战中惯用的伎俩。用攻其不备、乘虚而入的手段抢占市场，也是商战策略中风险最小、最容易成功的一种。

美国花旗银行在德国开办了家庭银行，不到几年时间，就在德国消费者金融业务中取得了统治地位。他们运用的战略，就是"乘虚而入"。

德国的银行家们虽然也知道普通的消费者有一定的购买力，能成为银行的客户，但他们认为，大银行向来是为工商界和富有的投资者服务的，为普通消费者服务不免有损银行的尊严。

花旗银行正是抓住德国金融市场的薄弱环节，创办家庭银行，专为个人消费者服务，经营消费者所需的业务，一切手续都使消费者感到便利。虽然德国银行有极强大的势力，有遍布在每个城市商业区的众多分支机构，但花旗银行所办的家庭银行只花了5年左右的时间，就占有了德国低端消费的全部银行业务。

‖ 第五篇　飞钳①术 ‖

第一章　笼络人心招贤才

▄▄ 原文

　　凡度权量能②，所以征远来近③。立势而制事④，必先察同异之党，别是非之语，见内外之辞⑤，知有无之数⑥，决安危之计，定亲疏之事⑦，然后乃权量之⑧。其有隐括⑨，乃可征，乃可求，乃可用。引钩钳之辞⑩，飞而钳之。钩钳之语⑪，其说辞也，乍同乍异⑫。其不可善者⑬，或先征之，而后重累⑭；或先重以累，而后毁之；或以重累为毁⑮，或以毁为重累。其用⑯，或称财货、琦玮⑰珠玉、璧白、采色⑱以事之⑲，或量能立势⑳以钩之㉑，或伺候见涧而钳之，其事用抵巇。

注释

　　①飞箝：飞，飞扬、褒奖。箝，亦作"钳"，意为挟住、挟持。飞钳，在这里是指先褒扬对手，令其激动，待其露情竭志时，因其所好缄束钳持，令其不得后退。

　　②度权量能：度，度量，权衡；权，人的计谋，能，能力；意

思是度量权略，权衡能力。

③征远来近：征，征召；远，远方，这里指远方有才能之人。

④立势而制事：造成一种态势，掌握变化的规律。

⑤内外之辞：内是实情，外是表面，指对内、对外的各种进言。

⑥有无之数：数，数量。指有余不足的程度。

⑦亲疏之事：有关亲密或疏远的事情。

⑧权量：权衡度量，计算长短轻重。

⑨隐括：隐伏不清之处。

⑩引钩钳之辞：钩是弯曲金属所作的钩针，比喻引诱他人的言论。

⑪钩钳之语：即为引诱对方和挟持对方所说出的话。

⑫其说辞也，乍同乍异：乍，忽然；同，相同；异，差异。这里是说钩钳之语，对于对方的言论，忽然相同，忽然不同。

⑬不可善者：即使运用钩钳之法也不能转移的人。

⑭重累：反复。

⑮以重累为毁：通过反复试验，以使对方瓦解。

⑯其用：准备要采用时。

⑰财货、琦玮：财货，钱财货物；琦玮，珍贵宝玉。

⑱采色：带颜色的美丽东西。

⑲以事之：给予试验。

⑳量能立势：量能，测验，考察才能；立势，造成态势。指通过衡量才能，创造态势。

㉑以钩之：用来吸引他们。

译文

凡是揣度人的智谋和测量人的才干，就是为了吸引远处的人才和招来近处的人才，造成一种声势，进一步掌握事物发展变化的规律。一定要首先考虑派别的相同和不同之处，区别各种对的和不对的议论，了解对内、对外的各种进言，掌握有余和不足的程度，决定事关安危的计谋。确定与谁亲近和与谁疏远的问题。然后权量这些关系，如果还有不清楚的地方，就要进行研究，进行探索，使之为我所用。借用引诱对手说话的言辞，然后通过恭维来钳住对手。钩钳之语是一种游说辞令，其特点是忽同忽异。对于那些以钩钳之术仍没法控制的对手，或者首先对他们威胁利诱，然后再对他们进行反复试探；或者首先对他们进行反复试探，然后再对他们发动攻击加以摧毁。有人认为，反复试探就等于是对对方进行破坏，有人认为对对方的破坏就等于是反复试探。想要重用某些人时，或者先赏赐财物、珠宝、玉石、白璧和美丽的东西，以便对他们进行试探；或者通过衡量才能创造态势，来吸引他们；或者通过寻找漏洞来控制对方，在这个过程中要运用抵巇之术。

☉ 鬼谷锦囊

本章主要是从君主的角度讨论如何运用飞钳之术对待人才的问题。首先君主必须揣度、分析以求全面把握人才的情况；其次要使用言辞、"重累"等各种方法反复试探他，以掌握他的真实思想；然后要想方设法控制他，包括使用财物、寻找对方漏洞、抓住对方弱点，等等。

"攻心"之术历来为政治和军事家所推崇。能掌握"攻心"之术，不仅能事半功倍，甚至可以不费吹灰之力，就取得"全胜"。"攻心"

之术，不仅是"伐国之道"的最有效战略，用于治军、治国同样如此：用于治军，则将帅齐心，士卒誓死效忠，可以一鼓作气，战无不胜，攻无不克；用于治国，则可令人心服，民心归顺，上下一心，国定邦兴。推而广之，凡是涉及人际关系，需要人做的事，攻心之术，无不可用之。

⊙ 延展阅读

中国历史上，大张旗鼓的招贤纳士之举，莫过于燕昭王高筑黄金台的故事了。诗仙李白曾写过一首诗颂扬这段千古佳话："燕赵延郭隗，遂筑黄金台。剧辛方赵至，邹衍复齐来……"

燕昭王登上王位后，礼贤下士，用丰厚的聘礼来招摹贤才，想要依靠他们来报齐国破燕杀父之仇。为此他去见郭隗（wěi），说："齐国乘人之危，攻破我们燕国，我深知燕国势单力薄，无力报复。然而如果能得到贤士与我共同治理国家，以雪先王之耻，这是我的愿望。请问先生要报国家的大仇应该怎么办？"

郭隗回答说："成就帝业的国君以贤者为师，成就王业的国君以贤者为友，成就霸业的国君以贤者为臣，行将灭亡的国君以贤者为仆役。如果能够卑躬曲节地侍奉贤者，屈居下位接受教诲，那么比自己才能超出百倍的人就会光临；早些学习晚些休息，先去求教别人过后再默思，那么才能胜过自己十倍的人就会到来；别人怎么做，自己也跟着做，那么才能与自己相当的人就会到来；如果凭靠几案，挂着手杖，盛气凌人地指挥别人，那么供人驱使跑腿当差的人就会到来；如果放纵骄横，行为粗暴，吼叫骂人，大声喝斥，那么就只有奴隶和犯人到来。这就是古往今来实行王道和招致人才的方法啊。大王若是真想广泛选用国内的贤者，就应该亲自登门拜访，大家看到您求贤若渴，那些有本领的人一定会像百川汇海似的源源而来。"

燕昭王说:"我应当先拜访谁才好呢?"

郭隗说道:"我听说古时有一位国君想用千金求购千里马,可是三年也没有买到。宫中有个近侍对他说道:'请您让我去买吧。'国君就派他去。三个月后他终于找到了千里马,可惜马已经死了,但是他仍然用五百金买了那匹马的脑袋,回来向国君复命。国君大怒道:'我要的是活马,死马有什么用,而且白白扔掉了五百金!'这个近侍胸有成竹地对君主说:'买死马尚且肯花五百金,更何况活马呢?天下人一定都以为大王您擅长买马,千里马很快就会有人送了。'于是不到一年,三匹千里马就到手了。如果现在大王真的想要罗致人才,就请先从我开始吧;我尚且被重用,何况那些胜过我的人呢?他们难道还会嫌千里的路程太遥远了吗?"

于是,燕昭王按照郭隗的主意,盖了一座金碧辉煌的宫殿,选择了一个吉祥的日子,举行隆重的仪式,恭恭敬敬地把郭隗请到新宫殿里去住。昭王每天都要像学生请教老师那样前去探望。燕昭王还在沂水之滨,修筑了一座高台,用以招徕天下贤士。台上放置了几千两黄金,作为赠送给贤士的进见礼。这座高台便是著名的"黄金台"。

消息传开后,乐毅从魏国赶来,邹衍从齐国而来,剧辛也从赵国来了,人才争先恐后集聚燕国。燕昭王又在国中祭奠死者,慰问生者,和百姓同甘共苦。

燕昭王二十八年(公元前284年)的时候,燕国殷实富足,国力强盛,士兵们心情舒畅愿意效命。于是燕昭王用乐毅为上将军,和秦楚及三晋(指赵、魏、韩三国)联合策划攻打齐国,齐国大败,齐湣王逃到国外。

在伐齐战争取得决定性胜利的同时,燕昭王派大将秦开袭破东胡,迫使东胡从燕国东北部后退千余里，燕国领土向东北扩展到辽东一带。燕还向南进军，攻占了中山国许多地方。

燕昭王终使燕国跻身于列强之列，步入黄金时代。

通过这个故事，我们可以知道这样的道理：要想招纳贤才，不但要降尊纡贵，放下架子，更要有一颗诚心，并且付诸实际行动。这样的事例在我国历史上非常多：文王访贤才得姜尚辅佐西周，刘备三顾茅庐方请得孔明出山，等等。

请来了贤能之士就万事大吉了吗？当然不是，既是大才和贤才，当然是领导者孜孜以求的栋梁，都想为己所用，加之人才本身具有流动性，所以想方设法控制住人才，让其长期为我所用是一个英明和有远见的领导者必须考虑的事。

所谓"用兵之道，攻心为上，攻城为下。心战为上，兵战为下"，用兵之道如此，制人之道亦是如此，若想控制一个人，最有效的上上之策便是抓住其人性弱点，控制其心。

"攻心"术之最善者，莫过于使"人心服""敌心死"。所谓"人心服"，是使人口服心服，乐为己用；所谓"敌心死"，是使敌心完全瓦解，不敢再进行反抗。古往今来，最善攻心者，莫过于三国刘备。

刘备少孤，一贫如洗，以贩履织席为业。这样一个普普通通的下层平民，为何能崛起于群雄之上，成为鼎足三分的一代枭雄呢？从其本人来说，是因他最懂得"攻心"之妙用，是一个非常杰出的"攻心"战略家。

刘备团结部下，重在"攻心"：他以义结关、张，食则同桌，寝则同席，三人桃园结义，誓同生死，故使云长不为曹操的封高官赠厚金所收买，翼德始终拼命为之血战沙场，曾二易其主的赵子龙，刘备一见便对他推心置腹，子龙感其诚，从此赤胆忠心追随他；诸葛亮因感其三顾之隆情厚意，才离开隆中为之驱驰，做到"鞠躬尽瘁，死而后已！"他对待百姓，也重在"攻心"：他初任定州中山府安喜县尉，署县事一月，与民秋毫无犯，民皆感化。

他救徐州而三让徐州，故深得徐州百姓的爱戴。他驻军新野，政治一新，百姓称颂他："新野牧，刘皇叔，自到此，民丰足。"因而取得了百姓的衷心拥护。曹操追击，他弃樊城奔襄阳，两县百姓誓死跟随，他拥民众数万，一日仅行十余里，有被俘的危险。有人劝他"弃百姓，先行为上"。刘备泣说："举大事者必以人为本。今人归我，奈何弃之？"后来刘备取蜀，也采取"攻心"战略，即以结民心为先。

正因刘备能处处以百姓为重，又以恩义结将相之心，故人心归之，愿为之效死。"得人心者昌"，这便是刘备之能成大事的关键所在。历史上类似的事件还有很多：周文王为民请命，废除炮烙博取民心；勾践卧薪尝胆，与民同甘共苦赢取民心；刘邦与关中父老"约法三章"笼络民心等等不一而足。

第二章　钩其所好，以钳求之

■ 原文

将欲用之于天下^①，必度权量能，见天时之盛衰，制^②地形之广狭，阻险之难易，人民货财之多少，诸侯^③之交孰亲孰疏、孰爱孰憎；心意之虑怀，审其意^④，知其所好恶，乃就说其所重^⑤，以飞钳之辞钩其所好，以钳求之。

注释

①用之于天下：把飞钳之术推广到全天下。

②制：控制，引伸为掌握、了解。

③诸侯：古代对中央政权所分封各国国君的统称。周朝分公、侯、伯、子、男五等。

④审其意：详细考察他们的思虑和希望。

⑤说其所重：游说其所重视的问题。

译文

要把"飞钳"之术向天下推行，必须考核人的权谋和才能，观察天地的盛衰，掌握地形的宽窄和山川险阻的难易，以及人民财富的多少。在诸侯之间的交往方面，必须考察彼此之间的亲疏关系，究竟谁与谁亲密，谁与谁疏远，谁与谁友好，谁与谁相恶。要详细考察对方的愿望和想法，要了解他们的好恶，然后针对对方所重视的问题进行游说，再用"飞"的方法诱出对方的爱好所在。最后再用"钳"的方法把对方控制住。

☉ 鬼谷锦囊

"审其意，知其所好恶，乃就说其所重，以飞钳之辞钩其所好，以钳求之"是说要详细考察对方的愿望和想法，了解他们的好恶，然后针对对方所重视的问题进行游说，再用"飞"的方法诱出对方的爱好所在，最后再用"钳"的方法把对方控制住。简而言之就是说要想控制对方，就必须了解对方的好恶，尤其是对方的喜好，然后投其所好，就能成功控制对方的心。

☉ 延展阅读

春秋时期，晋国的赵穿就是用"投其所好"的计谋铲除暴君晋灵公的。

晋灵公是中国历史上有名的荒淫暴虐之人，他厚敛于民，广兴土木，好为游戏。

他闲着实在无聊时，便下令在绛州城内建了一个桃园，遍求奇花异草，栽种其中。又筑三层高台，中建绛霄楼，凭栏四望，全城风物，市井百态，尽收眼底。

修好这个桃园后，晋灵公时常登临俯瞰、饮酒取乐，并以张弓弹鸟为戏。但时间长了后，他便玩厌了这样的游戏，渐觉不如弹人有刺激性。于是，这个暴君就发展为利用弹人来赌胜负。对准台下的百姓，一声令下，乱弹齐发。百姓头破血流，目毁牙落，号哭遍地；抱头逃避，相互践踏。当时出现了民谣："莫看台，飞丸来。出门笑且忻，归家哭而哀！"

赵盾是历史上有名的忠臣，在中国的历史上，每当有昏君出现时，往往都会伴随着忠臣的悲哀。他是朝中的一个元老重臣，曾经多次劝谏过晋灵公，希望他能够礼贤远佞，勤政亲民。开始的时候，晋灵公还假意检讨，继而就拒谏饰非，最后竟积厌生怨，决定杀死赵盾。但是，晋灵公和他的佞臣两次刺杀赵盾，都没有成功，赵盾得以逃过了一劫。

而赵盾有一个堂侄名叫赵穿，他接受了叔父的前车之鉴，对晋灵公采取了"投其所好"的计谋。他首先向晋灵公叩头谢罪，请求辞职，说："罪人之族，不敢复侍左右，乞赐罢斥。"晋灵公见其词卑貌恭，认为他真诚可信，反而安慰他说："盾累次欺蔑寡人，寡人实不能堪，与卿何干？卿可安心供职。"

在初步取得晋灵公的信任之后，赵穿就开始百般投其所好，晋灵公喜欢游玩，赵穿就说："所贵为人主者，惟能极人生声色之乐也"。

晋灵公当然也好美色，昏君往往如此。赵穿就建议派佞臣屠岸贾为他尽选国中美色，并借以调虎离山。同时，赵穿还以桃园侍卫单弱为由，以晋灵公的名义，从自己指挥的军队中精选出了200名勇士，并暗地里同他们制定了除暴计划。一次，赵穿趁着深夜桃园侍宴的绝佳时机，一举铲除了晋灵公这个暴君。

以利诱之，投其所好是赵穿取得成功的关键因素。但是，要想做到投其所好，并非易事，所设之"饵"必须符合对方的胃口，才能让对方乐于吞下，从而钩住他，即必须找准对方的真正弱点，然后再下"饵"。

春秋战国时期，强大的楚国发兵攻打绞国，大军行动迅速。楚军数万人马兵临城下，气势旺盛，绞国自知出城迎战，凶多吉少，决定坚守城池。

绞城是一个地势险要，易守难攻的城池。强楚虽然多次进攻，但均被击退。两军相持一个多月。楚国莫敖屈瑕仔细分析了敌我双方的情况，认为绞城只可智取，不可强攻。

他便向楚王献上一条"以利诱之"的计谋。他对绞城进行深入地分析之后说道："攻城不下，不如利而诱之。"他建议：趁绞城被围月余，城中缺少薪柴之时，派些士兵装扮成樵夫上山打柴运回来，敌军一定会出城劫夺柴草。这样，在开头的几天里，让他们得一些小利，等他们麻痹大意，大批士兵出城劫夺柴草之时，先设伏兵断其后路，然后聚而歼之，乘势夺城。

楚王却担心绞国不会轻易上当，屈瑕说："大王放心，绞国虽小而轻躁，轻躁则少谋略。有这样香甜的钓饵，不愁它不上钩。"

楚王也认为很有道理，就依计而行，命一些士兵装扮成樵夫上山打柴。绞侯听探子报告有挑夫进山的情况，忙问这些樵夫有无楚军保护。探子说，他们三三两两进出，并无兵士跟随。绞侯马上布置人马，待"樵夫"背着柴禾出山之机，突然袭击，果然顺利得手，抓了三十多个"樵夫"，夺得不少柴草。这样一连几天，果然收获不小。

绞侯对抓"樵夫"袭柴禾的事情开始"乐此不疲"了，却不知道自己将成别人网中之物。绞国士兵出城劫夺柴草的越来越多。楚王见敌人已经吞下钓饵，便决定迅速逮大鱼。第六天，绞国士兵像前几天一样出城劫掠，"樵夫"们见绞军又来劫掠，吓得没命的逃奔，绞国士兵紧紧追赶，不知不觉被引入楚军的埋伏圈内。只见伏兵四起，杀声震天，绞国士兵哪里抵挡得住，慌忙败退，又遇伏兵断了归路，死伤无数。楚王此时趁机攻城，绞侯自知中计，已无力抵抗，只得投降。

由此可见，我们在做人做事时，如果能做到投其所好，遇到的阻力就会小得多，办起事情来也就容易成功。

投其所好就是抓住了对方心中的欲望，然后想方设法地满足他的欲望，然后让他为我所用。人之"所好"者，无非是金钱、名誉、美人、地位、忠义、诚信、颜面，等等。人都是有弱点的，而人的最大弱点就是人的欲望都"需要"别人的逢迎。只要抓住了这个弱点，然后投其所好，就能取得成功。

这个道理最适合于今天的营销行业。一个高明的推销员往往能通过"投客户之所好"来取得销售的成功。

乔·吉拉德是当今世界上最伟大的推销员之一。有人曾问他成功的秘诀是什么，他开玩笑似地说："没有别的，我只是让顾客感觉我喜欢他们。"

每逢节假日，乔·吉拉德总是会在百忙之中抽出时间给顾客寄张贺卡，并且亲笔写上诸如"我喜欢你"或者"只为你一人"之类的话语。简单的一句话和小小的一张贺卡都是微不足道的，谈不上什么成本，可是，却没有人会不喜欢。乔·吉拉德也因此拥有一大批老顾客。

有一次，一位中年妇女走进了乔·吉拉德所在的展销室，她告诉乔·吉拉德，想在这打发一会儿时间，因为她想买一辆白色的福特车，就像姐姐开的那辆一样，但对面福特车的推销员让她过一个小时再去，所以她就先来这儿看看。闲谈中，她还说这是姐姐送给自己的生日礼物——今天是她55岁生日。

"生日快乐！夫人。"乔·吉拉德一边说，一边请她随便看看，接着他出去了一会儿，然后回来对她说："夫人，您喜欢白色的车，既然您现在有时间，我就给您介绍一下我们的双门式轿车，也是白色的。"

他们正谈着，女秘书走了进来，递给乔·吉拉德一束玫瑰。他把花送给那位女士："祝您长寿，尊敬的夫人。"

中年妇女感动极了，眼眼都湿了。"已经很久没有人给我送礼物了。"她说，"刚才那位福特推销员一定是看我开了辆旧车，以为我买不起新车，我刚要看车他却说要去收一笔款，于是我就上这儿来了。其实，我只是想买一辆白色的车而已，只不过我姐姐的车是福特的，所以我也想买福特的。现在想想，不买福特车也可以。"

最后，她在乔·吉拉德那儿买了一辆雪佛莱，并填写了一张全额支票。乔·吉拉德从头到尾都没有劝她放弃福特买雪佛莱，只是因为她在他那里受到了重视，于是便放弃了原来的打算，转而选择了雪佛莱。

乔·吉拉德不愧是世界上最伟大的推销员，他以一束玫瑰花和一句诚挚的祝福为代价，成功地推销了一辆车，一辆顾客原本没想买的车。投其所好的神奇妙用由此可见一斑。

投其所好的关键，在于搔到对方的正痒处，越搔越痒，越搔越舒服，进而将对方控制于自己的股掌之上。应用此术还要特别注意小心谨慎，尽量做到不动声色、不露痕迹，自然而然地让对方乐于接受、甘于为我所用，切不可急功近利、急于求成，一定要等到水到渠成之时方能行"控制对方"之实，否则只能"欲速则不达"、前功尽弃、功亏一篑。

第三章　知己知彼，百战不殆

■ **原文**

用之于人^①，则量智能^②、权材力^③、料气势^④，为之枢机^⑤以迎之、随之，以钳和之，以意宜之；此飞钳之缀^⑥也。

注释

①用之于人：将飞钳之术用于人。

②智能：智慧和才能。

③材力：材，同"才"，指才干。

④气势：气概和声势。

⑤枢机：关键和重点，枢是门轴，机是枢纽。

⑥飞钳之缀：缀，连结，缀合。这里是说飞钳之术的连带作用。

译文

如果把"飞钳"之术用于他人，就要揣摩对方的智慧和才能，度量对方的实力，估计对方的势气，然后以此为突破口与对方周旋，进而争取以"飞钳"之术达成议和，以友善的态度建立邦交。这就是"飞钳"的妙用。

☯ 鬼谷锦囊

无论做什么事，只要涉及到与对手的较量，都要预先对对手进行仔细的分析，以求全面、准确地了解对方，正所谓"知己知彼"，方能"百战百胜"。战场如此，商场如战场，亦是如此。在当今的商务谈判中，对对手"量智能、权材力、料气势"具有非凡的借鉴意义和指导作用。

首先，从自身角度来看，知己才能知人。要善于剖析自我，勇于克服自身的弱点，不断提高自身的素质和专业水平。作为一个谈判者，其知识、阅历、经验、修养、口才乃至风度都有一定的要求，谈判需要广泛、丰富的知识和经验。此外，性格上的弱点对谈判也有着重要的影响：如果是自卑的人，面对较强硬的对手，就会有强大的心理压力，容易接受暗示，犹豫不决，当断不断甚至唯唯诺诺；若是脾气急躁的人，在谈判中往往心浮气躁、欠缺冷静，缺乏耐心，容易造成判断失误，或因急于求成，忽视某些必要细节，让对方有机可乘、钻空子；倘若是爱钻牛角尖的人，则不善于多向思维和及时调整策略，或因为应变能力差造成谈判失利，等等。所以，在谈判之前，一定要充分认识自己、武装好自己，扬长避短，既不让对手有机可乘，又可以以己之长、攻彼之短。

其次，从对手角度讲，对对手相关资料收集和积累得越多，准确性越高，就越能为自己提供赢得对手的筹码。在谈判之前，要根据具体情况和要求，充分了解谈判对手的信誉、作风、经营能力、政治态度及以往履行合同的情况等，尽可能多地掌握和准备好有关对方的情报资料。要知道人的心理是由人的知识水平、认识水平、个人修养、阅历等自身素质所决定的，所以，了解谈判对手，还包括对对方的个人性格特点、兴趣、爱好、追求等的了解。

因此，完全有必要在谈判之前对对手做一个详细而全面的分析、了解。

总之，在商业谈判中，必须尽可能地熟悉对方的情况，做到心中有数。不能仓促上阵，否则就可能受制于人，陷于被动。

◎ 延展阅读

"量智能、权材力、料气势。"本章主要讲如果把"飞钳"之术用于他人就要揣摩对方的智慧和能力，度量对方的实力，估计对方的势气，然后以此为突破口和切入点，方能取得成功。

司马错游说秦惠王伐蜀就是一个例子。

战国时期，为争夺地盘，巴、蜀两国交锋，都向秦国告急。秦惠王想出兵讨伐蜀国，但是考虑到蜀道之危险艰难，又恐韩国乘机来犯，所以犹豫不决。秦惠王找来司马错和张仪进行商议，于是引发了司马错和张仪的一场舌战。

司马错要攻打蜀国，张仪说："不如攻打韩国。"秦惠王说："请你们说说各自的见解，让我听听。"

张仪回答说："应先与魏、楚两国表示亲善，然后出兵三川，堵塞輟辕、缑氏两个隘口，挡住通向屯留的路，让魏国出兵切断南阳的通路，楚国派兵逼近南郑，而秦国的军队则攻击新城和宜阳，兵临二周的近郊，声讨周君的罪行，（随后）乘机侵占楚、魏两国的土地。周王室知道已经不能拯救自身，一定会交出九鼎和宝器。我们占有了九鼎，掌握地图和户籍，挟持周天子，用他的名义来号令天下，天下没有敢于违抗的，这就能建立王业了。如今，蜀国是西边偏远落后的国家，戎狄为首领。攻打蜀国，会使士兵疲惫，使百姓劳苦，却不能以此来建立名望；即使夺取了那里的土地，也算不得什么利益。我听说：'争名的要在朝廷上争，争利的要在市场上争。'现在的三川地区和周王室，正是整个天下的大市场和朝廷，大王不去争夺，反而与那些野蛮的人争夺名利，这就离帝王之业远了。"

司马错说："不对。我听到过这样的话：'想使国家富庶的一定要扩大他的领地，想使军队强大的一定让他的百姓富足，想建立王业的一定要广布他的恩德。这三个条件具备了，那么，王业就会随之实现了。'现在大王的土地少，百姓贫困，所以我希望大王先从容易办的事做起。蜀国是西边偏僻的国家，以戎狄为首领，而且有像桀、纣一样的祸乱。用秦国的军队前往攻打，就如同用豺狼驱赶羊群一样。得到它的土地，能够扩大秦国的疆域；得到它的财富，能够使百姓富足，整治军队又不伤害百姓，蜀国已经归服了。因此，夺取了蜀国，但天下人不认为我们暴虐；取尽了蜀国的财富，诸侯国也不认为我们贪婪。这就是说，我们用兵一次，就能名利双收，还能得到除暴、平乱的好名声。如果现在去攻打韩国，胁迫周天子必然招致坏名声，而且不一定有利，又有不义的名声。去进攻天下人都不希望进攻的地方，这是很危险的！请允许我讲明这个缘故：周王室，现在还是天下的宗室；韩国，是周国的友好邻邦。如果周天子自己知道要失去九鼎，韩王自己知道要丧失三川，那么，两国一定会联合起来，共同采取对策，依靠齐国和赵国，并且向楚、魏两国求援，以解除危难。把九鼎送给楚国，把土地送给魏国，大王是不能阻止的。这就是我所说的危险，不如攻打蜀国那样万无一失。"

秦惠王说："很对。我采纳你的意见。"结果，出兵进攻蜀国。十月夺取了那里的土地，然后平定了蜀国。蜀国的君主改称为侯，秦国派遣陈庄去辅佐蜀侯。蜀国归附以后，秦国就更加强大富庶，看不起其他诸侯国了。

司马错正是揣摩、拿准了秦惠王欲扩展疆土、富国强兵的心理，所以成功地说服了秦惠王伐蜀。

三国诸葛孔明也是一个善于揣摩和度量他人的"号脉高手"。

公元208年，曹操亲率二十多万大军南征。江东的孙权摇摆在抗曹与降曹的两种选择之间。经过鲁肃的建议，孙权有意联合刘备对付曹操；这时诸葛亮也与刘备商量联孙抗曹，他在分析了江东当时的处境和可能出现的对策之后，料定孙权方面会派人前来试探。果然，鲁肃跟踪来到，从而成为诸葛亮开展一场出色外交谈判的起点。

诸葛亮听说江东来人，便高兴地说："大事济矣！"接着十分慎重地叮嘱刘备，凡来人提及与曹操作战的问题，都推给他诸葛亮回答。他不仅要从与来人对形势的谈话中捕捉相关信息，而且还打算通过倾心交谈结交朋友。

结果，直率的鲁肃经过诸葛亮的争取，透露出江东投降倾向与抗曹势力的现状和作为决策者的孙权目前害怕曹操兵多将广、不敢决策抗曹的心态，并且自告奋勇，愿意充当诸葛亮出使江东鼓动抗曹的引荐人。

后来的情况证明，在江东谈判中，鲁肃确实起到了穿针引线和弥合裂缝的作用，给予诸葛亮很大的支持。

诸葛亮在见到江东决策人物之前，首先遭遇到的是一批力主降曹、胆怯自私的文官。他们虽非决策人物，但对孙权决策有重大影响；尤其是谋主张昭，曾经是江东第二代创业者、孙权的哥哥孙策临终时指定的处理江东内政的主要决策顾问。这些人的投降主张已经严重地干扰着孙权抗曹的决心，诸葛亮采用了快刀斩乱麻的果断手法，对各种不利于孙刘联兵抗曹的言论，一驳到底，不拖泥带水。

很快，诸葛亮与孙权直接会谈。他看到孙权"碧眼紫髯，堂堂一表"，立即判断对手有很强的自尊，"只有激，不可说"。对待这位江东的最高权威人物，诸葛亮对准他当时在战与降之间举棋不定的矛盾心态，不但把曹操的实力格外加码地描述了一番，而且一点也不委婉地建议他如果不能早下抗曹决心，不如干脆投降。

孙权不甘屈辱，立即回敬一句："诚如君言，刘豫州何不降曹？"

于是诸葛亮抓住这个话茬，毫不犹豫地抛出一枚令对方难以承受的重磅炸弹："昔田横，齐之壮士耳，犹守义不辱。况刘豫州王室之胄，英才盖世，众士仰慕。事之不济，此乃天也，又安能屈处人下乎！"这枚炸弹既是对孙权的强大刺激，也是对孙权的有力鞭策，当然还是刘备一方对抗曹的坚定表态。此时，被触犯了尊严的孙权"不觉勃然变色，拂衣而起，退入后堂"。

倘若不是孔明这位高超的"号脉专家"能够准确把握对方脉搏，而是换上一个庸医，绝不会有如此的胆识，因为诸葛亮的做法要冒令整个谈判夭折的危险。但诸葛亮不是一个逞一时口舌之快而意气用事的人，他之所以敢这样做，完全是因为他把准了孙权的为人和心理。

第四章　以虚求实，空往而实来

■■■ 原文

用于人^①，则空往而实来^②，缀而不失，以究其辞。可钳而从^③，可钳而横^④；可引而东，可引而西；可引而南，可引而北；可引而反^⑤，可引而复。虽覆，能复，不失其度^⑥。

注释

①用于人：用在对人的关系上。

②则空往而实来：用好听的空话，突出对方的实情。

③从：合纵。

④横：连横。

⑤反：返还。

⑥度：节度。

译文

如果把"飞钳"之术用于他人，可用好听的空话去套出对方的实情，通过这样的连续行动，来考究游说的辞令。这样就可以实现合纵，也可以实现连横；可以引而向东，也可以引而向西；可以引而向南，也可以引而向北；可以引而返还，也可以引而复去。

虽然如此，还是要小心谨慎，不可丧失其节度。

☉ 鬼谷锦囊

"空往而实来"，是说可以用好听的空话去套出对方的实情，即以虚求实。这和"假作真时真亦假，无为有处有还无"大同小异、如出一辙，有时候故意"指假为真"，以假象去迷惑对方，往往能引诱甚至逼迫对方显露出真实意图。这就是"以假求真"。

以假求真、以虚求实的最大奥妙就在于反复试探以抓住对方心理，从而决定是投其所好、用激励褒奖的言辞去说服对方，还是故意诘难、诋毁对方，用假象使对方落入自己精心设置的陷阱。

☉ 延展阅读

苏秦巧用反语智激张仪便是采用了后者。

当苏秦正踌躇满志说服诸侯合纵时，秦军击败魏国后准备乘胜攻打赵国。为顺利完成合纵，苏秦想让同门师兄弟张仪去秦国游说秦王罢兵。于是他派人送亲笔信给张仪，给他造成他去赵国后苏秦必会推荐他得到重用的假象。

张仪到了赵国，当他兴冲冲去见同窗好友、今日大富大贵、且大权在握的苏秦时，却一连吃了好几天闭门羹。好不容易传见了，这位昔日的好友却待他无比傲慢、刻薄，毫无故人之情。一连串的羞辱之后，张仪终于忍无可忍，大骂苏秦为势利小人。

苏秦却不气不恼，微笑着进一步打击诋毁他："以余子之才，应该先我而际遇，未料你竟穷困如此。我本想把你推荐给赵侯，使你得于富贵，就怕你志衰才退，无所作为，反连累于我。"

张仪说："大丈夫自能取富贵，难道非由你推荐不成？"

苏秦冷笑道："既然如此，即可自便。"让人给张仪十两金子。张仪将金子扔在地上，愤然而去，苏秦也不挽留。

张仪走投无路，果然如苏秦所愿去依附秦国了。

在这个故事中，张仪的所见所闻，苏秦的所作所为其实都是假象，这种假象仿佛一只无形的手，一步一步把张仪引向秦国，从而完成了苏秦预先设计的计谋。这是故意诘难、贬低、诋毁对方的激将之法，也是对"飞钳"之术的反用，即不褒反贬，故意打击对方，以激发其自尊和斗志。这正是所谓"请将不如激将"，当因为某事不得不求于人时，倘若直接以礼相待、盛意拳拳不能奏效，不妨虚晃一招，以假求真、以虚求实，让对方在不知不觉中如你所愿。

如果把"以虚求实、空往实来"应用于军事，便是家喻户晓的"空城计"了。

西汉时期，北方匈奴势力逐渐强大，不断兴兵进犯中原。飞将军李广任上郡太守，抵挡匈奴南进。

一天，皇帝派到上郡的宦官带人外出打猎，遇到三个匈奴兵的袭击，宦官受伤逃回。李广大怒，亲自率领一百名骑兵前去追击。一直追了几十里地，终于追上，杀了两名，活捉一名，正准备回营时，忽然发现有数千名匈奴骑兵也向这里开来。匈奴队伍也发现了李广，但看见李广只有百名骑兵，以为是为大部队诱敌的前锋，不敢贸然攻击，急忙上山摆开阵势，观察动静。

李广的骑兵非常恐慌。李广沉着地稳住队伍："我们只有百余骑，离我们的大营有几十里远。如果我们逃跑，匈奴肯定会追杀我们。如果我们按兵不动，敌人肯定会疑心我们有大部队行动，他们决不敢轻易进攻的。现在，我们继续前进。"到了离敌阵仅二里地光景的地方，李广下令："全体下马休息。"李广的士兵卸下马鞍，悠闲地躺在草地上休息，看着战马在一旁津津有味地吃草。

匈奴部将感到十分奇怪，派了一名军官出阵观察形势。李广立即上马，冲杀过去，一箭射死了那个军官。然后又回到原地，继续休息。

匈奴部将见此情形，更加恐慌，料定李广胸有成竹，附近定有伏兵。天黑以后，李广的人马仍无动静。匈奴部将怕遭到大部队的突袭，慌慌张张引兵逃跑了。李广的百余骑安全返回大营。

"空城计"在我国历史上应用甚多，三国时期诸葛孔明的"空城计"，同样是以"虚张声势、瞒天过海"，取得了"胜司马懿"之实。

"空往实来"不仅可以在政治、军事上广泛应用，同样可以作为生活智慧应用于日常生活。

有个叫比克的人，借给一个商人3000金币，可是第二天不小心把借据丢失了，到处找也找不到，急得直冒汗。妻子在一旁，也想不出补救的办法，嘴里还在不停地埋怨。比克心里发慌，赶忙跑去找他最要好的朋友卢比，请他想个办法。

"如果那个商人知道我丢了借据，就不会把钱还我了，真主在上，那可是3000金币啊！"比克对卢比说，"我手里再没有任何关于这笔借款的证据了。"

"商人借钱时没有第三个人知道吗？"卢比问。

"只有我妻子知道，但那是在商人把钱借走之后，我才告诉她的。"

"那等于说，鱼儿跑了，你才撒下网去。"卢比说，"商人借钱的期限是多长时间？""时间是一年。"

卢比深思了片刻，为比克想出了好办法："可以向那个商人要一个借钱的证据。"

"什么？向借钱的人要借钱的证据？"比克困惑不解，感到简直荒唐可笑。"对，只有这个办法可行。"卢比说，"你马上给商人去封信，要求尽早归还你借给他的 3500 金币。"

"我只借给他 3000 金币，哪来的 3500 金币？"

"你去信催讨 3500 金币，他必定立刻回信，说明他只欠你 3000 金币。这样一来，你手里不就有证据了吗？"比克一听有道理，便写了一封信，对于为什么要急着催还这笔借款，理由说得很充分。

果然，不出 5 天工夫，商人回了一封亲笔信，信中这样写道："……你发生了一点特殊情况，问我能不能提前偿还这笔借款，我不能照你要求的去做，我们商定的借期是一年，我是按借款日期安排我的买卖的。至于说到借款的数目，你搞错了，肯定错了！我只借了 3000 金币，绝不是 3500 金币，你那里有我亲自写的证据，你是不是把别人的借款算到我头上来了？真主在上，我借的是 3000 金币，不是 3500 金币……"

比克拿着这封信，高兴地跑去找卢比报喜。

商人比克在意外丢失了借据后，经朋友卢比点拨，向自己借贷的商人去了一封信，假说急需对方还款，并故意将其所借金币数额多说了 500 金币，使得对方不得不急忙回信申辩，这样，比克就等于重新拥有了借据。这真是"恶人先告状""先发制人、后发制于人"啊！不过这种"以虚求实、空往实来"的策略的确可以帮我们搞定很多靠"正经方法"无法解决的棘手问题。

总之，"以虚求实、空往实来"是一种高明的人生智慧，它能帮助我们解决很多疑难杂症，使我们的人生之旅更加轻松自如！

‖ 第六篇　忤合①术 ‖

第一章　趋合与倍反

▰ 原文

凡趋合倍反②，计有适合。化转③环属④，各有形势⑤。反复相求，因事为⑥。是以圣人居天地之间，立身御世，施教扬声明名也，必因事物之会，观天时之宜，国之所多所少，以此先知之，与之转化。世无常贵，事无常师。圣人常为无不为，所听无不听。成于事⑦而合于计谋⑧，与之为主⑨。合于彼而离于此，计谋不两忠，必有反忤⑩。反⑪于此，忤于彼；忤于此，反于彼。其术也，用之天下，必量天下而与之，用之国，必量国而与之；用之家，必量家而与之；用之身，必量身材能⑫气势而与之。大小进退，其用一也。

注释

①忤合：忤，抵触、背逆。合，符合，不违背。忤合，在这里是指以忤求合，先忤后合。

②趋合倍反：趋合是趋向合一，相当于"合"；倍反是背逆，

相当于"忤"。倍，同"背"。

③化转：变化转移。

④环属：像铁环一般连锁起来而没有裂缝。

⑤形势：事物变化发展的态势。

⑥因事为制：因，依据、凭借；制，法则，法度，控制。这里是指要根据实际情况进行控制。

⑦成于事：把事情办成功。

⑧合于计谋：实现或符合预定的计谋。

⑨与之为主：与之，与他们。为主，为主人。指都是各为其主。

⑩计谋不两忠，必有反忤：忠，忠实；反，背反；忤，抵触，背逆。任何计谋都不可能同时忠于两个主人，必然要相抵触。

⑪反：此处当顺从解释。

⑫材能：才质和能力。

译文

凡是有关联合或对抗的行动，都会有相应的计策。变化和转移就像铁环一样环连而无中断。然而，变化和转移又各有各的具体情形。彼此之间环转反复，互相依赖，需要根据实际情况进行控制。所以圣人生活在世界上，立身处世都是为了说教众人，扩大影响，宣扬名声。他们还必须根据事物之间的联系来考察天时，以便抓住有利时机。国家哪些方面有余，哪些方面不足，都要从这里出发去掌握，并设法促进事物向有利的方面转化。世界上的万事万物没有永远占领高贵地位的，世界上的万事万物也没有永远居于榜样地位的。圣人常常是无所不做，无所不听。办成要办的事，实现预定的计谋，都是为了自己的主人，合乎那一方的利益，就要背叛这一方

的利益。凡是计谋不可能同时忠于两个对立的君主，必然违背某一
方的意愿。合乎这一方的意愿，就要违背另一方的意愿；违背另一
方的意愿，才可能合乎这一方的意愿。这就是"忤合"之术。如果
把这种"忤合"之术运用到天下，必然要把全天下都放在忤合之中；
如果把这种"忤合"之术用到某个国家，就必然把整个国家放在忤
合之中；如果把这种"忤合"之术运用到某个家族，就必然要把
整个家族都放在忤合之中；如果把这种"忤合"之术用到某一个人，
就必然要把这个人的才能气势都放在忤合之中。总之，无论把这
种"忤合"之术用在大的范畴，还是用在小的范畴，其功用都是
一样的。

☉ 鬼谷锦囊

所谓"忤"，就是意见相互抵触而彼此背离，又称"倍反"；所
谓"合"，就是意见契合而走到一起，又称"趋合"。因为世界上每
种事情的情况都千差万别，所以处理事情的策略和主张也就各不相
同，或者相互契合，或者相互抵触，而且"世无常贵，事无常师"，
所以非常有必要实行"忤合之术"。

实际上，鬼谷子的"忤合之术"就是哲学中所讲的矛盾，即矛
盾双方既对立又统一，并且可以相互转化。鬼谷子的忤合术是基于
"忤"与"合"可以互相转化的原理。事情总是有正有反，有利有弊，
有直有曲的。智者往往能够在现实环境里针对客观条件是否具有"天
时地利"以及对方是否"人和"，并结合自己的实际需要，变不利
为有利，或曲中见直或直中见曲，适时改变斗争形势，变被动为主
动，从而化险为夷、转危为安。

⊙ 延展阅读

百里奚，亦称百里子或百里，字里，名奚，春秋时虞国（今山西省平陆县北）人，秦穆公时贤臣，著名的政治家。

百里奚早年贫穷困乏，流落不仕，在被晋国俘虏前，曾游历齐、周、虞、虢等国，这使得他对于各国的民俗风情、地理形势、山川险阻知之甚悉，为他后来给秦穆公筹划东进准备了必要条件。

百里奚早年颠沛流离的生活和坎坷的经历，使他尝尽了艰苦生活的滋味，也亲眼目睹了下层人民的悲惨处境，对他后来任秦国大夫时，为官清正，树立以民为贵的思想都有着积极的影响。

百里奚辗转到虞国任大夫。秦穆公五年（公元前655年）晋国借道于虞以伐虢国，大夫宫之奇以"唇亡齿寒"劝谏虞君，虞君因曾经接受晋献公的宝玉"垂棘之璧"与名马"屈产之乘"而答应了晋国。百里奚深知虞君昏庸无能，很难纳谏，便缄默不语。结果晋在灭虢之后，返回时就灭了虞国，虞君及百里奚被俘。

后来，晋献公把女儿嫁给秦穆公，百里奚被当作陪嫁小臣送到了秦国。他以此为耻，便从秦国逃到宛（今河南省南阳市），被楚国边境的人抓获。

秦穆公听说百里奚贤智，想用高价赎回他，又怕楚人不许，就派人对楚国人说："吾媵臣百里奚在焉，请以五羖羊皮赎之。"楚国人同意将百里奚交还秦国。

百里奚回到秦国，秦穆公亲自为他打开囚锁，向他询问国家大事。百里奚推辞说，他是亡国之臣，不值得询问。

秦穆公说："虞君不用子，故亡，非子罪也。"

秦穆公与百里奚谈论国事数日，秦穆公十分赏识他，授以国政，号称"五羖大夫"。这时，百里奚已是70多岁的高龄。

百里奚相秦期间，内修国政，教化天下，恩泽施于民众。作为诸侯国的大臣，百里奚劳作不乘车马，暑热不张伞盖，在都城里行走不用车马随从，不用甲兵护卫。这种平易朴素的品行，不仅为百官树立了榜样，也以实际行为感动了百姓。在当时这确是难能可贵，赢得了时人的赞许和尊敬。

在用人方面，百里奚举荐有才德的贤士。他早年周游各地，曾结识贤人蹇叔，得到过蹇叔的助益。此时蹇叔受到他的推荐，被秦穆公拜为上大夫，共议国事，为秦国的富强与成就霸业起了很大的作用。

在外交上，百里奚施德于诸侯，树立秦国的威信，为秦穆公称霸奠定了基础。

百里奚作为杰出的政治家，在晚年建立了辉煌的业绩。他依靠出众的才智和超群的谋略，使僻处一隅的秦国逐渐强大起来，为秦国取得霸主地位起了不可低估的作用。

百里奚的为官之路可谓坎坷曲折，但他深知"忤合"之道，身处逆境、面对昏庸君主时，能做到不自找麻烦、引火烧身，而是采取了明哲保身的缄默态度，以求以后更大的发展。在秦国，因为秦穆公真正能够礼贤下士，并且不计较百里奚是亡国弃臣，对他予以重用，所以百里奚在这种有利的大环境下竭尽所能地发挥了他毕生的政治才干，也成就了他一生的政治抱负。

百里奚的故事很符合马克思主义的矛盾原理：矛盾双方在一定条件下可以互相转化，只要不灰心、不气馁、不轻言放弃，逆境终可以转化为成长的垫脚石、进步的阶梯，即"背反"可以转变为"趋合"。

班婕妤是汉成帝的后妃，她的父亲班况曾在汉武帝后期驰骋疆场，立下不少汗马功劳。在赵飞燕入宫前，汉成帝对班婕妤最为宠幸。

赵氏姐妹入宫后，飞扬跋扈，许皇后十分痛恨，无可奈何之余，想出一条下策，在孤灯寒食的寝室中设置神坛晨昏诵经礼拜，祈求皇帝多福多寿，诅咒赵氏姐妹灾祸临门。

事情败露后，赵氏姐妹故意在成帝面前搬弄是非，诬陷许皇后不仅咒骂自己，还咒骂皇帝。

汉成帝一怒之下，把许皇后软禁于昭台宫。赵氏姐妹还想利用这一机会对她们的主要情敌班婕好加以打击。

糊涂的汉成帝色令智昏，居然听从赵氏姐妹的挑唆审问班婕好，并欲治其死罪。

大难将至，班婕好从容不迫地说："我听说死活有命运注定，能否富贵在于天意。行善尚且不能得到幸福，作恶还想指望什么？如果鬼神有知，就不会接受奸邪坏人的胡说；如果鬼神无知，向他诉说又有何益呢？所以我是不愿做祷告诅咒之事的。"

汉成帝觉得她说得有理，又念及以前的恩爱之情，更是顿生怜惜之心，当下就决定不予追究，并且厚加赏赐，以弥补心中的愧疚。

"死生有命，富贵在天"是为"合此"，"修正""为邪"是为"忤彼"；"若鬼神有知"是为"合此"，"就不会听信谗言"是为"忤彼"；"要是鬼神无知"是为"合此"，"那么向鬼神诉说就是徒劳"是为"忤彼"。聪明的班婕好在面临险境时，从容镇定地用忤合术的智慧将汉成帝说服，成功地使自己转危为安。

这就启示我们，在面对不利环境时，要充分发挥自己的主观能动性和创造性，相信依靠自己的能力和努力，可以变不利为有利，可以化险为夷、转危为安。

但反过来说，"趋合"同样可以转变为"背反"，倘若身处顺境却骄傲自满、掉以轻心、不思进取、固步自封，顺境就会变成进步的绊脚石，成功的阻碍，所以要求我们必须要有忧患意识、危机意识，要时时刻刻居安思危、居荣思辱，才能在竞争激烈的今天立于不败之地。

　　一个人如此，一个企业如此，一个国家、整个地球更是如此：如今环境问题、人口问题、资源问题、疾病问题、经济危机、腐败问题等都是不可小觑的严重问题，倘若没有忧患意识和危机意识，大则整个地球、一个国家可能面临"亡国灭种"的危机，小则一个企业、一个个人可能面临倒闭破产、失业丧命的危险。

第二章　先计定，后行术

━━ 原文

必先谋虑计定①，而后行之以忤合之术②。古之善背向者，乃协四海、包诸侯，忤合天地而化转之，然后以之求合。故伊尹③五就汤④、五就桀⑤，而不能有所明，然后合⑥于汤。吕尚⑦三就文王、三入殷朝，而不能有所明，然后合于文王。此知天命之钳⑧，故归之不疑也。

注释

①计定：确定计谋。

②忤合之术：即反合之术。

③伊尹：古代传说人物，辅弼商汤消灭夏桀，是商朝开国名相。

④汤：商朝的开国之君。重用伊尹消灭夏桀，开创商王朝，推行善政。

⑤桀：夏朝最后一个暴君，被商汤王消灭。

⑥合：在这里指归服。

⑦吕尚：太公望，即姜尚，辅佐周文王，周武王，对周朝建国贡献极大，是齐国的始封主。

⑧天命之钳：天命的制约。

译文

因此，无论在何时何地都要进行谋划、分析，计算准确了以后再实行"忤合"之术。古代那些善于通过背离一方、趋向一方而横行天下的人，常常是掌握四海之内的各种力量，控制了各个诸侯，促成"忤合"转化的趋势，然后达成"合"于圣贤君主的目的。过去伊尹五次臣服商汤，五次臣服夏桀，其行动目的还未被世人所知，就决定一心臣服商汤王。吕尚三次臣服周文王，三次臣服殷纣王，其行动目的还未显露于世人，就最后归服了周文王。这就是懂得天命的制约，所以才能归顺一主而毫不犹豫。

☯ 鬼谷锦囊

"先谋虑计定，而后行之以忤合之术。"是说无论在何时何地都要进行周密的谋划、分析，计算准确了以后再实行"忤合"之术。

在中国历史上，审时度势、弃暗投明的事例真可谓比比皆是、不胜枚举：魏征先随李建成，后投李世民；杨业弃北汉投大宋，等等。这些人不是以忠诚于某个君主为从政标准，而是以大势所趋、民心所向作为标准主动地挑选明主，所以能够做到弃暗投明。后来，人们常说，"良禽择木而栖，良臣择主而事"，便是这个道理。

☯ 延展阅读

审时度势、弃暗投明便是"先谋虑计定，而后行之以忤合之术"的典型。

弃暗投明原意是指抛弃昏庸懦弱的主公，投靠贤明仁德的主公，一般是劝服敌方投向己方的劝降用语。后来"弃暗投明"的词义有了发展，用来指断绝跟黑暗势力的关系，走向光明大道，也喻指在政治上脱离反动阵营，投向进步的方面。

马超是东川张鲁的手下，张鲁受被刘备逼得正紧的刘璋之请，让他带兵攻打刘备入川以后占领的葭萌关。诸葛亮让张飞出战，两人大战二百多回合，不分胜败；接着夜战，还是难决高下。诸葛亮就给刘备出主意，要用计谋招降马超。

刘备收买了张鲁的谋士杨松。杨松就散布谣言说马超想造反，劝说张鲁，限令马超一个月内攻取西川，打退刘备。马超心里明白这是不可能完成的。进，不能攻取西川；退，又不能通过重兵把守的关隘。马超陷入了进退两难的境地。

这时，刘备派遣跟马超有交往的李恢去劝降。李恢来到马超营寨。马超对部下说："我知道李恢能说会道，他今天一定是来游说的。"就在营帐外面埋伏刀斧手，叮嘱说："只要我一声令下，你们就把他砍成肉酱！"不一会，李恢进来了，马超威严地坐在军帐里，喝斥说："你来干什么？"李恢说："特意来做说客。"

马超说："我的剑可是新磨的，你说说看，话不在理，就试试我的剑！"李恢笑着说："将军的灾祸不远啦！"马超说："我有什么祸？"李恢说："您跟曹操有杀父之仇。向前走不能帮着刘璋打败刘备，往后退又没法制服杨松跟张鲁见面。四海没法容身，没有主公可以依靠。如果再失败了，有什么脸见天下人？"

马超听了叩头拜谢，说："您说得太对了，只是我走投无路。"李恢说："刘皇叔重视结交人才，他必成大业。您的父亲跟刘备共同声讨过曹操，您为什么不弃暗投明？这样既可以报父仇，也可以建功业。"马超非常高兴，便跟随李恢到葭萌关投靠刘备。

后来，马超成为五虎上将之一，官职升到骠骑将军，进封氂（chí）乡侯。这正是他弃暗投明的结果。

在当今这个时代，弃暗投明仍有其现实意义。倘若你是一个想靠"邪门歪道"、投机取巧发迹的"江湖混混""黑道中人"，那么浪子回头、弃暗投明，转向阳光大道是你最聪明和最明智的选择，也是最符合道德标准和法度的正确做法，倘若为了一己之私，贪图安逸和不劳而获，置国家法纪与社会公德于不顾，结果只能玩火自焚、悔之晚矣。

乔治是一名警察。这天，他突然接到上级的密令。原来，罗丹街有个疑犯，被警署限制了人身自由。为了取得罪证，警署安排乔治假扮水果贩子，在疑犯的楼下蹲点。

第二天，乔治就从郊区批了几箱水果，像模像样地在罗丹街摆起了摊。出门前，乔治特意做了一番伪装，竖起高高的衣领，将对讲机藏在里面。

每天，乔治起早贪黑地卖水果。那疑犯十分狡猾，常常从窗口探出头来，警惕地朝楼下来回张望。乔治丝毫不敢马虎，一边吆喝着卖水果，一边紧盯着不放。

可是，整整一个星期过去了。罗丹街既没有可疑的车辆，也没有可疑的人物，更没有可疑的交易出现。乔治急了，请示上级，要不要采取其他行动？上级回答，按兵不动，继续盯梢。

不知不觉，一个多月过去了。

疑犯继续呆在楼上，和警方僵持着。乔治晒得皮肤黝黑，看上去活脱脱一个水果贩子了。就在乔治焦急的时候，警署突然通知他，疑犯投案自首，主动交代了。

在审查室，乔治颇为感慨地对疑犯说："你知道么？我辛辛苦苦在楼下盯了你一个月？"

疑犯点了点头说："其实，你一来我就知道了。刚开始我挺紧张的，还想着怎么逃跑。但后来……"

乔治诧异地问:"后来怎么样?"

疑犯竟然笑了:"后来,我看你生意越做越好。我替你盘了账,上个月,你至少赚了5000美元。我犯的那点事,最多蹲三五年大牢。可是,我每天心惊胆战,还没你赚的多。我已经想好了,等出狱后,就在你蹲点的地方摆摊卖水果……"

疑犯虽然是出于利益的考虑才选择了放弃犯罪,改做正当生意,但他仍不失为一个弃暗投明、识时务的俊杰。

然而,弃暗投明并非嘴上说说马上就能做到。"弃投"之前,一定要审好时度好势,否则可能会明珠暗投、得不偿失,甚至"赔了夫人又折兵"。

杨永所在的办公室有着正副两位经理。正经理已近知天命之年,凭着无人能比的技术水平才走到今天的高位。因为有着浓重的学术背景,所以正经理为人很低调而严肃,也非常踏实。副经理是30岁出头的海归派。作为一个年轻女人,她敢闯敢拼,所以到公司不久就将公司的经营范围拓宽,并招揽到好几个重量级的客户。卓越的表现让她毫无争议地爬上副经理这个位置。

原本,正副两股力量只是在维持着表面平静的同时暗暗对峙着。直到副总的另起炉灶,给了两位经理一个飞跃的机会。两人素有的矛盾不禁一下子激化,而且更是将势不两立进行到底。不仅是办公室,整个公司的人都在心中酝酿着,到底该投靠哪一边才确保以后的日子还能舒坦无忧。

杨永是学技术出身。跟了正经理已有7年的他,因为踏实而好学,所以非常得正经理的喜欢。再加上两个男人都是低调而不张扬的个性。所以众人在讨论分帮结派时,并未将杨永考虑在内。他是铁定跟正经理的。

就在正副经理斗到水深火热、势均力敌的时候，杨永却突然倒戈相向。7年的时间，足以让一个初出毛庐的年轻人掌握他所需要的技术技能，而且更重要的是，他的倒戈，意味着正经理不再是不可或缺的人才，因为杨永的能力已经可以取代他的"独一无二"。

最终，正经理落败，于是选择卷铺盖离开。杨永望着沮丧离开的正经理，心中也是复杂不已。杨永虽然也感激他的栽培与帮助，但毕竟"识时务者才为俊杰"，而且有着正经理这座高山挡着，他杨永永远不会有出头的一天。

但很快，杨永就意识到自己犯了一个严重的错误。他与新上任的副总的思维方式完全不同，两个人根本无法进行流畅的交流。副总请他抽烟，他不抽，副总脸色一阴，自己点了一根。副总发起脾气来，所有低智能动物都会从嘴里迸出来，其他人挨骂了，呵呵一笑了事，他却大半天回不过神来，觉得自尊心非常受伤害。他开始怀念正经理，追忆与他每次交谈后那种神清气爽的美妙感觉。大约半年后，杨永的辞职信还未递出，副总便已经委婉请他开路。半年时间，足够副总找一个品位相同、心性相投的得力下属。

杨永就是因为犯了急功近利、急于求成的错误，导致了明珠暗投。他缺乏远见，而且没有经过深思熟虑就轻率地做出决断，简直是自作自受！所以我们一定要从杨永身上吸取教训，不要为了眼前的"小恩小利"而弃大义于不顾，更不能利令智昏，被眼前的美丽假象所迷惑，做出错误的决断。

总之，我们生存在这个利益当先的时代，一定要做到"先谋虑计定，而后行之以忤合之术"。

第三章　御世之能

原文

非至圣人达奥①，不能御世②；不劳心苦思，不能原事③；不悉心见情，不能成名；材质不惠，不能用兵④；忠实无真，不能知人⑤。故忤合之道，己必自度材能知睿，量长短、远近孰不如，乃可以进、乃可以退；乃可以从、乃可以横。

注释

①奥：高深，这里指事物深层的规律。

②御世：驾驭天下。

③原事：揭示事物的本来面目。

④兵：这里指军队。

⑤知人：了解他人。

译文

对于一个纵横家来说，如果没有高尚的品德，超人的智慧，就不可能通晓深层的规律，就不可能驾驭天下；如果不肯用心苦苦思考，就不可能揭示事物的本来面目；如果不能全神贯注地考察事物的实际情况，就不可能功成名就；如果才能、胆量都不足，就不能统兵作战；如果只是愚忠呆实而无真知灼见，就不可能有察人之明。所以，"忤合"的规律是：要首先自我估量聪明才智，然后度量他人的优劣长短，分析在远近范围之内还比不上谁。只有在这样知己知彼以后，才能随心所欲，可以前进，可以后退；可以合纵，可以连横。

⊙ 鬼谷锦囊

"己必自度材能知睿，量长短、远近孰不如，乃可以进、乃可以退；乃可以从、乃可以横。"是说一个人无论做任何事，首先要自我估量，然后度量他人的优劣、长短，分析、对比自己与他人的差距所在。只有在这样知己知彼以后，才能随心所欲，进退自如、淡然若定。

一个人只有先了解自己，才能明确地为自己的人生定位，才能清清楚楚地知道自己该做什么、能做什么、适合做什么乃至做什么能成功；一个人只有对所要交往的众人有清晰而全面的了解，才能知道自己何去何从，才能正确决断自己的去向，才能找到自己的用武之地，如果不了解对方就草率从之，往往会有怀才不遇、明珠暗投的下场。所以，在做出决断之前，一定要清楚自己、了解对方。

⊙ 延展阅读

西周姜子牙就是一位自知而知人的大贤之人，他辅佐西周、讨伐商纣便是得益于此道。

姜子牙，吕氏，名尚，字子牙，尊称太公望，西周开国的功臣。是一位卓越的政治家兼军事家。他的先人是地方部落的大首领，"四岳"中的一位，因辅佐大禹治水有功，受封于吕地（今河南省新蔡县），子孙从其封姓。因此，姜子牙又叫吕尚。到姜子牙时，家道早已衰落，他曾在朝歌当过屠夫，在孟津开过饭店，但他不精此道，生意折本，穷困潦倒。后来又到朝廷里做了个小官，因不满殷纣王的胡作非为和残暴无道，便愤然而去，到各国游说，已70岁高龄仍怀才不遇。

后来，他听说西伯文王贤能，便去投奔，在渭水河磻溪一带钓鱼，过隐居生活。一天，周文王打猎偶然遇上了他，与他谈论天下大事。他颇有见地的看法和富有哲理的分析，使文王十分惊奇和佩服，立即请他坐上自己的车，同车而归，封为太师，掌管军政大权。他博才多闻，用兵有奇计，政绩显著，深得民心。同时，他还尊重人才，礼贤下士。使天下三分，其二归周。武王即位后，被尊为师尚父，他帮助武王讨伐纣王，决战于牧野，大获全胜，奠定了武王统一中国的基础，为西周的建立做出特殊的贡献。

后来，姜尚被武王封于齐（今山东省临淄市），建立了齐国。姜尚在治理自己的封国时，顺应民俗，革除陋习，大力发展工商渔盐事业，人民都乐于归顺到齐国，使齐国很快强盛起来。他还著有兵书《六韬》。

姜子牙深知自己不是经商的材料，所以没有在不属于自己的天地里做顽固的坚持；他深知商纣昏庸无道，所以愤然离去；他得知周文王乃贤德之主，并且礼贤下士，便去投奔，所以终成大业。

这个道理最适合于当今最热门的话题——求职。兵书上说，"知己知彼"，方能"百战不殆"，求职应聘，一定要知己知彼，才能成功地找到自己称心如意的工作，让自己的才能有真正的用武之地。

一家外贸公司想要招聘一名搞贸易的人才，并且招聘单位要求此人会外语。一位女大学毕业生知道后喜出望外，马上赶到那家公司应聘。一到公司她才知道，已有几名比她外语还出色的应聘者被淘汰了。

女大学生立即调整了思路，在回答完考官提出的相关问题的同时，又主动介绍了自己的情况："我对经济贸易很感兴趣，因为我上高中时，对世界地理的学习特别用功，所以对各个国家的地理概貌、矿产资源都比较了解，我可以用英语介绍美国西部地区的情况。同时，我也可以用日语介绍一下战后日本经济腾飞的情况。我曾在商业部门实习半年，颇懂一些经营之道，如果你们能认真考虑我的条件，我想我可以胜任此项工作。"女大学生恰到好处的"画蛇添足"，说到了考官的心里，她被聘用了。

这位女大学生之所以成功，在于她清楚地了解自己的长处和优势，而这个优势又恰恰符合招聘单位的需要，成功也是情理之中的事。

所以，在求职过程中一定要谨记这条重要法则："己必自度材能知睿，量长短"，即知己知彼。

所谓"知己"，就是求职者要了解自己，能客观地分析自己的性格、专长、爱好、学历知识背景、工作背景，既能认清自己的优点和长处，又能客观地对待自己的缺点和短处，并且尽量扬长避短。但是在用人单位面前，"扬长"要适度，要实事求是，切不可张扬甚至刻意炫耀，"避短"并非刻意回避，有意掩饰，而是顺其自然、客观对待，若用人单位问起，则说，不问，则不提，只要确定自己的长处和优势完全符合招聘单位的要求、自己的能力完全可以胜任所要应聘的岗位即可。

所谓"知彼"，就是求职者要了解招聘单位。要做到"知彼"，可以从以下三个方面入手：

首先，是对招聘单位整体情况进行了解。招聘单位的名称、行业属性、产品或服务的大致类型是求职者必须要了解的。在此基础上，求职者还要有意识地去了解招聘单位的规模、行业地位、发展态势、企业文化，等等。

其次，是对应聘岗位的了解。求职者要了解应聘岗位的工作职责、工作方式、在企业组织架构中的位置、在企业中的发展空间、工资福利待遇，等等。

再次，是对面试官的了解。面试官代表招聘单位对应聘者进行考查。面试官往往影响着应聘的成功率。所以应聘者应避免那些过于个性化的装扮，如怪异的发型、奇装异服，等等。此外，应聘者还可以有意识地去了解面试官在招聘单位的职务，特别是面试官的职务与自己所应聘的职务之间的关系。还有就是面试官的性格、爱好等也是应聘者应该有所了解的。

总之，"知己知彼"的根本目的在于准确找到自己的职业定位和人生定位，所以一定要谨慎对待，切勿操之过急，以免入错行，耽误自己的职业规划和人生规划。

"己必自度材能知睿，量长短"还有另外一层现实意义，就是要承认自己的不足，同时了解他人的长处，学会取长补短。

第七篇　揣情术

第一章　何谓揣情

━━ **原文**

揣①情者，必以其甚喜之时，往而极其欲也，其有欲也，不能隐其情；必以其甚惧之时，往而极其恶也，其有恶也，不能隐其情。情欲②必知其变。

注释

①揣：揣度。这里是指揣度情理。

②情欲：心理、欲望。

译文

所谓揣情，就是必须在对方最高兴的时候，去加大他们的欲望，他们既然有欲望，就无法按捺住实情；又必须在对方最恐惧的时候，去加重他们的恐惧，他们既然有害怕的心理，就不能隐瞒住实情，心理、欲望必然要随着事态的发展变化而流露出来。

鬼谷锦囊

"揣情者，必以其甚喜之时，往而极其欲也，其有欲也，不能隐其情；必以其甚惧之时，往而极其恶也，其有恶也，不能隐其情。"是告诉我们要把握好揣情的时机，大喜、大惧的时候是最好的时机，我们要善于在对方最高兴的时候去加大他们的欲望，在对方最恐惧的时候去加重他们的恐惧，从而让对方将实情暴露出来。

顾客是销售人员要攻克的堡垒，销售人员需要做的是抓住他们内心最柔软的部分，然后狠狠地出击。目前，越来越多的企业都在利用顾客的不安全感、恐惧感来展开营销：银行会对你说竞争对手的银行极有可能在经济危机中有关门的风险；保险公司会跟你描述你失业或得绝症之后的后果有多么多么的可怕，而你投资一项保险业务之后又会有多好多大的收益；医院或医药企业会利用病人的恐惧心理"危言耸听"，大发横财等不胜枚举。

延展阅读

有时候，把握住了对方的恐惧心理，不妨再"危言耸听"一番，即以恐吓的手段刺激对方，人一旦受到这种刺激，往往会因为恐惧而心慌意乱，失掉原来的立场，进而答应你所提出的条件。

靖郭君，即田婴，是齐威王之子，封于薛地。他喜欢养士，门下有众多门客。

田婴准备在封地薛修筑城防工事，因为会引起齐王猜疑，不少门客去谏阻他。田婴于是吩咐传达人员不要为劝谏的门客通报。有个门客请求谒见田婴，他保证说："我只说三个字就走，要是多一个字，愿意领受烹杀之刑。"田婴于是接见他。门客快步走到他跟前，说："海大鱼。"然后转身就走。田婴赶忙问："先生还有要说的话吧？"门客说："我可不敢拿性命当儿戏！"田婴说："不碍事，先生请讲！"门客这才回答道："您没听说过海里的大鱼吗？鱼网钓钩对它无能为力，但一旦因为得意忘形离开了水域，那么蝼蚁也能随意摆布它。以此相比，齐国也就如同殿下的'水'，如果你永远拥有齐国，要了薛地有什么用呢？而你如果失去了齐国，即使将薛邑的城墙筑得跟天一样高，又有什么作用呢？"田婴称赞说："对。"于是停止了筑城的事。

靖郭君在薛地修筑工事极易引起齐王的猜忌，如此来，靖郭君就会失去在齐国的权势，试想如果靖郭君没有了齐国做自己坚强的后盾，就算薛地的防御再好也抵挡不住敌人的攻击。有权势的人当害怕失去自己的权势，生活得有滋有味的人当害怕失去如此美好的生命。故事中的门客就是抓住了靖郭君这个人性的弱点，成功地说服了靖郭君。

这个故事中的门客是应用了"以其甚惧之时，往而极其恶"的策略，这在今天的推销领域非常适用。

不仅仅是"往而极其恶"可以作为销售的手段，"以其甚喜之时，往而极其欲"同样可以。

有位推销员小宋，与一位姓方的顾客谈了15分钟后，顾客向他订购了热水器一台、新式煤气炉灶一个、电子微波炉一台，共计港币数千元，并约定第二天早上8点到顾客家安装。

可是第二天早上顾客方先生却挂电话给小宋说："不要了。"

小宋没有立即作罢，也没有埋怨，只是好奇地询问："为什么呢？您昨天不是还高高兴兴的……"

"我太太说免了，因为只要烧热水就可以了，而且旧有的煤气灶还可以用……"

"那么电子微波炉呢？"

"我太太说，家里有电炉，也有火锅，何必再花那么多钱？"并接着说，"我太太说拿这些钱给我买部摩托车。"

小宋突然打断方先生，问道："对了，方先生，您不是刚买了一幢别墅吗？"

"不错啊！"

小宋继续问到："以先生的财力买一部摩托车易如反掌，从前怎么没买呢？"

"那时我太太一直怕我骑车有危险……"

"现在难道就不怕了吗？"

说到这里两个人在电话里不禁哈哈大笑。小宋接着又说："方先生，依您的财力和身份，我看买汽车才相配啊！有了汽车，不但您的身价倍增，而且事业会得到很大的成功……您希望要商务车还是小型车……"

方先生支支吾吾地说："买是想买，就是不知道买哪种好，您好像很内行，是否能帮我参谋参谋……"

"我也只是略知一二，不过我乐于效劳，但新房子，新汽车与旧炉灶总是不相称的啊！"

方先生听到这里，不禁说："我们还要那些，请马上派人来安装好吗？"

"噢，方先生不要勉强啊，您太太的意思……"

"没关系，没关系，拜托，拜托……"

小宋利用方先生刚刚购买了新房为突破口，然后利用人固有的虚荣心对方先生大肆恭维一番，使方先生不禁飘飘然起来，而这时候就恰恰是对方最高兴的时候，小宋抓住这个时机再次利用对方的虚荣心加大其欲望，取得了销售的成功。

所以说，鬼谷子老先生"往而极其欲，往而极其恶"的方法是非常具有现实意义的。

第二章　探测揣情

━━ 原文

感动而不知其变者，乃且错其人勿与语，而更①问所亲，知其所安②。夫情变于内者，形见③于外。故常必以其见者，而知其隐者。此所谓测深揣情。

注释

①更：改变。

②安：安静。

③见（xiàn）：同"现"，出现、显现。

译文

对那些已经受到感动之后，仍不见有异常变化的人，就要改变游说对象，不要再对他说什么了，而应改向他所亲近的人去游说，这样就可以知道他安然不为所动的原因。那些感情从内部发生变化的人，必然要通过形态显现于外表。所以我们常常要通过显露出来的表面现象，来了解那些隐藏在内部的真情。这就是所说的"测深揣情"。

☺ 鬼谷锦囊

为人处世，最重要的本领之一就是察言观色。不清楚对方心里想什么，就无法把话说到对方的心里去，做事情当然就无法取得满意的结果。要想把事情做好，就一定要在洞察人心、揣摩人意上多下工夫，正所谓"进门看脸色，出门观天色"。一个人的情绪和心理往往会通过面部表情表现出来。懂得察言观色的人，往往可以通过对方的一句话、一个眼神就读懂对方的心意，从而随机应变、见机行事，办起事情来自然也就得心应手、游刃有余了。

不过，倘若对方是个喜怒不形于色、城府很深的人，或者从正面不方便下手，那么直接从正面察言观色往往就会收效甚微。此时不妨考虑一下旁敲侧击，通过侧面的敲打来观察对方的反应，以洞悉对方的心理。

☺ 延展阅读

"常必以其见者，而知其隐者。此所谓测深揣情。"是说揣情要善于察言观色，从对方的外在表现探测其内心深藏的思想感情。

春秋时代，齐相管仲和齐桓公的夫人卫姬便深明此道，因而能摸准齐桓公的脉搏。

齐桓公召集诸侯，卫国的国君最后一个到，桓公退朝后同管仲计划征伐卫国。桓公从朝堂走进内宫，卫姬望见桓公从堂上下来，马上下跪拜了两拜，为卫国的国君请罪。桓公说："我与卫国没有什么事情纠纷啊，你何必为卫君请罪呢？"卫姬说："我看到您进来时，脚步提得很高，呼吸强烈，有征伐卫国的气概。看到我时露着不安之状，这明明是打算征伐卫国啊。"第二天，桓公进朝堂时朝着管仲一拱手就进去了。管仲对桓公说："主公您已舍弃伐卫的计划了吗？"桓公说："仲

父怎么辨出我已放弃伐卫的计划呢？"管仲说："您上朝拱手时比平时
恭谨，说话迟缓，看到我时面孔发红，从这几方面的观察，我因此得
出了您放弃伐卫的结论。"

管仲通过察言观色的方法，分析出了齐桓公放弃伐卫的结论，
卫姬通过观察行为举措，洞悉了齐桓公的心理，齐桓公虽然没有把
心里的话说出来，但这些心里的"潜台词"早已通过他的一举一动
暴露出来了。管仲和卫姬都算得上是察言观色的高手了。

赵高"指鹿为马"的典故则是一个从侧面揣测人心的典型。

秦始皇在巡视沙丘途中不幸病逝，当时他身边只有小儿子胡亥，
太子扶苏正在北方监视蒙恬的部队防御匈奴，未能及时赶到接受遗诏。
于是丞相李斯伙同宦官赵高，合谋扣留了秦始皇给长子扶苏的遗诏，
并且伪造两封诏书：一封是说帝位传给次子胡亥，另一封是说将扶苏
和蒙恬赐死。

扶苏接到遗诏后就自杀了，蒙恬被关进狱中最终被害死。

胡亥是一个懦弱而没有经验的少年，虽做了皇帝，但完全受赵高
的控制，自己不能作主。赵高权势越来越大，但仍惧怕丞相李斯，于
是他在秦二世二年（公元前208年）就在皇帝面前诬陷李斯私通盗匪，
秦二世信以为真，竟然将李斯腰斩并诛灭三族。事后，秦二世非但不
省悟，反而感激地对赵高说："如果没有你，我几乎被李斯所害了。"
赵高见二世如此愚蠢无能，更依仗权势胡作非为。

秦二世三年（公元前207年），赵高升为丞相，更是权倾天下，一
方面将反对他的大臣们处死，一方面将所有国家大事归由他一人掌握。
秦二世也乐得不问朝事，整日荒淫无度。即使这样，赵高仍不满足，
还想进一步篡夺皇位，但因自己出身微贱，恐怕朝中大臣们不听指挥，
反而误了大事，于是想出一计先试探大家的反应。有一天，他特地带

了一只鹿到朝廷献给二世说："臣献给皇上一匹马。"二世虽然昏庸，但还不致于连鹿和马都分辨不出，于是笑着对赵高说："丞相，你弄错了吧，这明明是鹿，你怎么说是马呢？"赵高没有回答，二世就转向左右的大臣："你们大家说，这究竟是鹿还是马？"朝中众臣大多畏惧赵高的权势，有的人不作声，有的人为了讨好赵高，便说："这当然是一匹马。"

赵高想知道朝中大臣究竟哪些拥护自己，哪些反对自己，当然不能通过正面查问得知，所以他选择了旁敲侧击的方法，通过朝臣们"是鹿是马"的反应，判断出了究竟哪些是"敌"，哪些是"友"，从而为自己采取不同的对策提供了依据。

在今天，旁敲侧击则可以作为一种最新的谈判策略广泛应用于商业谈判中。

在商务谈判中，对对方情况的掌握程度，直接决定着谈判者在谈判中的地位及整个谈判的发展趋势。每一个成功的谈判者都非常重视在双方的磋商交流中探测对方的底细。但这绝非易事，因为谈判者为了在谈判中处于有利地位，有更多的回旋余地，往往把自己包装和掩饰得很严密，力求不让对方抓住任何与本方"底牌"有关的蛛丝马迹。在这种情况下，正面出击或强攻是不会奏效的，只有采取迂回战术，不显山、不露水、巧妙地旁敲侧击才能有所收获。

一位供货商在与某厂采购经理的谈判中，想提高产品的价格，但他并没有直接探询对方的反应，而是聊了一些似乎不着边际的话。

"我们想提高产品的质量，因此想知道你们厂对我们的产品有什么意见，最好能帮助我们提供一些数据，我们好及时改进。"

"嗯，你们的产品质量还是不错，至于数据吗，我可以在谈判后替你收集一些。不过据实验人员反应，你产品的各项检测指标均优于我们曾用过的产品。"

"噢，非常感谢。据说你们厂这两年的效益非常好，规模越来越大，产品几乎没有任何积压。""可不是，几十条生产线昼夜不停，产品、原料都是供不应求，可忙坏我了。"

供货商听到这里，露出一丝不易察觉的微笑。

这位供应商为何微笑？自然是成竹在胸、胜利在握了。在这段看似不着边际的谈话中，供货商已经探测到了对自己非常有利的信息：第一，己方提供的产品在对方的厂中信誉非常好；第二，对方的库存原料已经供不应求，存料马上就要用光。对方的工厂正面临着极大的压力，希望尽早结束谈判以使生产不致因原料短缺而受到影响。这样，在不知不觉中，供应商已探得了对方的"底牌"。

供货商要想提高产品价格，就必须具备两个前提条件：一是自己的产品质量过硬，二是对方必须急需。而急需恰恰是对方的弱点所在。

那么，供货商是如何获得这些信息的呢？当然不能直接向对方提出询问，如果那样做，那可真算得上是"天下第一号大傻瓜"了，不但不会得到任何有价值的信息，反而会使对方有所察觉，无疑是自露马脚。于是，供货商以赞美的口吻提起对方的经营情况。而对方正中下怀，钻进了供应商设计的圈套里。于是"产品、原料供不应求"脱口而出，也就是最有价值的"底牌"在供货商的旁敲侧击下亮了出来。

这是以旁敲侧击探测对方实情的成功例子，这种技巧在谈判中具有决定性的作用，是一个商务谈判者必须掌握的技巧和策略。

总之，若要"知其隐者"，必先"以其见者"观之，并且更要掌握旁敲侧击的方法。

第三章　避所短，从所长

▬ 原文

故计^①国事者，则当审量权；说人主，则当审揣情，避所短，从所长。谋虑情欲必出于此。乃可贵，乃可贱，乃可重，乃可轻，乃可利，乃可害，乃可成，乃可败，其数^②一也。故虽有先王之道、圣智之谋，非揣情、隐匿，无所索^③之。此谋之本也，而说之法也。常有事于人，人莫能先。先事而至，此最难为。故曰"揣情最难守司"。

注释

①计：谋划。
②数：法术，这里指办法。
③索：追求。

译文

所以谋划国家大事的人，就应当详细衡量本国的各方面力量；游说他国君主的人，则应当全面揣测别国君主的想法，避其所短，从其所长。所有的谋划、想法、情绪及欲望都必须以这里为出发点。只有这样做了，才能得心应手地处理各种问题和对付各色人物。可以尊敬，也可以轻视；可以施利，也可以行害；可以成全，也可以败坏，其使用的办法都是一致的。所以，虽然有古代先王的德行，有圣人高超的智谋，不揣度透彻所有隐蔽的和深藏的实情，将什么也追求不到。这是智谋的基础和游说的通用法则。人们对某些事情常常感到来得突然，是因为不能事先预见。能在事情发生之前就预见到，这是最难的。因此说："揣情，最难把握"。

◎ 鬼谷锦囊

"说人主，则当审揣情，避所短，从所长。"是说游说他国君主，应当全面揣测别国君主的想法，避其所短，从其所长。

其实不仅游说别人如此，做人做事都是如此：用人要用其长、避其短才能充分发挥其价值，为我所用；为人所用要避主短处（人性弱点）、从主长处（人性优点）才能既有用武之地，又不会有"自作聪明、自以为是""功高盖主"的嫌疑；学习别人要取其长处、补己短处，才能使自己不断进步和完善；读书要"取其精华、弃其糟粕"才能获得有益身心的知识和道理，等等。

◎ 延展阅读

去过寺庙的人都知道，一进庙门，首先是弥勒佛，笑脸迎客，而在他的背面，则是黑口黑脸的韦陀。但相传在很久以前，他们并不在同一个庙里，而是分别掌管不同的庙。

弥勒佛热情快乐，所以来的人非常多，但他什么都不在乎，丢三落四，没有好好的管理账务，所以依然入不敷出。而韦陀虽然管账是一把好手，但成天阴着个脸，太过严肃，搞得人越来越少，最后香火断绝。

佛祖在查香火的时候发现了这个问题，就将他们俩放在同一个庙里，由弥勒佛负责公关，笑迎八方客，于是香火大旺。而韦陀铁面无私，锱铢必较，则让他负责财务，严格把关。在两人的分工合作中，庙里一派欣欣向荣的景象。

弥勒佛和韦陀各有其长短，但佛祖在用人上真堪称一位高手：让弥勒佛负责公关，韦陀负责理财。果然在两人的分工合作中，庙里呈现出一派欣欣向荣的景象。佛祖可谓真正做到了用之所长、避之所短、长短互补、阴阳相济。

佛祖将韦陀和弥勒佛两人的长处合二而一，获得了"1+1=无穷"的结果，也就是人们常说的"优化组合"，可谓达到了用人和经营管理的至高境界。这对我们的现实生活，尤其是企业用人之道，具有非常的借鉴意义和指导作用。

俗话说："金无足赤，人无完人。"这个世界上，并不存在十全十美的人。每个人都会有自己的优点和缺陷，企业用人绝不能求全责备，作为一个企业的管理者，首先要对企业所用之人有一个准确而客观的判断，了解每一个人的长处和缺点，因人而异，把合适的人放到合适的位置上，才能收到"优化组合"的神奇效果。

大家都知道"木桶原理"，即一个木桶的盛水量，并不取决于桶壁上最高的那块木板，而是取决于桶壁上最短的那块木板。

与木桶原理相似的还有一个链条定律：一根链条最薄弱的环节和其他环节一样承受着相同的强度，那么链条越长，它的力量就越弱小。

在一个企业中，构成企业的各个部分往往是参差不齐的，而劣质的部分往往足以决定整个企业的发展高度和水平。"最短的木板"和"最弱的环节"都是企业中有用的一部分，只不过比其他部分稍差一些，企业管理者绝不能把它们当作烂苹果扔掉，而是要想办法去修补最短的那块木板，加固链条中最薄弱的那一环节。

所谓"尺有所短，寸有所长"。唐太宗曾说："明主之任人，如巧匠之制木。直者以为辕，曲者以为轮，长者以为栋梁，短者以为拱角，无曲直长短，各有所施。明主之任人亦由是也。智者取其谋，愚者取其力，勇者取其威，怯者取其慎，无智愚勇怯兼而用之，故良将无弃才，明主无弃士。"

所以，一个高明的管理者不但要明白修补最短木板，加固薄弱环节的道理，更应明白"有短之存，必有用短之术"的道理，将"短"用到恰恰需要"短"的地方去，此即所谓"短中见长之术"。

美国柯达公司在生产照相感光材料时，工人需要在没有光线的暗室里操作，为此培训一个熟练的工人需要相当长的时间，并且没有几个工人愿意从事这一工种。但柯达公司很快就发现盲人在暗室里能够行动自如，只要稍加培训和引导就可以上岗，而且他们通常要比常人熟练得多。于是，柯达公司大量招聘盲人来从事感光材料的制作工作，把原来的那一部分工人调到其他部门。

这样，柯达公司充分利用了盲人的特点，既为他们提供了就业机会，也大大提高了工作效率。这不能不归功于"掌门人"高明的用人策略。

对高明的管理者来说，"用人之短"可说是一剂难得的良药。这需要管理者跳出传统的思维定式，从客观实际出发，有针对性地用人之短，才能收到意想不到的效果。

有一句名言说得好："垃圾是放错了位置的财富。"实际上，用人之"短"正是对"垃圾是放错了位置的财富"这句话最好的理解。

换句话说，某些人的"短"处正是某个岗位所需要的甚至是本职工作所必须具备的起码条件，举个例子来说吧：让一个"满嘴跑火车"、口无遮拦的人去当保密员，或让一个"闷葫芦"去做公关工作，岂非荒唐的用人之道？相反，如果将上述两种人的岗位调换一下，岂不就变"短"为"长"了吗？

善于使用别人的短处，这是一种态度，更是一种能力，一种方法，需要积极地思考和提高自身素质才能做到。

因此，我们可以说，人之所长要用，要善用；人之所"短"也要用，要会用。如果能够运用得当，后者并不见得比前者的效果差。作为企业管理者，应学会针对不同人的个性、能力等实际情况安排工作，使其能迅速"对号入座"，从而可以"人尽其才"，实现企业高效率、高效益和长足的发展。

把这个道理推及我们身上，就是我们应该清楚自己的长短处和优缺点，知道自己该做什么，能做什么，适合做什么，怎样去做以及如何才能做得更好，只有这样，我们才能在适合自己的领域和岗位上发挥自己的才能，实现自己的职业理想，一展自己的人生抱负。

所谓"木秀于林，风必摧之"，走上了自己称心如意的工作岗位并非就万事大吉了。走进职场就如同走进了江湖，一定要学会收敛锋芒，低头做人，低调处事，切忌张扬个性、锋芒毕露、飞扬跋扈甚至"功高盖主"，以免招人妒忌、遭"主"猜忌。

因为职场中每个人都有自己的立场、自己的小算盘、自己的人性弱点，倘若你的"高调"恰遇对方的"高调"，就会变成彼此"唱反调"，你的"锋芒"恰逢对方的"锋芒"，就会"针尖对麦芒"！

所以在职场生存，一定要有所从，有所避，要知道何时何地对何人能"扬"能"显"，何时何地对何人要"敛"要"隐"，如此才能在风云变幻的职场江湖中得心应手、游刃有余。

"避所短，从所长"在人生道路上还有另一层借鉴意义，即要取

长补短，善于向他人学习。《吕氏春秋》有云："善学者，假人之长
以补其短。"意思是说，善于学习的人，借用吸取别人的长处来弥补
自己的短处。人生在世，只有不断学习和吸收别人的长处为我所用，
才能不断取得进步、完善自我。

第四章　选择进谏的时机

━━ 原文

言必时①其谋虑，故观飞蠕动②，无不有利害③，可以生事变。生事者，几之势也。此揣情饰言成文章，而后论之。

注释

①时：这里指时机。

②蜎（yuān）飞蠕动：泛指昆虫的行动。蜎是没有骨头的昆虫，爬行时都必须屈伸身体，就叫蠕动。

③无不有利害：世间没有不具备利害之心的东西。

译文

游说活动必须深谋远虑地选择时机。过去我们看到昆虫蠕动，都与自己的利益相关，因此才发生变化。而任何事情在刚刚产生之时，都呈现一种微小的态势。这种揣情，需要借助漂亮的言辞或文章而后才能进行游说应用。

◯ 鬼谷锦囊

"言必时其谋虑"，是说进谏是需要看时机的，是否合时宜是进谏成功与否的关键所在，选择什么时间进言，进言要用多长时间，这些都是进谏者要事先思量的问题。进谏合乎时宜，往往能收到预期甚至事半功倍的效果。

这个道理非常适合当今的职场。在职场中打拼的工薪阶层，在向上司、领导谏言时一定要相机行事，因为每个上司，都想拥有自己的威严，并且大多数上司都想千方百计地在下属面前立威以服众。所以，作为下属万万不可不分场合、不看时机地直言力谏。

◯ 延展阅读

"江乙说于安陵君"的故事足以说明这一点。

一天，大臣江乙对安陵君说："先生可知自己为什么能身居高位，执掌大权吗？"安陵君答道："不过是大王过分地抬举我罢了，不然哪能这样呢？"江乙说："用钱财结交的，钱财用尽而交情就断绝了；靠美色结合的，色衰而爱情就改变了。因此献媚的女子不等到床席磨破，就遭遗弃；得宠的臣子不等车子坐坏已被驱逐。如今你掌握楚国大权，却没有办法和大王深交，我暗自替你觉得危险。"安陵君急着问："既然如此，那该怎么办呢？"江乙出了个主意："您去请求在大王归天时，随大王一块死，以自身为大王殉葬，如果这样说了，必能在楚国长久的保住权位。"安陵君拜谢说："愿意听从您的指教。"

不觉过了三年，安陵君还没有讲。江乙便对他说："既然您不用我的计谋，我就不敢再和您见面了。"安陵君解释说："哪里敢忘先生的话，只是还没有合适的机会。"

不久，楚王带着千乘马车去云梦游猎。楚王一箭射死一头野牛，十分高兴，仰天大笑道："今天游猎太开心了，不知寡人我万岁千秋之后，还和谁能有今天这样快乐呢？"这时安陵君泪流满面地走上前说：

"我进入宫中与大王同席共坐，到了外面就陪伴大王乘车。如果大王万岁千秋之后，我希望能随您奔赴黄泉，变作褥草为大王阻挡蝼蚁，没有比这更令人安慰的事了。"楚王听了十分喜悦，马上筑高坛正式封他为安陵君，从此对他更加信赖。

对于此，有人曾曰："江乙可谓善谋，安陵君可谓知时矣。"就是说安陵君说话很注意时机，一直等到适宜的机会才将江乙的计谋付诸实践，所以赢得了楚王的大悦和更大的信赖。

先秦法家认为："权势者，人主之所独守也""下侵上之权，臣用君之术，为乱政之本"。君王处于权力的金字塔尖，操纵着万民百官的生杀予夺大权，谁人不想得到君王的庇护与照顾，以期获取显爵厚禄？因此，明智的大臣进谏时一定要懂得把握时机。

进谏一定要因人而异，相机而言，倘若谏言不看时机，不分场合，不看对象，即使谏言是对的，也不会收到预期效果，甚至有可能招致祸端。

汉高祖刘邦去世，吕后执掌朝廷，她首先做的就是扩张吕氏的势力，削弱刘氏的势力。吕后打算把族人分封为各地的王，于是召集重臣商议此事。

右丞相王陵对刘氏王朝忠心耿耿，直言进谏道："高祖曾经杀白马和群臣盟誓'非刘氏而王者，天下共讨之'。所以不可分封吕氏的人为王。"

吕后大为不悦，接着她又问左丞相陈平和太尉周勃。两个人异口同声回答："以前高祖君临天下后，分封刘氏子弟为王，现在太后既然称制，分封吕氏子弟为王，有何不可呢？"吕后听了转怒为喜。

退朝后，王陵怒气冲冲地责备陈、周："当时和高祖歃血为盟，你们不都在场吗，现在高祖驾崩不久，吕太后便封吕氏家族为王，你们却一条腔赞成，这是什么居心？你们还有什么脸面见地下的高祖！"

陈平、周勃笑答说："现在直言进谏，我们不如你，可是以后安定汉室，延续刘氏的血脉，我们就比先生强多了。"

吕后容忍不了跟她唱反调的王陵，于是把他调为幼帝太傅，而将陈平升为右丞相。不久有人在吕后背后进谗言：陈平贵为宰相，不好好处理政事，整天只知饮酒作乐。陈平听到后，将计就计，天天耽于酒色。吕后心中暗喜：陈平不值得担心，吕氏的天下可以稳如泰山了。此后吕后更加肆无忌惮，为所欲为，大封吕氏族人为王，陈平唯唯诺诺。可是吕后一死，他和太尉周勃一举把吕氏一族统统杀掉，恢复了刘氏天下。

王陵因不满吕后专横，在朝廷屡次强谏，吕后大权在握，当然不能容忍有人当面跟自己唱反调，所以王陵被吕后调为幼帝太傅。相比之下，陈平和周勃可谓精明得多了。他们没有附和王陵的做法，因为他们知道此时时机尚未成熟，倘若为存忠义，直言力谏无异于以卵击石、自取灭亡。与其如此，倒不如顺势而下，使个"障眼法"，故意拖延、麻痹对手、保全自己、以待时机。果然后来，陈平和周勃在吕后死后，将吕氏一族一举歼灭，重新还政于刘氏。这正是所谓"留得青山在，不怕没柴烧"，"小不忍则乱大谋"。

《诗·大雅》有云："白珪之玷，尚可磨也；斯言之玷，不可为也。"意识是说：白玉如果有了缺陷，可以设法磨平；但是如果说话出现了失误，就无法挽回了。所以，说话、做事务须伺机而动、见机行事、随机应变，方能制胜。

第八篇　摩意术

第一章　揣情，摩意

━ 原文

摩^①者，揣之术也。内符^②者，揣之主^③也。用之有道，其道必隐^④。微摩之以其所欲，测而探之^⑤，内符必应。其应也，必有为之^⑥。故微而去之，是谓塞窌^⑦、匿端^⑧、隐貌、逃情，而人不知。故能成其事而无患。摩之在此，符之^⑨在彼。从而应之，事无不可。

注释

①摩：揉擦，切磋。这里指通过刺激、试探，以求引起对方反映，从而了解内情。

②内符：情欲活动在内，符验就表现在外。

③揣之主：揣的主要对象，指内符。

④隐：隐密。

⑤测而探之：观测、研究，以探求其真实的欲求。

⑥有为之：有作用。

⑦窖（jiào）：地窖。

⑧匿端：匿，隐藏；端，端绪、开始、前兆。隐匿其端绪。

⑨符之：与之呼应。

译文

所谓"摩意"是一种与"揣情"相类似的方法。"内符"是"揣"的主要对象。在"揣情"的过程中需要掌握"揣"的规律，而这些规律都是隐而不现的。这就需要适当地去"摩"，根据自己的喜好进行测探，其内情便会通过外符反映出来。要将内心的感情表现于外，就必然要做出一些行动，这就是"摩意"的作用。实现这个目的之后，要在恰当的时机远离对方，隐藏动机，消除可见的痕迹，伪装其外表，回避相应的实情，让人无从知晓此事的行为者。因此，达到目的的同时又不会留下祸患。在此处揣摩对方，而在另一处观察对方的表现，让我方的揣摩能在对方顺利地实现，那就没有办不成的事情。

◎ 鬼谷锦囊

"摩"意为研究、揣摩，推测事情，因此"摩"意就是"揣"情之术。"故微而去之，是谓塞窖、匿端、隐貌、逃情，而人不知。故能成其事而无患。摩之在此，符之在彼。从而应之，事无不可。"就是要告诉我们，要秘密的符合对方，就需要巧妙地隐藏自己的想法，不能轻易暴露自己的真实意图，在符合别人观点的前提下，揣摩对方的心境，只有这样，事情办成之后才不会留下后患，这也是"揣摩"的高明之处。

"揣情""摩意"，常常因机而发，顺情而得。当人们明确自己的行为目的之后，即可择法而行之。而"摩"的行为方式也是有一定规律的。高明的"摩"者，善于独立思考，能辨明对方的内心欲求。能够正确把握对方的内心，利用智慧来将对方说服，完全按照自己的计划行事，这的确不是易事。然而物以类聚，人以群分，如果遵循相应的规律，从不同的思维角度去认识它，反复思量，不断探索，则往往能够驾驭他人，驾驭天下。

🕐 延展阅读

历史上许多农民起义都借天意来征服天下人心。先秦陈涉、吴广如此，刘邦如此，黄巾军亦如此。洪秀全也以此"摩"尽天下人内心，而自编神话谋起义。

洪秀全，广东花县（今广州市花都区）人，自幼苦读诗书，可惜多次投考皆落榜。后来，在西方基督教宣传品《劝世良言》的影响下，洪秀全创立了拜上帝教，编写了《原道救世歌》，宣传只有上帝才是唯一的真神。

为了能够让广大人民追随他推翻清王朝的统治，洪秀全精心编造了一个神话故事。神话中宣传说，洪秀全在考试失败后所得到的《劝世良言》，是皇上帝赐予他的"天书"，回到家中曾大病40余天。在生病的这段期间，忽有神仙下凡将他接至天上，在圣河之中，天母为他洗去污垢，圣贤之士则为他剖胸开腹，将新的五脏六腑为他换上，让他脱胎换骨。在大殿上，洪秀全见到了一位有着金色胡须且长至地上、相貌魁伟、身形高大、高踞宝座之上的老人。这位老人便是超越时空、无所不能的真神皇上帝。皇上帝见到洪秀全非常高兴，说洪秀全是他的次子，于是带领他从天上纵览全世界，只见人间妖雾弥漫，鬼怪横行，迷害人民，生灵涂炭。尔后，皇上帝特赐给他一口宝剑和一颗印玺。宝剑可以斩妖除魔，印玺则是震服邪神的宝物。最后，皇上帝命洪秀全下凡做太平天王，救世诛妖。

在太平天国起义前夕，洪秀全等又利用鬼神附体的迷信方式，宣传有一个拜上帝会的会员在临死之时鼓乐之声从天而降，随即被天使迎入天堂，不久，这个拜上帝会员的神灵附于一名幼童身上。此名幼童忽然间神情恍惚，口中念念有词："三八二一，禾乃玉食，人坐一土，作尔民极。""三八二一"隐"洪"字；"禾乃玉食"隐"秀"字；"人坐一土"隐"全"字；四句联合，意思就是："洪秀全当作你们的君王"。

当时的广大群众热切希望能够改变受苦受难的生活境遇，经常幻想真命天子出世，从而铲除人间的不平。而洪秀全编造的承上帝之命、下凡诛妖的这一故事，虽然是极为荒诞的神话，但却极为贴切地抓住了劳苦大众的心理。正是因为洪秀全善于揣摩人们的心理，巧妙地隐藏自己的真实意图，才使得自己成功掀起了太平天国农民运动。

在今天的商业活动中，"摩意"之术就显得更为重要，只有摸清市场的需求，掌握顾客的消费心理，才能稳操胜券。

在现代社会的诸多领域，摩意之术同样重要。谈判、销售、公关，等等，无不需要对对方的心理进行揣摩，只有揣摩到了对方的真实心理，你才能顺利实现你的预期目的。

第二章　谋之于阴，成之于阳

■ **原文**

古之善摩者，如操钓而临深渊，饵而投之，必得鱼焉。故曰："主事①日成而人不知，主兵②日胜而人不畏也。"圣人谋之于阴③，故曰"神"；成之于阳④，故曰"明"。所谓"主事日成"者，积德也，而民安之，不知其所以利⑤；积善也，而民道⑥之，不知其所以然；而天下比之神明也。"主兵日胜"者，常战于不争、不费⑦，而民不知所以服，不知所以畏，而天下比之神明⑧。

注释

①主事：所主持的事情。

②主兵：指挥军队。

③谋之于阴：悄悄地谋划、策划，不让人知道。

④成之于阳：公开实现目的。

⑤所以利：之所以有利。

⑥道：当作应走的路来顺从。

⑦不争、不费：不使用武力，不消耗战费。

⑧比之神明：当作神奇和圣明。

译文

古代善于"摩意"之人，就好比拿着钓竿去水潭边钓鱼一样，只需把带有饵食的鱼钩放入水中，静静等待，无需声张，便可以钓到鱼。所以说：所主办的事情成功之后却没有被发觉，指挥军队将敌军压倒却无人感到畏惧，唯有这样做才是高明的行为。那些具有高修养和高智慧的人总是在悄悄地谋划某一行动，因此被称之为"神"；而某些行动显现于光天化日之下，因此被称之为"明"。所谓"主事日成"的人在暗中积德行善，百姓也安居乐业，却不知道为何会享受到这些利益，他们依然广泛行善，使老百姓生活于善政中却不知为什么会有这样的局面；普天下的人们都把这样的"谋之于阴、成之于阳"的政治策略称为"神明"。那些统帅军队日益压倒敌人的人，持之以恒地与敌军对抗作战，却不去争夺城池、不消耗人力物力，因此老百姓不知道为什么会邦国臣服，更加不知道什么叫恐惧。为此，普天之下都称"谋之于阴、成之于阳"的军事策略为："神明"。

🜊 鬼谷锦囊

"摩"之术的运用必须讲究技巧，为了顺利实现"摩"之目标，就不能暴露任何蛛丝马迹。要做到这一点，往往就需要采取"明修栈道，暗渡陈仓""声东击西"的方法。

这种策略非常适用于军事。在行军打仗的过程中，我们明明是为了这个军事目标，却偏偏在远离这一目标的另一目标上打造声势、大做文章，以转移敌人的注意力，让敌人产生错觉，从而神不知鬼不觉地实现原来的军事目标。这种策略的高明之处在于神不知鬼不觉，事情办成了，还不会留下任何后患。

◎ 延展阅读

在本章，鬼谷子主要阐释了"摩"之术的具体方法，即"谋之于阴，成之于阳"。

在军事上，"明修栈道，暗渡陈仓"是"谋之于阴，成之于阳"的成功典范。

秦朝被推翻的时候，项羽、刘邦以及其他参加反秦战争的各路将领，齐集商议胜利以后怎样割据国土。当时势力最强的项羽企图独霸天下，他表面上主张分地封王、分配领地，心里却已开始盘算，将来怎样一个个地消灭他们。

项羽对一般将领都没有什么顾忌，唯独对刘邦很不放心，他知道刘邦是最难对付的对手。早些时候，曾经约定：谁先攻下秦都咸阳，谁就在关中为王。结果，首先进入咸阳的偏偏就是刘邦。

项羽不愿意让刘邦当"关中王"，也不愿意他回到家乡（今江苏省沛县）一带去，便故意把巴、蜀（在今四川和重庆一带）和汉中（在今陕西省西南山区）三个郡分给刘邦，封为汉王，以汉中的南郑为都城。想这样把刘邦关进偏僻的山里去。而把关中划作三部分，分给秦朝的降将章邯、司马欣和董翳，以便阻塞刘邦向东发展的出路。

项羽自封为西楚霸王，封地九郡，占领长江中下游和淮河流域一带广大肥沃之地，以彭城（今江苏省徐州市）为都城。

刘邦的确也有独霸天下的野心，当然很不服气，其他将领对于自己所分得的更小的地盘也都不满。可是，慑于项羽的威势，大家都不敢违抗，只得听从支配，各就各位去了。刘邦也不得不暂时领兵西去，开往南郑，并且接受张良的计策，把一路走过的几百里栈道全部烧毁。栈道，是在险峻的悬崖上用木材架设的通道。烧毁栈道的目的是为了便于防御，而更重要的是为了迷惑项羽，使他以为刘邦真的不打算出来了，从而松懈对刘邦的戒备。

刘邦到了南郑苦心经营，又得到逃离项羽而归附于自己的一位才能出众的军事家，那就是韩信。刘邦就拜韩信为大将，请他策划向东发展、夺取天下的军事部署。

韩信的第一步计划是，先夺取关中，打开东进的大门，建立兴汉灭楚的根据地。于是派出几百名官兵去修复栈道。这时，守着关中西部的章邯听到了这个消息，不禁笑道："谁叫你们把栈道烧毁的！你们自己断绝了出路，现在又来修复，这么大的工程，只派几百个士兵，看你们哪年哪月才得完成。"因此，章邯对于刘邦和韩信的这一行动，根本没有引起重视。

可是，不久章邯便接到紧急报告，说刘邦的大军已攻入关中，陈仓（在今陕西省宝鸡市东）被占，守将被杀。章邯起初还不相信，以为是谣言，等到证实的时候，慌忙领兵抵抗，已经来不及了。章邯被逼自杀，驻守关中东部的司马欣和北部的董翳也相继投降。号称"三秦"的关中地区于是一下子被刘邦全部占领了。

原来韩信表面上派兵修复栈道，装作要从栈道出击的姿态，实际上却和刘邦统率主力部队，暗中抄小路袭击陈仓，趁章邯不备取得了胜利。这就是历史上有名的"明修栈道，暗渡陈仓"。

古时候善于运用"摩"之术的人，有如深渊钓鱼，投以诱饵，鱼必上钩。他们事情办成之后，别人却没有任何察觉；他们行军打仗，已经取得了胜利，但士兵还不知道因何而胜。

诸葛亮屡次进攻中原，路途遥远，为了供得上粮草，除用牛马外，还设计了人拉手推的车子，称作"木牛流马"。

这一天，诸葛亮命令部将引1000名士兵驾着木牛流马，从剑阁直抵祁山大寨，往来搬运粮草，供应蜀兵。

司马懿得到哨兵的报告："蜀兵用木牛流马运粮草，人不大费力，而且那牛马也不用吃草。"司马懿大惊，忙命令两个部将各引500名军士，夜间伏在蜀兵运粮的必经之路，夺下数匹木牛流马。然后令巧匠100多人，当面拆开，依照它的尺寸长短厚薄，仿造木牛流马。不满半月，造成2000余只。接着命令几个部将带领1000军士驱驾木牛流马，去陇西搬运粮草，来来往往，没有断绝。

再说蜀兵回去报告诸葛亮说木牛流马被抢去几匹，诸葛亮却笑道："我只费了几匹木牛流马，以后就得到魏军的许多粮草呢！"部下大惑不解。

几天后，部下向诸葛亮报告：司马懿派兵驱驾木牛流马往陇西搬运粮草。诸葛亮大喜，道："果然不出我的意料啊！"使命令部将王平说："你带领一千军士，装扮成魏兵，星夜偷越过北原，只说是巡粮军，直接到运粮的地方，将护粮的军士杀散，马上驱赶装满粮草的木牛流马回来。这时，魏兵必定追赶，你便将木牛流马口内舌头扭转，牛马就不能行动了。你们抛下它们就是。魏兵赶也赶不动，牵也牵不动，抬也抬不走。我再派兵前往，你们就再回身将木牛流马之舌扭转过来，长驱直进，那时魏兵必定疑神疑鬼了。"

王平领兵走后，诸葛亮又吩咐部将张嶷道："你带领五百军士，装成鬼头兽身，用五彩涂面，一手执绣旗，一手举宝剑，身上挂着葫芦，里面藏些能引着烟火的东西，埋伏在山脚。待木牛流马到时，放起烟火，一齐拥出，驱赶木牛流马。魏兵见了，必定怀疑你们是鬼神、不敢来追赶。"

张嶷奉命走后，诸葛亮调兵遣将，准备去接应王平、张嶷，并布置一些部队去断绝司马懿的归路。于是按照诸葛亮的计谋，果然，蜀军夺来了魏军的大批粮草。

鬼谷子说："主事日成，而人不知；主兵日胜，而人不畏也。"像诸葛亮这样带兵打仗，士兵们就像是在演戏，不动一刀一枪，却使敌人一败涂地，真是高明之至。

通过阅读上面的两则故事，我们不仅要学习古人"谋之于阴，成之于阳"的策略，更要针对这个策略，学会透过层层表象，把握事物本质，尤其不能被种种假象所迷惑。我们必须意识到，作为万物之灵的人类，具有强大的自制和表演能力，如果只从事情的表象来进行判断，我们就可能误入歧途、上当受骗。

第三章　圣人独用

▬ 原文

其摩者，有以平，有以正，有以喜，有以怒，有以名，有以行，有以廉，有以信，有以利，有以卑。平者，静也；正者，直也；喜者，悦也，怒者，动也；名者，发①也；行者，成②也；廉者，洁也；信者，明也；利者，求也；卑者，谄也③。故圣人所独用④者，众人皆有之，然无成功者，其用之非也。故谋莫难于周密，说莫难于悉听，事莫难于必成，此三者，唯圣人然后能任。

注释

①发：扩大名声，这里指有声誉。

②成：使其成功。

③卑者，谄也：所以要谦卑，是为了谄媚（以使对方上当）。

④独用：单独使用。

译文

在实施"摩意"时，有采取和平进攻的，有采取正义责难的，有采取娱乐讨好的，有采取愤怒激励的，有采取名望威吓的，有采取行为逼迫的，有采取廉洁感化的，有采取信誉说服的，有采取利益诱惑的，有采取谦卑夺取的。和平就是安静，正义就是刚直；娱乐就是高兴，愤怒就是激动，名望就是声誉，行为就是实施；廉洁就是清明，利益就是需求；谦卑就是委曲。因此，圣人所单独使用的"摩意"之术，一般人也可以具有。然而没有将其运用成功的，是因为他们的方法用错了。因此，谋划策略，最困难之处就是要谨慎周到；进行游说，最困难之处在于让对方全部听从自己的说辞；主办某事，最困难之处就是一定要成功。这三个方面，唯有成为圣人之后才能胜任。

◎ 鬼谷锦囊

在这里，鬼谷子阐述了实施"摩意之术"的手段。即要恰当地运用"摩意之术"，就需要掌握好"平正""喜怒""名行""廉信""利卑"等手段。

"平"，就是要让自己表现出心平气和且没有任何的追求和奢望，要让别人觉得一切都是那么的顺其自然、顺理成章，没有丝毫的歪理存在；

"正"，就是要让自己本身的正气体现出来，不存在任何的私心与杂念，毫不利己，专门利人，只有这样才不会引起他人的抵触与反感；

"喜"，就是做的事情要完全是对别人有益处的好事，这样才能讨得对方的欢心，而不至于被拒绝；

"怒"，就是当感情交流到某一程度时，将他人不高兴的事情抖露出来，让他怒不可遏，在对方不能自控的时候，便可以捕捉到变化的征兆了；

"名"，就是当捕捉到变化的征兆之后，就要马上制定出相应的应变策略，然后告诉他功过是非、成败利害，再观察变化征兆，最后再制定应变策略；

"行"，就是说当事情已经发展到可以实施谋略的某种程度时，就要不失时机地大胆实施；

"廉"，就是在实施谋略的过程中，要表现出完全是为了他人着想，而不是为了一己私利，要让别人至始至终都觉得自己永远是廉洁无私的；

"信"，就是要自始至终都诚实守信，言必行、行必果；

"利"，就是始终围绕"让别人获得好处"这个宗旨出发，让别人无法抗拒利益的诱惑；

"卑"，就是在别人面前要谦虚低调，不要锋芒毕露，争强好胜。

☾ 延展阅读

以上阐述的手段，似乎众人皆知，但实施起来往往是件不易之事，如果运用不得当，则会适得其反，导致失败。

春秋时期，吴王想出兵攻打楚国。不少大臣劝阻说："目前楚国正处于强盛时期，不宜和对方交战，恳请大王三思而后行。"

此时的吴王心里只想着称霸，哪里听得进大臣们的劝谏之言，一怒之下，拔出寒光闪闪的宝剑厉声说："我既然已经决定要攻打楚国，就不会再改变主意，谁再敢劝阻，我就把他碎尸万段！"大臣们惶恐之下便不敢再开口了。

王宫里有一位年轻的卫士，他认为此次出兵不是正义之战，贸然出兵，必然会导致失败，但面对严厉的大王，又不敢当面对他讲。经过几天的反复思索，他终于想出了一个可行的办法。

这天，这位年轻的卫士一清早就走进王宫的后花园。只见他手里拿着一把弹弓，转到东又转到西，就连衣服被露水打湿他也毫不在乎。就这样，他在那里转了三天。

卫士的行为被吴王瞧见了，觉得很奇怪，于是就把卫士叫到跟前，问："你为什么老在花园里走来走去，把衣服都弄湿了呢？"

卫士恭恭敬敬地回答说："报告国王，我是在观察一件很有趣的事情。花园里有一棵树，树上有只蝉，它在树的高处喝着露水并且得意地鸣叫，却对藏在它身后的螳螂浑然不知，而当螳螂弯着身子，举着前爪，正准备扑上去捉蝉时，它却完全没有料到，在它的身后有一只黄雀，正悄悄地伸长脖子想去啄；而那黄雀也根本不知道我正拿着弹弓，正对着它瞄准呢！"

吴王笑道："确实很有趣。"

卫士继续说："尊敬的国王，蝉、螳螂、黄雀只想到它们眼前的利益，却没考虑到隐藏在身后的危险啊！"

吴王沉默了一会，恍然大悟：原来卫士在用寓言来巧谏，想让他停止进攻楚国。他笑笑说："你讲得很有道理。"于是攻打楚国的计划被取消了。

故事中的年轻卫士使用的"摩意"之术恰到好处，谋划策略，最重要的就是要谨慎周到，当然要完全让对方听从自己的说辞也是不易之事，因此，掌握鬼谷子老先生所说的"摩"之手段是很必要的。

在工作或生活中，我们只有善于综合运用"平正""喜怒""名行""廉信""利卑"等手段，才能真正达到"摩"的至高境界。

第四章　通晓"揣摩"的玄机

■ 原文

故谋必欲周密，必择其所与通者说也。故曰："或结而无隙①也。"夫事成必合于数，故曰："道数②与时相偶者③也。"说者听必合于情，故曰："情合者必听"。故物归类④，抱薪趋火⑤，燥者先燃；平地注水，湿者先濡。此物类相应⑥，于势譬犹是也。此言内符之应外摩也如是，故曰："摩之以其类，焉有不相应者？"乃摩之以其欲，焉有不听者。故曰"独行⑦之道"。夫几者⑧不晚⑨，成而不抱⑩，久而化成⑪。

注释

①无隙：紧密无间。

②道数：道与术，指规律与方法。

③道数与时相偶：规律、方法与天时三者和谐。

④物归类：事物各有自己归属的类别。

⑤抱薪趋火：抱着柴薪，走近火堆。

⑥物类相应：物以类聚，相同的事物，便会有相应的反映。

⑦独行：节操高尚、独立而行。

⑧几者：通晓机微。

⑨不晚：不失时机。

⑩成而不抱：把事情作成也不保守不前。

⑪久而化成：天长日久，就能化育万物。

译文

所以说谋划一定要周到慎密，游说要选择与自己可以相通的对象。所以说："办事情要固若金汤，无懈可击。"要想使所主持之事取得预期的效果，就必须有适当的方法。所以说："客观规律、行动方法以及天时都是互相依附的。"进行游说的人要让对方听信，必须使自己的说辞合于情理，所以说："合乎情理才有人听。"因此世界上万事万物都有其各自的属性。好比抱着柴草向烈火走去，干燥的柴草就首先着火燃烧；往平地倒水，低的地方就要先进水。这些现象都是与各类事物的性质相适应的。以此类推，其他事物也是这样的。这也反映"内符"与"外摩"的道理。所以说：按着事物的不同特性来实施"摩意"之术，哪有不反应的呢？根据被游说者的喜好而施行"摩意"之术，哪有不听从你游说的呢？所以说这是独行天下的法则，通晓"揣摩"玄机的人一定要耐心把握好时机，有成绩也不停止，天长日久必能取得最后的成功。

☺ 鬼谷锦囊

谋事一定要谨慎周密，且选择可以和自己相通的对象。所谓"相通"就是可以取得和别人一致的意见，因为顺利的结交来自于没有意见分歧的交流，没有一见面就志同道合的。可见，要运用"揣摩"之术，就必须摸清对象的底细，有何特征，并顺着他的特点来符合他，探出他的真实意图，在满足对方欲望的同时达到自己的目的。懂得这些道理，寻求志同道合之人将不再困难。

世界上的万物是有类别之分的，"抱薪趋火，燥者先燃；平地注水，湿者先濡。"这就叫作"物以类聚"。内心正在谋划一定要将某事达到目的，就一定要同外表和语言的"类聚""群分"相联系。因此，只要能够体现出志同道合就必能和顺他意，这时就没有不一呼百应的。也就是说，事情只要顺着他人的欲望发展，就没有不听你说的。这也是智者能够独行天下的关键所在。

☽ 延展阅读

鬼谷子在此文中阐述了"物以类聚，人以群分"在"揣摩"之术中的重要作用。

叔孙通，薛县（今山东省滕州市）人，因有文才而被秦朝朝廷征召。陈胜起义后，秦二世征集所有儒生，商讨对策。除了叔孙通外，其他人均据实回报。秦二世把其他儒生处罚，而正式委任叔孙通为博士。叔孙通因在回答秦二世的询问时阿意逢迎，引起了同僚的不满。叔孙通表示这样做只是为了保全自己的性命。

他随后逃亡回家乡薛县，那时薛县已被起义军占领。叔孙通先后跟随起义军领袖项梁、熊心及项羽。公元前205年，刘邦率军攻入彭城，叔孙通向汉军投降。后来项羽回来打败刘邦，叔孙通跟随刘邦回到关中。汉高祖亦委任叔孙通为博士，并赐封号"稷嗣君"。

公元前202年，刘邦打败项羽，被拥立为皇帝，是为汉高祖。当时大臣们在朝堂上经常做出失礼的行为，如饮酒争论、醉后喧哗，甚至拔剑击打宫殿的支柱。汉高祖对这种情况渐渐感到不满，叔孙通向汉高祖建议制订宫廷礼仪，得到汉高祖的同意。叔孙通到鲁国故地征召约三十名儒生到长安，协助制订及演习宫廷礼仪。一个多月后，叔孙通邀请汉高祖观礼。汉高祖认为有关礼仪可行，于是命令大臣进行彩排。

公元前 200 年，长乐宫落成，汉高祖首次使用叔孙通制订的宫廷礼仪进行新年朝会。汉高祖对这次朝会非常满意，认为自己终于知道做皇帝的尊贵之处。他委任叔孙通为太常，并赏赐黄金五百斤。随叔孙通入京的儒生获汉高祖封为郎，另外叔孙通把赏赐所得全数分赠随行的儒生。

鬼谷子说："说者听，必合于情；故说：情合者听。故物归类；抱薪趋火，燥者先燃；平地注水，湿者先濡；此物类相应，于事誓犹是也。此言内符之应外摩也如是，故说：摩之以其类，焉有不相应者；乃摩之以其欲，焉有不听者。"叔孙通可说把此道运用得出神入化。他降汉后，还在刘邦打天下的时候，向刘邦引荐盗贼、力士等可以在战场上不畏牺牲、勇猛杀敌之士，获得了刘邦的赏识；天下太平之后，叔孙通向汉高祖建议制礼作乐，并且推荐了知书达理的儒生。叔孙通认为：在打江山的时候，最需要勇猛善战者，到了守江山的时候，文人、儒生则最为可靠。

由此可见，要想成就某事，则一举一动必须合乎常理，所作所为必须顺理成章，这也是我们在现实生活中必须遵循的道理，只有合乎情理、顺应规律，才能取得辉煌的成功，尤其是当今的商业活动，只有把握住市场规律，才能赢在市场。

新浪的曹国伟喜欢体悟自然规律和商业逻辑。2005 年他大力推动"新浪博客"的时候，许多人并不看好，因为人们看不清明确的盈利模式，曹国伟回顾了媒体发展的历史来证明它的前景，"技术的突破产生新的媒介，人们对新媒介特性的认识和相应的商业模式的开发往往需要时间，而人们不断的尝试自然而然就会催生新的盈利模式。只要做顺应规律的事情，盈利只是时间问题。"

曹国伟在新浪是具有最高"媒体学历"的人。在他看来，互联网及所有新媒体最本质的特性就是互动和个性化，而如今博客、播客正在兴起正是顺应了新媒体的特征，其大规模盈利的模式还不清晰，但是新浪已经从中开始获得收益。

新浪博客吸引很多新用户上来，并把他们留住，新浪门户作为整个广告平台的价值也就增加了。从流量来看，博客吸引的流量已经超过了新闻。曹国伟对博客的信心满满，"回想一下，新浪内容门户也是在亏损了三四年后才开始盈利的，新浪博客现在已经开始产生效益，即使没有的话，我们也可以再等几年。"

曹国伟相信网络营销一定向个性化、互动化的方向发展，但到底具体以怎样的形式，体现这种商业价值，现在还是探索阶段。以2006年新浪为通用汽车君悦新车推广策划的"通用 - 君悦运河之旅"为例，新浪组织了线上和线下网民报名投票支持大运河申请世界文化遗产的活动，在网民中选出5个人沿着大运河从北京开君悦车到杭州，每经过一处都有当地媒体参与报道，新浪网上的"大运河文化征文比赛"收到30万篇博客，50万人参与了评选，通用提升了品牌形象，新浪在获得利润的同时，也赚得了名声，并且促成了意义非凡的公益活动。当然曹国伟也坦承，这样的活动虽然有别于在页面上打静态广告，做到个性化以及用户参与在营销活动中，但这是"度身定制"的活动，具备扩展性、规模性的盈利模式还需要进一步地摸索。

由此可见，按客观规律办事，是我们取得事业成功的基础和前提。英国历史上有一位国王，曾经将大臣们带到海边看潮起潮落，他把王冠放在潮水上，说："你们不要以为我的权力至高无上，王冠在潮水上能起什么作用呢？没有人能改变自然规律。"这位国王的智慧和开明并不多见，其实他本人也很有作为，只是这种作为是建立在顺应规律的基础上的。

第九篇　权①术

第一章　饰言，利辞

━━ **原文**

说者②，说之也；说之者，资③之也。饰言④者，假⑤之也；假之者，益损⑥也。应对⑦者，利辞⑧也；利辞者，轻论⑨也。成义者⑩，明之也；明之者，符验也。难言⑪者，却论⑫也；却论者，钓几⑬也。佞言者，谄而于忠；谀言⑭者，博而于智；平言⑮者，决而于勇；戚言⑯者，权而于言；静言⑰者，反而于胜。先意承欲者，谄也；繁称文辞者，博也；策选进谋者，权也。纵舍⑱不疑者，决也；先分不足⑲而窒非⑳者，反也。

注释

①权：衡量。《礼记　王制》："原父子之亲，立君臣之义，以权之。"在这里指度量权衡。

②说者：游说的人。

③资：供给，资助。

④饰言：有修饰的语言，也就是很好听的话。

⑤假：借，引申为凭借、借助。

⑥益损：增减。

⑦应对：应酬、答对。

⑧利辞：伶俐的言辞。

⑨轻论：轻浮、不庄重的言论。

⑩成义者：建立信义的言辞。

⑪难言：指责对方的言辞。

⑫却论：反面的议论。

⑬钓几：诱导对方心中所隐藏的机微之事。

⑭谀言：谄媚，用虚心假意之词奉承人。

⑮平言：平庸之言。

⑯戚言：面带忧色的言辞。

⑰静言：心平气和时的言辞。

⑱纵舍：舍弃、放弃。

⑲先分不足：自己先天有所不足之处。

⑳窒非：责备他人的过错。

译文

"游说"的人，就是为了说服别人；要能说服别人，就要给人以帮助。凡是经过修饰的言辞，都是为了蒙蔽对方，想要蒙蔽对方，就要让他知道成败利害关系，凡要进行应酬以及答对，必须掌握伶俐的外交辞令。凡是伶俐的外交辞令，都是不实在的言论。要树立起信誉，就要光明正大，光明正大就是为了让人检验复核。凡是难于启齿的话，都是反面的议论，凡是反面的议论，都是诱导对方秘密的说辞。说奸佞话的人，由于会谄媚，反而变成"忠厚"；说阿谀话的人，由于会吹嘘，反而变成"智慧"；说平庸话的人，由于果决，反而变成了"勇敢"；说忧伤话的人，由于善权衡，反而变成"守信"；说平静话的人，由于习惯逆向思维，反而变成"胜利"。为实现自己的意图而应和他人欲望的，就是谄媚；用华丽的辞藻去奉承他人，就是吹嘘；按照他人的喜好而进献计谋的人，就是玩权术；即使有所牺牲也不动摇的，就是有决心；能揭示缺陷，敢于责难过失的就是敢反抗。

◯ 鬼谷锦囊

此文重在阐述游说的各种语言技巧及判断各种说辞的方法。"说者，说之也"就是通过表自己的意图来说服对方，而要说服对方没有吸引力是不行的，那么，怎么才能让自己的说辞具有吸引力呢？这就需要言辞中能让别人觉得有"好处"可寻，有见识可长，或者有别人想要得到的利益，等等，只有这样，别人才会洗耳恭听。

既然要游说，就要掌握一定的技巧。语言流畅，引人入胜，迎合对方的心理，就需要对表述的语言进行一定的修饰，让语言变得有逻辑、有调理，不仅能吸引别人的注意力，还能巧妙地隐蔽自己的意图。

◯ 延展阅读

有人得罪齐景公，景公非常生气，命人把他绑在大殿，准备处以分尸的极刑，并且说如果有人胆敢劝阻，一律格杀勿论。晏子（即晏婴）左手抓着人犯的头，右手拿着刀，抬头问景公："古时圣王明君肢解人犯时，不知先从人犯的哪个部位下刀？"景公立刻站起身说："放了他吧，这是寡人的错。"

晏婴没有直接劝谏齐景公，而是以一句"古时圣王明君肢解人犯时，不知先从人犯的哪个部位下刀"来进行旁敲侧击，隐喻齐景公要做一个有道明君。这种经过修饰的语言，不仅起到了劝谏的效果，而且又不伤君主的威严，晏婴可算得上是一位高明的语言专家了。

其实，当今的推销行业是和劝说之道分不开的，推销无非是劝谏客户接受自己的商品或服务。孔子说过："言不顺，则事不成"。在销售行业中，如何与客户有效地交谈是一项很重要的商业技能，这就需要借鉴古代智者的劝谏之道。

一次，林经理请客户小王吃饭，由于客户小王与客户小谢关系很好，于是便一起邀来吃饭。

席间，林经理夸夸其谈，说自己的公司如何大，自己的本事如何高，又如何会做生意，等等。而客户小谢是个性情中人，当林经理说到"没有我搞不定的客户"时，小谢一拍桌子，指着林经理说道："你要是这样说的话，那你就肯定搞不定我！"果不其然，林经理至今也没将客户小谢搞定。

这位林经理不是没有能力，而是忽略了说话的细节，"没有我搞不定的客户"是一句具有挑衅意味的话，直白而盛气凌人，结果造成了不必要的损失，这种例子实在应该引以为诫。

客户是上帝，甚至是被宠坏的上帝，在与客户交谈时，注意说话的策略就显得尤为重要，因为你的每一句话都会使客户产生不同的心理反应。要让别人知道，自己所说的每一句话都是经得起推敲和验证的，都是一心一意为了"他好"，经过不动声色的诱发"变化"、引导"变化"来朝着对我们有利的方向发展，从而最终达到预期的目的。

第二章 三者呼应，利道而动

原文

故口者，机关也^①，所以关闭情意也。耳目者，心之佐助^②也，所以窥间奸邪^③。故曰："参^④调而应，利道^⑤而动。"故繁言而不乱，翱翔^⑥而不迷，变易而不危者，观要得理。

注释

①口者，机关也：嘴好像是机器开关。

②耳目者，心之佐助也：耳目是帮助心汇集情报的助手。

③奸邪：奸，恶，邪，不正。

④参：同"三"。指心、眼、耳三种器官。

⑤利道：有利的途径。

⑥翱翔：翱是鸟在高空上下飞舞的姿势，翔是鹞鹰等在高空中展翅划圆飞舞的姿态。

译文

人的嘴是关键，是用来打开与关闭感情以及心意的。耳朵与眼睛是心灵的辅佐以及助手，是用来侦察奸邪的器官。只要心、眼、耳三者协调呼应，就能沿着有利的轨道运动。使用一些烦琐的语言也不可能发生混乱；自由驰骋地议论也不会迷失方向；改变议论主题也不会发生失利的危险。这就是因为看清了事物的要领，把握了事物的规律。

⊙ 鬼谷锦囊

"故口者，机关也，所以关闭情意也。""嘴"是关闭情意的机关，若自己不讲，别人就无从知晓。在讲的过程中既不能暴露自己的内心世界，又要取得他人的信任，这就需要选择恰当的时机，在揣测出他人内心世界的前提下，才能取得好的效果。

人在职场，自然都希望自己能够变得更加强大，这是人类本性的渴望与追求。这就需要我们"耳""目""口"三者相互协调，对身处的职场环境进行全面、系统的把握，唯有如此，方能让自己在职场中立于不败之地。

⊙ 延展阅读

"耳目者，心之佐助也，所以窥间奸邪。""耳""目"是心灵的辅助，是用来侦察邪恶的器官。二者将所见所闻传至大脑，再由大脑加以归类分析，进一步发现事物变化的征兆，并引导其变化朝着有利于自己的方向发展。同时存在于大脑中的信息还能将事情发生前后的现象进行类比，对这些信息的真实性进行验证，得出哪些是真，哪些是假，此时，真真假假就显得极为明朗。

在纷繁复杂的环境中，耳、目、口需要相互协调、各任其职，要有计划、有步骤地完成各自的使命，时刻保持清醒的头脑，擦亮自己的眼睛，才不至于扰乱方寸、迷失方向。

张仪是魏国人，曾经师从于鬼谷子，学习纵横游学。张仪学业期满，回到魏国，因为家境贫寒，求事于魏惠王不得，远去楚国，投奔在楚相国昭阳门下。

昭阳率兵大败魏国，楚威王大喜，把国宝"和氏之璧"奖赏给了昭阳。一日，昭阳与其百余名门客出游，饮酒作乐之余，昭阳得意地拿出"和氏之璧"给大家欣赏，传来传去，最后"和氏璧"竟不翼而飞，大家认为，张仪贫困，是他拿走了"和氏璧"。张仪原本没拿，就是不承认，昭阳严刑逼供，张仪被打得遍体鳞伤，始终不承认，昭阳怕出人命，只得放了他。

楚相国昭阳有口、有耳也有目，但他却没有让三者做到相互协调、各任其职，在不进行丝毫调查的情况下，错误地将"和氏璧"的失踪归罪于贫困的张仪，而让张仪饱受皮肉之苦。这是典型的不善于"参调而应"的表现。

有人做过一个实验，就是把一只青蛙放在装有沸水的杯子里，把另一只青蛙放在一个温水的杯中，并慢慢加热至沸腾。处于沸水中的青蛙马上跳了出来，处于温水中的青蛙刚开始只是在水中享受温水给自己带来的舒适感而在杯中游来游去，等到它发现太热时，已失去基本的弹跳力量而跳不出来了。

当我们读到这个故事时，往往一笑了之，最多也不过是感慨那是一只倒霉的青蛙。殊不知，在现实生活当中，类似正在慢慢被煮的职场青蛙随处可见。

两年前大学毕业的程飞过五关斩六将考入政府机关，有了一份体面的工作。很快，为人处世机灵的他被领导安排在办公室工作。初入职场，程飞兢兢业业，领导分配的活总是提前完成，常常会提一些好的建议，领导也给予他积极的肯定。办公室行政事务是很烦琐的，其中一项任务便是陪领导搞接待，吃饭喝酒是免不了的，大多数时候，程飞需要替领导挡酒。

刚开始，跟领导走得很近，他还是比较高兴的，可渐渐地，他有些不喜欢这样的工作了。"专业全部荒废了，有一次，有个朋友问起一些业务问题，我竟然不知道怎样作答。每天做的都是一些打杂的事，只要不出错就行，哪来的积极性。"可是，说起跳槽，他又舍不得，毕竟工作稳定、福利好。程飞左右为难，不知道脚下的路该通往何方？

程飞就像一只温水里的青蛙，只看到了眼前的福利、待遇，等等，没有想到以后可能出现的后果：倘若有一天失业了，应该何去何从？专业知识都已荒废，只能重新再来，而这是多么的费时费力啊！

在职场，不能只用眼看，要眼、耳、鼻、脑同时协调运行，这样才能及时洞悉各种不利因素，做到未雨绸缪。相信没有人愿意做一只被煮的青蛙，都希望自己能像第一只青蛙一样，当危机来临的时候，能够从容应对、处变不惊，让自己在职场中始终立于不败之地。

所以对于职场人士来说，必须具有强烈的危机感，形成一种危机应对策略，这种危机感是一种居安思危的前瞻，是一种步步为营的稳健处世风格，只有这样才能更好地保障自身在企业的长久发展。

但是，仅有危机意识是不够的，我们更应该在意识的基础上做好预防——预防的目的在于让我们更有前瞻性地发觉危机的蛛丝马迹，要想准确把握危机的蛛丝马迹，就必须做到"参调而应"，尽可能全面了解各种相关信息。作为职场人士，除了做好本职工作之外，还必须对公司的各种经营、管理情况有一定的了解：如近期业务情况、媒体对公司的报道情况、高管变动、行业发展趋势，等等，通过对这些情况的了解，能够帮助职场人从某些重大或细微的变化中，觉察出公司或自身职位可能遭遇的危机冲击，从而提前做好准备。

第三章　言有讳忌

━ 原文

故无目者不可示以五色。无耳者，不可告以五音①。故不可以往者，无所开之也；不可以来者，无所受之也。物有不通者，故不事②也。古人有言曰："口可以食，不可以言。"言有讳忌也；"众口烁金③"，言有曲故也。

注释

①五音：又叫"五声"。古乐五声音阶的五个阶名：宫、商、角、徵（zhǐ）、羽。

②不事：不侍奉、不做。

③众口烁金：比喻流言蜚语作用之大；烁，同"铄"，熔化。

译文

没有视力的人，没有办法向他展示五彩颜色；没有听力的人，没有办法跟他讲音乐上的感受。不该去的地方，是那里没有能开导的对象；不该来的地方，是因为这里没有可以接受你游说的人。有些事情是行不通的，所以不要做这种事。古人有这样的说法："口可以用来吃饭，但不能用它讲话"。因为说话容易犯忌。"众人的口可以熔化金属"，这是说凡是言论都有复杂的背景以及深厚的原因。

◎ 鬼谷锦囊

"口可以食，不可以言。言有讳忌也"，古人认为：口可以用来吃饭，但不能用它讲话，这因为语言中存在许多别人忌讳的东西，言多必失。对看不明白者不能强迫其看；听不明白者，不能强行让其听。不同意你的观点的人，不要贸然说服，没有开窍的地方更加不可前去游说。把握适当的时机，选取合适的地方，才不至于让自己陷入被动的境地。

◎ 延展阅读

在古代，君主自称是天子，是九五之尊，所以和君主说话，必须格外小心，尤其不能提及君主有所忌讳的事情，否则可能招致杀身之祸。

朱元璋是明朝的开国皇帝，他出身贫寒，早年当过和尚，后来登位作了皇帝，他便忌讳人家再提这件事。结果很多人竟因无意中触到明太祖当和尚的"隐私"，而遭受横祸。

文人李仕鲁，因谏太祖惑于僧言，朱元璋便命武士把他摔死于阶下。朝臣陶凯，因为取了一个别号"耐久道人"，犯忌被杀。杭州教授徐一夔，上贺表拍朱元璋的马屁，文中有"光天之下，天生圣人，为世作则"等语，朱元璋看了大怒说："生者僧也，讥我尝为僧也，光者薙发也，则字音近贼也，"徐遂被杀。僧人来复谢恩诗中说："殊域及自惭，无德颂陶唐。"朱元璋看了后说道："汝用殊字是谓我为歹朱也，又言无德颂陶唐，是谓我无德虽欲以陶唐颂我而不能也。"遂被斩。

外戚郭德成是太祖宁妃的哥哥，是朱元璋的妻舅。有一天他与朱元璋同饮，酒醉后揭去帽子给太祖叩头。因为郭德成的头顶已没头发，朱元璋便取笑他说："醉汉头发秃到这样，莫不是酒喝多了？"郭德成正在酒兴上，便也开玩笑地回答："就这样还嫌多呢！剃光了才痛快。"朱元璋听了，脸上不悦，不再说话。第二天郭德成酒醒，知道不妙，可是无法挽回，只好索性真的剃光了头，假装发疯，这才侥幸免祸。

说话是一门大学问。谈别人的忌讳是说话的最大忌讳，不仅和君王说话如此，和任何人说话都是如此。尤其是职场中人，更要注意说话的禁忌。

办公室是一个充满原则、纪律，讲求策略的场合，更是一个充满利益冲突的是非之所。所以，在办公室说话有很多禁忌。

1. 说话别揭人"短儿"。

李婷婷在某国家机关做办公室文员，她性格内向，不太爱说话。可每当就某件事情征求她的意见时，她说出来的话总是很"刺"人，而且她的话总是在揭别人的"短儿"。

有一回，自己部门的同事穿了件新衣服，别人都称赞"漂亮""合适"之类的话，可当人家问李婷婷感觉如何时，她直接回答说："你身材太胖，不适合。"甚至还说："这颜色你穿有点艳，根本不合适。"

这话一出口，便搞得当事人很生气，而且周围那些大赞衣服如何如何好的人也很尴尬。

2. 领导有分歧，切忌实话实说。

李明在一家知名外企公司做事。有一次项目经理告诉他，要给单位做一个宣传方案的策划，经过大家讨论后，李明完全按照项目经理的意思加班加点，并顺利完成策划。但是，当策划方案交到单位该项目主管领导那里，他却被狠狠批了一通。

在领导面前，李明说，这方案是他们小组所有人讨论的结果，而且，他们项目经理也非常赞同，这个策划方案60%都是项目经理的想法。

可没想到领导直接把项目经理叫来，当面对质。主管领导追问项目经理："听说这都是你想的，就这种东西还能叫方案，还值得你们那么多人来集体策划？我看你这个项目经理还是不要当了。"

从主管领导的办公室出来后，李明又被项目经理批评了一顿。项目经理告诫他，以后说话前动点脑子，别一五一十把什么都说出去。可李明认为，自己没有说错什么，更何况他说的都是实话。

3. 抱怨上司是非的话，不要轻易出口。

刘硕是一家宠物杂志的记者，天性喜欢小动物的她很庆幸自己能够选择一个非常合适的工作。因为喜欢和动物接触，所以她不仅工作努力，而且热情有加。

但是在一个月前，升职加薪的人员中并没有看到她的名字。而一个在工作热情和工作业绩上都明显不如她的人，却因为善于奉承主任而轻轻松松地升了职加了薪。

刘硕怎么也想不通，愤愤不平之余把自己一肚子委屈告诉了跟自己不错的一个同事。说主管提升人不是看谁有本事，不是注重人的才能，而只把眼睛盯在会拍马屁的人身上。这话说出去后没多久，刘硕明显感觉主管对她另眼相待，并且时时在一些事情上压制她。

年底，当刘硕的合同快到期时，主管以单位人力资源部门对她的绩效考核不及格为由，没有与她续约。

4. 关于上司私生活的话，切忌说出口。

郭盈盈是一个性格十分开朗的女生，来到新单位没多久，就成了办公室里的"开心果"。一天她和同事下班回家，看见上司的车里坐了一个年轻漂亮的女孩。第二天郭盈盈就在办公室大声公布了她的新发现。两天以后，上司把她叫到办公室，告诫她以后在上班时间少说与工作没有关系的事。郭盈盈闷闷不乐地回到自己办公的地方，叫她伤心的是，没有一个人过来安慰她。

总之，在办公室里，多听少说肯定是有益无害的。所谓"言多必失"，当你不经意间提到别人的忌讳时，很可能就此招来祸患。

第四章 从其所长，避其所短

■ 原文

人之情，出言则欲听，举事①则欲成。是故智者不用其所短，而用愚人之所长；不用其所拙，而用愚人之所巧，故不困也。言其有利者，从其所长也；言其有害者，避其所短也。故介虫②之捍也，必以坚厚。螯虫之动也，必以毒螯。故禽兽知用其所长，而谈者知用其用也。

注释

①举事：做事情。

②介虫：介，甲或盔甲。介虫是带有甲壳的昆虫。

译文

一般人的常情是，说话就希望别人听从，做事情就希望成功。所以聪明的人不用自己的短处，而愿意用愚人的长处；不用自己笨拙，而愿意用愚人的技巧，因此才不至陷于困境。说到别人有利的地方，就要顺从他的所长，说到别人的短处，就要避他的所短。甲虫自卫时，一定是依靠坚硬以及厚实的甲壳；螯虫的攻击，一定会用它的毒针去螯对手。所以说，连禽兽都知道用其所长，游说者也应该知道运用其所该运用的一切手段。

◌ 鬼谷锦囊

在现实生活中我们也需懂得取长补短的道理。面对困难，在智者面前不要谦卑更不要妒忌，要通过对他人长处的学习来弥补自己短处的不足，扬他人之长，避自己之短，这样才能让自己不断成长、不断进步。对于自己的才能也不要过分骄傲，要清楚"人外有人，天外有天""一山更比一山高"的道理，人生有限，学海无涯，只有不断学习进取，适时扬长避短，才能在激烈的竞争中站稳脚跟，立于不败之地。

◌ 延展阅读

"出言则欲听，举事则欲成。"常人都希望别人能够听从自己所说的话，更希望所办的事情能够一举成功。然而一个人各方面的才能及优势不可能面面俱到，因此往往说之容易行之难。

"尺有所短，寸有所长""人外有人，天外有天"。圣人之所以成功的原因并不在于其自身的能力有多高，只因他们善于聚集拥有不同才能之人，集合并发挥各方人才的优势，做到取长补短；而真正具有大智大慧的人也懂得如何去利用他人的长处来弥补自身短处的不足。

楚国有一位名叫子发的将领，他对拥有一技之长的人非常留意，并善于利用这些人的长处来为自己服务。

楚国一位擅长偷窃的人听说了此事，便前去投靠子发。小偷对子发说："听说您愿意重用拥有才能之人，我虽只是个小偷，以前不务正业，如果您能收留我，我愿为您当差，以我的技艺为您效劳。"

子发听了小偷的话，又见他满脸诚意，很是高兴，连忙从座位上起身，对小偷以礼相待，竟连腰带也顾不上系紧，帽子也来不及戴端正。小偷见子发如此真心，很是受宠若惊。

子发手下的官员、侍从们见状，纷纷劝谏说："小偷是天下的盗贼，为人们所不齿，您怎么对他如此尊重？"

子发摆摆手道："你们一时难以理解情有可原，我之所以这样做必有其原因，日后你们就会明白的。"

适逢齐国兴兵攻打楚国，楚王派子发率军队前去迎战齐兵。结果，连续交锋三次，楚军都以败阵收尾。

军帐内，子发召集大小将领共同商议击退齐兵的策略，将领们反复思量，想了好多计策，个个显得忠诚无比，可是对击退齐兵之事仍然一筹莫展，而齐兵却显得愈战愈强。

那个小偷见目前的形势急剧紧张，便来到帐前求见，主动请缨。小偷说："我有办法击退齐兵，请容我一试。"子发同意了。

夜间，小偷悄悄溜进齐军营内，神不知鬼不觉地将齐将首领的帷帐偷了出来，回到楚营交给子发。之后子发派了一名使者将帷帐送还齐营，并对齐军说："我们有一个士兵出去砍柴，得到了将军的帷帐，现特前来送还。"齐兵面面相觑，目瞪口呆。

第二天，小偷又潜进齐营，取回齐军首领的枕头。子发又派人将之送还。

第三天，小偷再次进了齐营，取回齐军首领的头发簪子。子发第三次派人将簪子送还，这一回，齐军首领惊恐万分，不知所措。齐军营中更是议论纷纷，各级将领大为惊骇。

于是，齐军首领只得召集军中将士们商议对策。首领对众将士说："如果今天再不退兵，楚军下次来取的恐怕就是我的头了！"将士们无言以对，首领立即下令撤军。

齐军终于退兵而走。楚军营内对那个立功的小偷大大嘉奖，众将士更是对子发的用人之道佩服得五体投地。

　　小偷原本为众人所不齿，应该绳之以法，但是他能够改邪归正，将自身的长处用到可行之处，最终成就了一番事业。正是楚将子发的宽宏大量，小偷对此感动不已，并发挥自己的一技之长击退了齐军，立下了大功。子发的善于用人，取长补短，赢得了众将士的称赞，这正是"从其所长，避其所短"的体现。

第五章　辞令的五种情态

■■ 原文

故曰："辞言五，曰病、曰恐、曰忧、曰怒、曰喜。"病者，感衰气而不神也；恐者，肠绝而无主也；忧者，闭塞而不泄也；怒者，妄动而不治也；喜者，宣散而无要也。此五者，精则用之，利则行之。故与智者言，依于博①；与博者言；依于辨，与辨②者言，依于要③；与贵者言，依于势；与富者言，依于豪④；与贫者言，依于利；与贱者言，依于谦；与勇者言，依于敢⑤；与愚者言，依于锐。此其术也，而人常反之。是故与智者言，将此以明之；与不智者言，将此以教之；而甚难为也。故言多类，事多变，故终日言，不失其类，故事不乱。终日变，而不失其主，故智贵不妄。听贵聪，智贵明，辞贵奇⑥。

注释

①博：博学多闻。

②辨：辨，同"辩"。辩论，雄辩。

③要：扼要。

④豪：立足点高。

⑤敢：勇猛的气概。

⑥听贵聪……辞贵奇：聪，听觉灵敏；明，明白，清楚；辞，

言辞；奇，出人意料，变幻莫测。

译文

因此，游说辞令有五种，即病、恐、忧、怒、喜。病，是指底气不足，没有精神；恐，是指极度伤心，没有主意；忧，是指闭塞压抑，无法渲泄；怒，是指狂燥妄动，不能自制；喜，是指任意发挥，没有重点。以上五种游说辞令，精通之后就可以运用，对自己有利时就可以实行。因此和聪明的人谈话，就要依靠广博的知识；和知识广博的人谈话，就要依靠善于雄辩；和善辩的人谈话要依靠简明扼要；和地位显赫的人谈话，就要依靠宏大的气势；和富有的人谈话，就要依靠高屋建瓴；和贫穷的人谈话，就要以利益相诱惑；和卑贱的人谈话，要依靠谦敬；和勇猛的人谈话，要依靠果敢；和愚昧的人谈话，要依靠敏锐。所有这些都是游说的方法，而人们的作为经常和此相反。和聪明的人谈话就要让他明白这些方法，和不聪明的人谈话，就要把这些方法教给他，而这样做是很困难的。游说辞令有许多类，所说之事又随时变化。如果整天游说，能不脱离原则，事情就不出乱子。如果一天从早到晚不变更方向，就不会违背宗旨。所以最重要的是不妄加评论。对于听觉来说，最宝贵的是清楚，对于思维来说，最宝贵的是是非分明；对于言辞来说，最宝贵的是出奇制胜。

☽ 鬼谷锦囊

能言善辩并不等于油嘴滑舌，在这个飞速发展的社会里，人不可能孤立群体而存于某地，这时人际交往成了一种必然性，语言就成了不可或缺的交际工具。要引起双方的共鸣，拉近彼此之间的距离，能言善辩的素质就显得尤为重要。在现实生活中，一个能言善辩、善于辞令的人，不仅可以获得他人的尊重，更有助于不断提高自身的价值。

🕐 **延展阅读**

文中阐述了辞令的五种情态以及各自不同场合的用法。

同智者交谈时，要体现出自己的博学，不能让对方瞧不起，要让对方明白自己同样也是智者；同博学者交谈时，要体现出自己能言善辩，不能让对方觉得自己是个浅薄之人，要让其感觉自己的水平不在对方之下；同善辩者交谈，要表现出相应的逻辑与条理，不要让对方感觉自己不择要领、毫无逻辑，要让对方感觉自己是同样的才思敏捷；同地位显赫的人交谈时，要表现得气宇轩昂、风度翩翩，不要让对方觉得自己低人一等，要让对方感觉自己同样有与之媲美的气质；同贫困或者卑贱的人交谈时，不要让对方感觉自己气势压人、高人一等，要让对方感觉自己原来是如此的和蔼可亲、平易近人；在勇敢者面前要体现出自己的机智果敢，让对方感觉自己同样是一个很有魄力的人。

楚王刚听到晏子将要出使楚国的消息时，对手下的人说："晏婴是齐国非常善于辞令的人，如今要来我国，我想羞辱他一番，大家说应该怎样做才好呢？"手下的人回答说："当他来到时，请允许我们捆绑一个人，从大王面前走过。这时大王就问：'他是什么人？'我们就回答说：'是齐国人。'大王接着问：'他犯了什么罪，为什么要绑着他呢？'我们就回答说：'他犯了偷窃的罪。'"楚王当时表示同意。

晏子出使楚国。楚国君臣在获悉晏子身材矮小之后，便在大门的旁边开了一道小门请晏子进去。晏子站在门外不进去，说："只有那些出使到狗国的人才从狗洞进去，如今我出使到楚国来，就不应该从这个狗洞进去。"无奈，迎接宾客的人只好带晏子改从大门进去。

晏子拜见楚王。楚王说："齐国怎么派你来呢，难道齐国无人可派了吗？"晏子回答说："齐国的都城临淄有七千五百户人家，只要一起张开袖子，天就能阴暗下来；一起挥洒汗水，就会汇成大雨；街上行人肩膀靠着肩膀，脚尖碰脚后跟，怎么能说没有人呢？"楚王说："既然这样，为何要派遣你来呢？"晏子回答说："齐国派遣使臣，是根据不同的对象、不同的情况来派遣的，贤能的人被派至贤能的国家去，无贤能的人被派至无贤能的国家去。我晏婴是最没有才能的人，所以只能出使到楚国来了。"

楚王两次碰壁后，请晏子喝酒。正喝得起兴时，两个小吏绑着一个人经过楚王面前。楚王问："绑着的是什么人？"小吏回答说："是齐国人。""他犯了什么罪，为什么要绑着他呢？"小吏回答说："他犯了偷窃的罪。"楚王瞟着正在喝酒的晏子，说道："难道齐国人生性就喜欢偷窃吗？"晏子起身离开座位，郑重地回答说："我听说过这样一件事，橘子生长在淮南是橘子，生长在淮北就变为枳子，只是叶子的形状相似，它们果实的味道完全不同。这样的原因是什么呢？是水土不同。现在百姓生活在齐国不偷窃，来到楚国就偷窃，莫非是楚国的水土使百姓喜欢偷窃吗？"楚王笑着说："圣人不是能同他开玩笑的，我反而自讨没趣了。"

晏子使楚的故事充分体现了他的机智敏捷、能言善辩的才干，同时也表现他热爱祖国、维护祖国尊严的可贵品质。通过这个故事，我们应该懂得：人不可貌相，海水不可斗量。不能小看他人，更不能自高自大。在日常的人际交往中，辞令的五种情态随处可见，如果我们能够恰当地利用它们各自不同的性质，采取不同的策略加以应对，对症下药，事情的成功就变得容易多了。

一天，孔子一行人来到一个村庄，在树荫下休息，正准备拿出食物填饱肚子时，不料，孔子的马挣脱了缰绳，跑到庄稼地里吃人家的麦苗去了。农夫见状，几步上前就抓住马嚼子，强行将马扣了下来了。

子贡是孔子的得意门生，一贯能言善辩。他凭着自己不凡的口才，自告奋勇地上前去，企图说服扣马的农夫，争取和解。可是，子贡说话文绉绉，满口之乎者也，大道理更是讲了一串又一串，尽管费尽口舌，可农夫根本就听不进去。

有一位刚刚跟随孔子不久的新学生，论学识、才干远不及子贡。当他看到子贡与农夫僵持不下的情景时，便对孔子说："老师，请让我去试试看。"

于是他走到农夫面前，笑着对农夫说："你并不是在遥远的东海种田，我们也不是在遥远的西海耕地，我们彼此靠得很近，相隔不远，我的马怎么可能不吃你的庄稼呢？再说了，说不定哪天你的牛也会跑到我的庄稼地里吃掉我的庄稼呢，你说是不是？我们该彼此谅解才是。"

农夫听了这番话，觉得很在理，于是就将马还给了孔子。旁边几个农夫也互相议论说："像这样说话才算有口才，哪像刚才那个人，说话真是不中听。"

"是故与智者言，将此以明之；与不智者言，将此以教之"，这则故事就是要告诉我们，说话交谈必须看对象、认场合，否则，即使你再能言善辩，别人也不会买你的账。

第六章 量权

━━ **原文**

古之善用②天下者，必量天下③之权，而揣诸侯之情。量权④不审，不知强弱轻重之称⑤；揣情不审，不知隐匿变化之动静。何谓量权？曰："度于大小，谋于众寡。称货财有无之数，料人民多少、饶乏，有余不足几何？辨地形之险易孰利孰害？谋虑孰长孰短？君臣之亲疏，孰贤孰不肖？与宾客之知睿孰少孰多？观天时⑥之祸福孰吉孰凶？诸侯之亲孰用孰不用？百姓之心去就变化，孰安孰危？孰好孰憎？反侧孰便孰知？"如此者，是谓量权。

注释

①权：衡量。《礼记·王制》："原父子之亲，立君臣之义，以权之。"在这里指度量权衡。

②善用：善于使用，这里指善于统治。

③天下：古人以为地在天的下方，故称地为天下。

④量权：度量、权衡。

⑤称：又作秤，天平。

⑥天时：天赐的时机。

译文

古代善于统治天下的人，必然首先衡量天下各种力量的轻重，揣摩诸侯的实情。如果不认真分析天下的真实权能，就不可能了解诸侯力量的强弱虚实；如果揣诸侯的实情不够全面，就不可能掌握事物隐秘变化的征兆。什么是"量权"？答案是："测量尺寸大小，谋划数量多少；称验财货有无，估量人口多少、贫富，什么有余什么不足，以及达到了什么样的程度；分辨地形险易，哪里有利，哪里有害；判断各方的谋虑谁长谁短，分析君臣亲疏关系，谁贤谁奸，考核谋士的智慧，谁多谁少；观察天时的吉凶，什么时候吉、什么时候凶；比较与诸侯之间的联系谁可以利用、谁不可以利用；检测民心离叛或亲附的变化，哪里安定哪里危险，爱好什么憎恶什么；预测反叛事，在哪里最容易发生，哪些人能知道内情。"能够做到前面叙述的这些，就是所谓的"量权"。

☽ 鬼谷锦囊

善于掌控天下的人，都会事先衡量各自的力量悬殊，掌握诸侯各国的真实情况，同时还会在获悉诸侯国真实情况时进一步审视其变化的情况，以便掌握一些隐秘的事态变化，从而判断出表面现象中的内在本质。

作为一名领导者，在社交活动中不仅要对自己严格要求，更重要的是能够对周围的人进行考察，检验他的智慧谋略，考核他的办事效率，并对他的品行、才能及优缺点进行比较，最后将其分类，谁贤谁奸、谁智谁愚、谁勇谁懦等便清晰明了，成功也就指日可待了。

⏱ **延展阅读**

"量权不审，不知强弱轻重之称；揣情不审，不知隐匿变化之动静。"如果不对各诸侯国的权能进行分析，就无从获悉各自力量的悬殊情况；分析了但却不全面，就不能知晓事物隐秘变化的征兆。此时，"量权"有着不可估量的作用。

《三国演义》中说，曹军中有个名叫蒋干的人，与东吴都督周瑜是旧交，于是向曹操请求去东吴刺探军情。

蒋干来到吴营，周瑜察知其来意，便伪造了一封曹操水军统帅蔡瑁、张允的投降信，信中声言："不久我等将献上曹操的脑袋。"蒋干当即偷了这封假信，不辞而去。曹操见信，极为愤怒，竟然在毫无查证的情况下将蔡瑁、张允杀害。

曹军大多为北方人，不惯乘船，渡江中战船摇荡不定，不少将士也因此得了病，而熟知水战的蔡瑁、张允一死，则更难训练水师了，后来曹操才察觉到这正是中了周瑜的反间计，后悔莫及，悲痛不已。

周瑜又派庞统假意暗投曹操。庞统向曹操"献计"道："把战船每30只至50只用铁环连锁成排，如此一来，不惯乘船的北方士兵就不怕水上颠簸了。"而曹操觉得，假如敌人采取火攻，那就无法躲避了。

庞统说："用火攻须凭借风力，现在正是严冬腊月，就算刮起风来，十之八九也是西北风，而咱们在北岸，东吴在南岸，他们用火攻，岂不是自己烧自己吗？"

曹操中了庞统的连环计，将战船用铁锁联结起来。但由于没有内应，孙刘联军便无法接近曹操的船只放火。

一天，周瑜召集将士们，让其准备三个月的粮草，一定要将曹军打回去。老将黄盖劝告周瑜还是归顺朝廷，周瑜不理，于是两人争吵了起来。周瑜气得喝令将黄盖推出去斩了！将士们苦苦央求，请求从轻处罚，周瑜便吩咐将士将黄盖重打五十军棍，打得他皮开肉绽，鲜血逆流，当场昏死过去。

第二天，黄盖派心腹送信给曹操，说他受不了周瑜的气，准备投降曹操。曹操存有疑虑，于是派人前去打探，听说黄盖的确被周瑜打得死去活来，便等着他来投降。

过了五六天，黄盖又去一信，说："周瑜防备严密，一时脱不了身。这几天将有运粮船到，江面由我巡查，到时候船上插着青龙旗的就是粮船，也就是投归朝廷的船。"

曹操闻之大喜，但他哪里知道，自己已中黄盖的"苦肉计"。

黄盖骗取曹操的信任后，准备了几十只大船，船上装满了干草、芦苇，灌饱了膏油，上面盖着油布，船头插着青龙旗。一切布置停当，请周瑜检查。那天正刮着大风，水花直打到岸上来。周瑜看着看着，突然头晕眼花，差点倒下。回到营里，就病倒了。

在东吴游说孙刘联盟的诸葛亮这时前来探视，说："我有药方，可以给您顺一顺气。"说完写了十六个字："欲破曹公，宜用火攻：万事俱备，只欠东风。"

周瑜说："既然你知道我的病源，那么该怎么治，还请赐教！"

诸葛亮说他有借风的法术，便叫人搭起法坛，故弄玄虚，祭天借风。其实诸葛亮精通天文哪里懂得什么法术，旧说"冬至一阳生"，此时阳气初动，会刮东南风。

果然，到了冬至那天，就刮起东南风来了。

黄盖又去了一封信给曹操，约定当晚带几十只粮船到北营投降。晚上黄盖率一队快船直扑曹营。

　　曹操正端坐帅船静候佳音，忽听一声锣响，水面上刹时出现十几条火龙，"连环船"不能躲避，烧成一片火海。孙刘大军乘机全线出击，打垮了曹操的几十万大军。曹操带了一些残兵败将落荒而逃。

　　周瑜和诸葛亮用一把火烧掉曹操一统天下的野心，其制胜的关键就在于其准确"量权"，这正是符合了鬼谷子说的"古之善用天下者，必量天下之权，而揣诸侯之情"。不光在古代的用兵之道中讲究量权，在现实生活中也应该重视量权的重要作用。当你需要为某事进行抉择时，一定要避免情绪化，不骄不躁，对事情进行深入地思考和衡量，以免造成不必要的损失。

第十篇　谋术

第一章　三仪

━━ 原文

为人凡谋①有道，必得其所因，以求其情②。审得其情，乃立三仪③。三仪者曰上、曰中、曰下，参以立焉，以生奇④。奇不知其所拥，始于古之所从⑤。故郑人之取玉也，必载司南之车⑥，为其不惑也。夫度材、量能、揣情者，亦事之司南也。故同情而俱相亲者，其俱成者也。同欲而相疏者，其偏成者也；同恶而相亲者，其俱害者也；同恶而相疏者，其偏害者也⑦。故相益则亲，相损则疏，其数行也⑧；此所以察同异之分，其类⑨一也。故墙坏于其隙，木毁于其节，斯盖其分也。故变生事，事生谋、谋生计、计生议、议生说、说生进、进生退、退生制，因以制于事。故百事一道，而百度一数⑩也。

注释

①谋：策划。这里主要指谋划说服人的策略。

②得其所因，以求其情：要调查对方的心理状态，就要掌握这

个人的本性。因，依靠，凭借；情，实情，情形。

③三仪：指天、地、人，天在上，地在下，人居中。借用天、地、人三仪，指上智、中才、下愚。

④参以立焉，以生奇：三仪互相渗透，就可谋划出卓越的策略。

⑤始于古之所从：自古以来就人人遵行。

⑥司南之车：中国古代发明的一种装有磁石的车。常指南方，以此为基准作行军时的向导。

⑦同恶而相疏者，其偏害者也：假如二人有同样恶习，而关系疏远，只能是单方受害。

⑧故相益则亲，……其数行也：相益，互相有利；相损，互相损害；数，法则，道理。

⑨以察同异之分，其类一也：根据这个来判断异同，道理是一样的。

⑩一数：一定的数。

译文

凡是筹划计谋的人都要遵循一定的法则，一定要弄清原由，以便推测出事情的真实情况。通过研究事情的原委，来确定"三仪"。"三仪"就是上、中、下。三者互相渗透，就可以从中悟出出奇制胜的办法，而奇计是所向无敌的，从古到今都是如此。所以郑国人入山采玉时，都要带上指南针，是为了不迷失方向。忖度才干、估量能力、揣度情理，也可以借鉴指南针。所以凡是感情相同而又互相亲密的人，可以相互学习，共同成功；凡是欲望相同而关系疏远的，必然有一部分人受到伤害；凡是恶习相同而关系又密切的，因为目标相同必然一同受害；凡是恶习相同而关系疏远的，一定是部分人先受到损害。所以，如果能互相带来利益，就可以和睦相处，如果相互牵连地造成损害，就会疏远关系。这都是有定数的事情，也是所以要考察异同的原因，凡是这类事情都是一样的道理。所以，墙壁通常因为有裂缝才倒塌，树木通常因为有节疤而折毁，这都是理所当然的。因此，事情变化的产生都由于事物自身的渐变引起的，而事物又生于谋略，谋略生于计划，计划生于议论，议论生于游说，游说生于进取，进取生于退却，退却生于控制，事物由此得以控制。可见各种事物的道理是一致的，不论反复多少次也都是有定数的。

☽ 鬼谷锦囊

"凡谋有道，必得其所因，以求其情。审得其情，乃立三仪。"意思是说凡是筹划计谋都要遵循一定的法则。一定找准事情的突破口，以便推测出事情的真实情况。在制定谋略时，要洞悉事情发生及发展的原委，制定出三种谋略方案，然后根据"一切从实际出发""具体情况具体分析"的原则来确定最切实可行的应变对策，想出出奇制胜的绝招。

在日益激烈的竞争环境中，一个人能否出奇制胜，在很大程度上能决定其成败。如果你想在风云变幻的商业大潮中创出自己的一片天地，就必须学会出奇制胜、逆向思维。

☽ 延展阅读

万事万物有因必有果，制定谋略就需以事物变化的起因为依据来制定。任何谋略都由计策组合而成。计策中可分为三仪："上策""中策"和"下策"。如果事情对彼此都有利，就可以和睦相处；

对彼此不利，就会疏远。这是一个普遍存在的规律，也是观察异同的办法，如果我们能够充分利用他们之间的微妙关系，那么制定出奇制胜的策略将不再是难事。

齐湣王是个骄傲且喜欢享乐的人，因此人们的生活苦不堪言。于是作为齐国邻居的燕国便派大将联合另外几个国家一同进攻齐国。齐国百姓对齐湣王痛恨交加，因此在敌军面前根本无心抗敌，士气也非常低落，结果大败。他们看到燕兵奸淫掳掠，想到国仇家恨，心里非常难过，于是逃往莒城和即墨，誓死抵抗。

燕军攻打多年，没将莒城攻下，只好转攻即墨城。即墨城中的守军得知田单是位足智多谋的勇士，也很擅于攻略，于是就将其推举为守城的大将军。聪明的田单想出了一个叫"火牛阵"的新计谋，他先叫城内的商人，拿着金银珠宝偷偷送到燕军将领手中，并且让他们假装投降，说："即墨城的守军兵力不足，即将投降，这些珠宝献给你们，请求大人您入城之后莫杀我们！"燕军一听，以为即墨城里已经准备投降，高兴之余放松了警戒。

这时田单从城里集齐一千多头牛，并且将牛都披上五彩龙纹衣，双角绑尖刀，尾巴上绑草。正当黑夜来临时，只见他一声令下，部署们立即点燃牛尾巴上的草，牛被火烫到之后，就拼命往前跑。燕军从睡梦中惊醒，看到这一大群五彩怪兽，吓得惊惶失措，四处乱逃，不是死于牛脚之下就是葬于乱箭之中。之后田单又乘胜追击，最后收复了被燕军占领的七十多个城邑。

大将田单采取"火牛阵"这样的奇计来打败敌人，真可谓出奇制胜。如今，出奇制胜的手法成了人们创业途中的必备招数，无不希望以奇致胜、借奇揽财。但在出奇制胜的过程中千万不能忽视"奇"

的根基，否则容易招致他人的反感。

一次，张作霖出席名流雅席。席间，有几个日本浪人突然声称，久闻张大帅文武双全，请即席赏幅字画。张作霖明知这是故意刁难，但在大庭广众之下，盛情难却，就满口应允，吩咐笔墨侍候。只见他潇洒地踱到桌前，在铺好的宣纸上大笔一挥写了个"虎"字，然后得意地落款："张作霖手黑"，盖上朱印，踌躇满志地掷笔而起。那几个日本浪人，丈二和尚摸不着头脑，面面相觑。机敏的随侍秘书一眼发现了纰漏，"手墨"意为亲手书写的文字，怎么成了"手黑"？他连忙贴近张作霖耳边低语："您写的'墨'下面少了个'土'。"张作霖一瞧，不由得一愣，怎么把"墨"写成"黑"啦，如果当众更正，岂不大煞风景。他眉梢一动，计上心来，故意训斥秘书道："我还不晓得这'墨'字下边有个'土'，这是日本人要的东西，这叫寸土不让。"

在社交场合中，说错话做错事的情况无处不在，如果点头认错、当众纠正又势必会使自己陷入极为难堪的局面。此时则不妨考虑一下，能否来个将错就错，出奇制胜，摆脱窘境。张作霖并没有因为自己的失误而心慌，而是面对现实，冷静思考，根据具体情况灵活应变，不仅让自己摆脱了尴尬，还给了日本浪人一个重重的反击。

出奇制胜的战术，就要想别人所不想，为他人所不为。倘若我们绞尽脑汁也想不出"出奇制胜"的策略时，不妨从古人那里取取经，只要从实际出发，沉着应变，具体问题具体分析，敢想敢做，出奇制胜也并不是难事。

第二章 三才

■ **原文**

夫仁人轻货①，不可诱以利，可使出费；勇士轻难，不可惧以患，可使据危；智者达于数、明于理，不可欺以诚，可示以道理，可使立功；是三才②也。故愚者易蔽也，不肖者易惧也，贪者易诱也，是因事而裁之③。故为强者，积于弱也；为直者，积于曲；有余者，积于不足也；此其道术行也。

注释

①夫仁人轻货：有德行的人轻视财货。

②三才：指仁人、勇士、智者三种人才。

③因事而裁之：根据具体情况做出判断和进行巧妙的裁夺。

译文

那些仁人志士必然轻视钱财，所以不能用金钱来诱惑他们，反而可以让他们捐出资财；勇敢的壮士自然会轻视危难，所以不能以威胁来恐吓他们，反而可以让他们镇守危地；一个有智慧的人，通达礼教，明于事理，不可假装诚信去欺骗他们，反而可以给他们讲清事理，让他们建功立业。这就是所谓仁人、勇士、智者的"三才"。

因此说，愚蠢的人容易被蒙蔽，不诚实的人容易被恐吓，贪图便宜的人容易被诱惑，所有这些都要根据不同的情况采取不同的措施。所以强大是由微弱积累而成；直壮是由弯曲纠正而成；有余是由不足积累而成。这就是因为"道数"得到了实行。

⟳ 鬼谷锦囊

世界上有三种人才，即：仁者、勇士、智者。仁者重视理想与信念，轻视财富与地位，即使是最具诱惑的利益摆在他们面前，他们也不为所动；勇士有着百折不挠的信念和坚忍不拔的意志，不会轻易被外来的压力和威胁所恐吓，即使是最具危险的事情他们也能如期完成；智者有着极强的逻辑思维，他们甚至一眼就能看穿一切不诚信的欺骗手段，如果对其晓以大义，必能立下盖世奇功。

⟳ 延展阅读

卜式以耕田畜牧为业。他有一个年幼的弟弟，在弟弟长大成人时，卜式就从家里搬了出来，只要了家中畜养的一百多头羊，田宅房屋等全留给了弟弟。卜式进山牧羊，十多年过后，羊达到一千多头，于是给自己买了一套宅舍和相应的田地。而他的弟弟因出手大方又不务正业，最终将家中财产挥霍得一干二净，宅心仁厚的卜式多次把自己的家产分给弟弟。

当时汉朝正在征伐匈奴，卜式上书，说愿意捐献一半家产资助边防。汉武帝派使者问卜式："你这么做是想做官吗？"卜式说："我从小放羊，不熟悉做官的事，不想做官。"使者问道："莫非是家中有冤屈，想要申诉冤情？"卜式说："我生来与人无争，同乡的人中贫穷的，我救济他；品行不好的，我劝导他；我所住的地方，人们都听从我卜式，我怎么会被人冤屈！皇上讨伐匈奴，我认为贤能的人应该效死以保其节义，有钱财的人应该捐献钱财，这样，匈奴就可以消灭了。"

使者把他的话报告给了汉武帝。汉武帝又把卜式的话告诉丞相公孙弘。丞相说："这不是人之常情。这种不守法度的人，不可以作为教化的榜样而扰乱正常的法规，希望陛下不要答应他的请求。"于是卜式的上书因此搁置，过了几年，才将他打发回去。卜式回到家中，依旧耕田放牧。

过了一年多，匈奴浑邪王等人前来投降，朝廷因此花费很大，仓廪府库很快就空了，贫民大量迁徙，大都靠着朝廷给养，而朝廷已经没有能力来全部供养了。这时卜式又出资二十万给河南太守，用来接济那些迁徙的百姓。河南太守上报富人助济贫人的名册，汉武帝看到卜式的姓名时，说道："这原是以前想要捐献一半家产资助边防的那个人。"当时，富豪（为了逃税）争相着隐匿家产，唯有卜式想要资助边防费用。

汉武帝认为卜式是一位性情仁厚之人，于是要求召见卜式并将他封官为中郎，赐爵为左庶长，田十顷，并布告天下，使他尊贵显荣，用来教化百姓。

起初，卜式不愿做郎官。汉武帝说："我有羊在上林苑中，想让你去牧养它们。"卜式这才答应。一年多后，羊不仅长得肥壮，而且大量繁殖。

汉武帝路过他的放羊之处时，对他大加称赞。

卜式说："让它们按时起居，凶恶的就立即除掉，不让它危害一群。其实不仅放羊如此，治理百姓也是同样的道理。"

他的话让汉武帝为之一惊，产生了想让他治理百姓的念头。于是封他为缑氏县令，任职期间，缑氏人都安于他的治理。随后又将他调为成皋县令，期间他办理漕运的政绩也是最好的。汉武帝认为卜式为人朴实忠厚，于是封他做齐王太傅，后来又封为丞相。

适逢南越丞相吕嘉反汉，卜式上书说："我父子愿意与齐国善于射箭操船的人一起到南越决一死战，以尽为臣的节义。"汉武帝认为卜式贤良，下诏说："如今天下不幸发生了战事，郡县诸侯没有依正直之道奋起的。齐国丞相卜式其行雅正，亲事耕种，不为利益所惑。过去，北方发生了战事，他曾上书要捐献家产帮助官府保卫边疆；现在又首先站出来，虽然没有参加战斗，可以说他的义是从内心里表现出来的。"于是，封卜式为御史大夫。

卜式轻视财富与地位，丝毫不为利益所获，是典型的仁人志士；在他治理下，百姓安居乐业，政绩显赫，是一名不可多得的智者；吕嘉反汉之际，卜式又自告奋勇前去平乱，可称得上一位勇者。

既然有仁者、勇士、智者三种人才，就有相应的三种人渣，即：愚蠢的人、不诚实的人、贪婪的人。愚蠢的人不懂得深思熟虑，往往人云亦云，因此是最容易被蒙蔽的；不诚实的人满口谎言，经常违背自己的良心做事，又担心事情会败露，因此他们也会显得异常胆怯；贪婪的人贪得无厌，往往会在利益面前经不起诱惑而乱了阵脚。

一位农夫和一个商人在一片狼藉中寻找财物，他们发现一大堆完好的羊毛，于是两个人平分之后扛在肩上。后来，他们又发现了很多布匹，农夫将沉重的羊毛卸掉，挑了些较好的便于自己扛动的布匹，而贪婪的商人则将农夫丢下的羊毛和剩余的布匹都捡起压在了肩头，太过沉重的压力使得他气喘吁吁，行动缓慢。又走了一段路，他们又发现了很多贵重的银质餐具，农夫将布匹都丢掉，捡了一些较好的银器背上，轻快地回家了，而商人却因为背负了太多的羊毛和布匹，再也无法弯下腰继续捡银器了。

天公不作美，途中竟然下起了大雨，商人背上的羊毛和布匹被淋湿变得更加沉重了。他精疲力尽，又冷又饿，最后摔倒在又湿又滑的路上。而早就回到家中的农夫，将银器变卖以后，生活变得渐渐富足起来。

商人很贪婪，同时也很愚蠢，他的结局完全是贪心不足所致。在现实生活中，切忌不可仿效这位贪婪的商人，正因为他的贪婪，见什么要什么，最终只能落得个空手而归的下场。相反，农夫的选择是明智的，正因为自己的敢于舍弃，才能使自己过上富裕的生活。这足以说明舍弃并不意味着失去。

在现实生活中，只有管理好自己的欲望，控制自己的贪婪，不过分计较得失的多少，才能在人生旅途中获得真正的幸福和快乐！

第三章　计谋之用

■ 原文

故外亲而内疏者说内，内亲而外疏者说外。故因其疑以变之^①，因其见以然之^②，因其说以要之^③，因其势以成之，因其恶以权之，因其患以斥之。摩而恐^④之，高而动之，微^⑤而证之，符^⑥而应之，拥^⑦而塞之，乱而惑之，是谓计谋。计谋之用，公不如私^⑧，私不如结^⑨；结而无隙者也。正不如奇^⑩，奇流而不止者也。故说人主^⑪者，必与之言奇；说人臣^⑫者，必与之言私。

注释

①因其疑以变之：根据对方的疑问来改变自己的游说内容。

②因其见以然之：根据对方的表现来判断其游说活动是否得法。

③因其说以要之：根据对方的言辞来归纳其游说要点。

④恐：受威胁的感受。

⑤微：削弱。

⑥符：验证，应验的意思。

⑦拥："拥"通"壅"，堵塞，阻塞。

⑧公不如私：公，公开；私，私下，暗地里。公开运用计谋，不如在暗地里运用。

⑨私不如结：结，缔联，结文。暗地里谋划又不如二人结为死
党在一起商议。

⑩正不如奇：正攻法虽然是合理的，但是却不如乘对方之不备使
用奇攻法。

⑪人主：人君，帝王。

⑫人臣：臣下，大臣。

译文

所以，对那些外表亲善而内心疏远的人，要从内心开始进行游
说；对那些内心亲善而表面冷淡的人，要从表面开始进行游说。因
此，要根据事态发展的疑点来改变自己游说的内容，要根据对方的
表现来判断游说是否得法，要根据对方的言辞来归纳出游说的要
点，要根据事情发展的变化适时征服对方，要根据对方可能造成的
危害来权衡利弊，要根据对方可能造成的祸患来采取对策。揣摩之
后加以威胁，抬高之后加以策动，削弱之后加以扶正，符合之后加
以响应，拥堵之后加以阻塞，搅乱之后加以迷惑。这就叫作"计谋"。
至于计谋的运用，公开不如保密，保密不如结党，结成的党内是无
懈可击的。正规策略不如奇策，奇策实行起来可以无往不胜。所以
向人君进行游说时，必须与他谈论奇策。同样道理，向人臣进行游
说时，必须围绕对他切身利益相关的内容。

☽ 鬼谷锦囊

鬼谷子说："正不如奇，奇流而不止者也。"这句话最适合的领
域，莫过于谈判桌上了。

坐到谈判桌边来的人都想成为赢家，这是谈判者共同的心理。

谈判者背后的实力是决定优劣的一个重要因素，但同样不可忽视的是，谈判技巧对谈判本身的进展来说往往具有重要意义。怎样在谈判中掌握主动权，这是一个事关能否成为赢家的关键问题。在很多情况下，主动权的取得是靠出其不意的举动，即乘其不备，出奇制胜。因为从谈判所具有的严肃性、针对性和对立性来说，会场犹如战场，能否取胜，除了武器装备是否优良之外，还要看现场指挥者的计谋和策略。掌握了主动权，就可以使谈判朝有利于自己的方向发展。

◎ 延展阅读

鬼谷子在此阐述了如何使计谋顺利实施的方法。

要想使计谋顺利实施，必须注意下面的顺序：用公事公办的方法，不如求之于私交；求之于私交，不如与人密谋，只有与人密谋的方法才可以做到无懈可击；用常规正统之法，不如用出奇制胜的"奇谋"。

所以，要想取得胜利，"公不如私，私不如结；结而无隙者也"。

曹操被张绣第二次追击失败后，沿途不敢停留，星夜赶回许都。袁绍见状只得回师北征公孙瓒去了。曹操十分痛恨袁绍，但还是听从荀彧等人意见，联合刘备，先扫清东南，剪除心腹大患吕布。

谁知事机泄露，吕布抢先下手，打败刘备，攻占了小沛。又派陈宫联络泰山强盗孙观、进攻兖州各郡。

曹操闻讯便率大军行至萧关附近，进攻吕布。这时，吕布手下的部属陈登早已成为曹操的内线，便趁机运用传递假情报的计谋，配合曹操打败吕布——萧关告急，吕布要带陈登前去救助，让陈登父亲陈珪留守徐州。

临行前夜，陈氏父子秘密商议，如果吕布败回，由陈珪占领徐州不放他入城，但恐吕布妻小心腹在城里诸多不便，怎么办？陈登说："不必发愁，我有计策了。"

第二天入见吕布劝道："徐州四面受敌，曹操一定要拼力进攻，我们当先留有退路，将钱粮移藏于下邳，若徐州被围，就有粮草接济。"

吕布喜道："你说得很有道理。"即命人将妻小和钱粮移屯下邳。部署完毕，便率军前往萧关。

行至半路，陈登说："让我先去萧关探听曹军虚实，您方可行事。"吕布同意。陈登先上萧关，告知守将陈宫："吕将军责怪你们不肯出兵迎战。"

陈宫说："曹军势大，不可轻敌。我们紧守关隘，你劝主公力保沛城，这是上策。"

陈登"嗯嗯"点头。晚上，见曹军直逼关下，便悄悄写三封情报，挂在箭上，射下关去。翌日，他辞别陈宫，飞马来见吕布道："孙观等人都想向曹操投降，献出萧关，我已命陈宫死守，将军便可于今日黄昏杀去救应。"

吕布谢道："要不是先生，萧关就失守了。"便令陈登先去关上约陈宫为内应，举火为号。

陈登见了陈宫又说："曹军已抄小路进入关内，主公怕徐州有失，你们要回援。"

陈宫便率军弃关上路。陈登就在关上放起火来。吕布乘着夜色攻来，与陈宫军自相残杀。曹军望见火光，已知陈登箭信所示讯号，便一齐杀到，轻易夺取了萧关，孙观等人各自逃命去了。

吕布与陈宫相互攻到天明，方知受骗上当，急忙联合一起赶回徐州，到得城边叫门时，城上乱箭射下。原来陈珪已公开投降曹操。吕布要找陈登，遍寻军中不见，情知中计。其时，陈登早已去小沛，再次向守将高顺、张辽假传情报："主公在徐州被围，你们快去救援。"

高顺、张辽即率军赶往徐州，路上同吕布、陈宫相遇，吕布这才恍然大悟，狠狠地说："我非杀死陈登这个内奸不可！"即汇合军队向小沛进发，行至城边，见城上尽是曹兵旗号——原来曹操已按陈登箭信所示，令曹仁趁虚而入，兵不血刃地占领了小沛。

吕布在城下大骂陈登，陈登在城上指着吕布回骂道："我是汉朝的臣子，岂能为你这个反叛之贼服务？"吕布大怒，要想攻城，无奈曹操率大军冲杀前来，吕布难以抵御，只得率部向东面逃去。

陈登父子密谋与曹操里应外合，吕布本来就是一介武夫，有勇无谋，哪能识破其中奥妙。可以说陈登把鬼谷子"公不如私，私不如结"的谋略演绎得淋漓尽致。

不仅军事、外交活动如此，商业活动更加需要出奇制胜。

1. 无心汤圆。

明朝时，商人王心发在闹市开了一家汤圆店。为招徕顾客，王心发特地请当地文人徐文长根据他的要求写了一块招牌挂在店门外，偌大一个招牌，只有一个中间缺少一点的"心"字。

招牌挂出后，过往行人议论纷纷，有的说徐文长写错了字，遭人讥笑；有的说汤圆店的汤圆有皮无心。于是一传十，十传百，惹得远近的人们纷纷前来观看，想亲口尝尝店里的无心汤圆。不用说，店里的生意也红火起来，真是此时无心胜有心。

2. 银幕上的寻人启事。

台北新光人寿保险公司经理吴家录创业之初，准备大做广告扩大公司知名度，而要做广告，资金相当紧缺，电视、报纸等正式媒体的广告价格又很贵。为此，吴家录突发奇想，每晚8点在比较卖座的电影院发布"寻人启事"，内容为"找新光人寿保险公司某某人"。

由于文字直接打到银幕上，在场观众都能接收到这则信息，每次费用才5角钱，价格便宜，但效果非常显著，新光人寿保险公司的名字也日渐为越来越多的人所认识了。

第四章　圣人之道，在隐与匿

■■ 原文

其身内、其言外者疏；其身外、其言深者危①。无以人之所不欲，而强之于人；无以人之所不知，而教之于人。人之有好也，学而顺之；人之有恶也，避而讳之，故阴道而阳取之②也。故去之者从之，从之者乘之③。貌者不美，又不恶，故至情托焉④。可知者⑤，可用也；不可知者，谋者所不用也，故曰事贵制人，而不贵见制于人。制人者握权也，见制于人者制命也。故圣人之道阴，愚人之道阳⑥。智者事易，而不智者事难。以此观之，亡不可以为存，而危不可以为安⑦，然而无为而贵智矣；智用于众人之所不能知，用于众人之所不能见。既用见可，择事而为之，所以自为也；见不可，择事而为之，所以为人也。故先王之道阴，言有之⑧曰："天地之化，在高与深；圣人之道，在隐与匿。非独忠、信、仁、义也，中正而已矣。"道理达于此⑨义者，则可与语。由能得此，则可与远近之义。

注释

①危：危险。

②阴道而阳取之：悄悄进行谋划，公开进行夺取。

③去之者从之，从之者乘之：去，除掉、去掉；纵，放纵，恣

肆；乘，利用，趁机会。

④貌者不美，……情托焉：不论对任何事物都不立刻把喜怒形于色的人，都是属于冷静而不偏激的人，这种人可以完全信赖他。

⑤可知者：可以了解透的人。

⑥圣人之道阴，愚人之道阳：圣人谋划的事情，隐而不露；愚笨的人谋划事情，张扬外露。

⑦亡不可以为存，而危不可以为安：这里指救亡图存和转危为安都是很难的事。

⑧言有之：古语有这种说法。

⑨道理达于此：能认清此种道理。

译文

虽然是自己人，如果说有利于外人的话，就会被疏远。如果是外人，却知道内情太多，就必然陷入危险。不要强迫别人做他不愿意做的事情，不要拿别人不知道的事情去说教别人。如果对方有某种兴趣爱好，就要仿效以迎合他的兴趣；如果对方厌恶什么，就要加以避讳，以免引起反感。所以，要进行隐密的谋划和公开的夺取。想要除掉的人，就放纵他，任其胡作非为，待其留下把柄时就乘机一举消灭他。那些遇到事情既不喜形于色也不怒目相待的人，是感情深沉的人，可以托之以机密大事。对于了解透彻的人，可以大胆重用；对了解不够透彻的人，有智慧的人是不会重用他们的。所以说，掌握别人的思想最为重要，绝对不要被人家控制。控制人的人是掌握大权的统治者；被人家控制的人，是唯命是从的被统治者。所以圣人运用谋略的原则是隐而不露的，而愚人运用谋略的原则是大肆张扬的。有智慧的人成事容易，没有智慧的人成事困难。由此可以看出，一旦国家灭亡了就很难复兴；一旦国家骚乱了就很难安定，所以无为与智慧是最重要的。智慧是用在众人所不知道的地方，用在众人所看不见的地方。在施展智谋以及才干之后，如果证明是可行的，就要选择相应的时机来实行，这是为自己；如果发现是不可行的，也要选择相应的时机来实行，这是为别人。所以古代的先王所推行的大道是属于"阴"的，古语说："天地的造化在于高与深，圣人的治道在于隐与匿，并不是单纯讲求仁慈、义理、忠诚、信守，不过是在维护不偏不倚的正道而已。"如果能彻底认清这种道理的真义，就可以与人交谈，假如双方谈得很投机，就可以发展长远的和目前的关系。

◎ 鬼谷锦囊

鹰立如睡，虎行似病。在现实生活中用"藏巧于拙，用晦而明、聪明不露，才华不逞"等韬略来隐蔽自己的行动，可以达到出奇制胜的目的。表现低调些，做事情过于张扬就会泄漏"事机"，就会让对手警觉，就会过早地把目标暴露出来，成为对手攻击和围剿的"靶子"。保护自己的最好方式就是不暴露，尽管这样做会有损失，却能避免更多不可预知的风险。

◎ 延展阅读

控制者，是拥有一定智慧的人，而被控制者，命运只能永远掌握在他人手里。愚人运用智慧是大肆张扬的，而圣人运用智慧却是隐而不露的。隐而不露是一种谋略，是为了达到某种目标，故意将自己的内心隐盖起来以麻痹对方，而一旦时机成熟，条件具备，就会露出利牙，刀枪出鞘，置对手于死地。

那些相貌沉稳、面无表情的人，实则是可以托付真情的人；那些通过考验、了解透彻的人，是可以大胆重用的人；那些深藏不露、即使考验也不能了解的人，是不能轻易重用的。"智用于众人之所不能知，用于众人之所不能见。"在运用智慧时，不仅要运用在对方所看不见的地方，还要时刻观察事物的规律性，探索事物变化的征兆，分析引起变化的原因，制定隐秘又合理的应变措施，并通过适当的时机，将措施得以实施。如果条件不够成熟，切莫仓促实施计划。此时，可以做一些对方喜欢的或完全为他人服务的事，要让对方感觉你是在全心全意为他服务，等到对方对你另眼相待开始接受你时，再寻找机会实施计划。

公元73年（东汉明帝永平十六年）的一天晚上。疏星淡月，万籁俱寂。云中（今内蒙古自治区托克托县一带）太守廉范在军营帐篷内一会儿踱步苦苦思索，一会儿翻阅着已经读得熟烂的兵书。最近北方匈奴又大举进攻，云中太守廉范奉命抵抗。当时手下部队只有匈奴的一半，形势很是危急。

一位部将建议道："廉大人，依小人之见，还是向四周友邻求救，才是上策。"

廉范摇摇头，说："请求增援当然可以一试，但匈奴这次是大举进攻，万一友邻不肯增援，或者确实分不开兵力呢？我们应该立足于自己的力量去抗击强敌才是啊！"

那个部将说："可眼下我们的兵力实在是太少了。"

"兵不厌诈！"廉范突然说："我们用假象欺骗敌人，对！就用无中生有之计。"

"无中生有？"部将疑惑地问，"如何无中生有？"

这时廉范两眼闪闪生辉，对部将耳语一阵，部将点点头，马上照廉太守的计谋去办。

门口，几个哨兵举着火炬在来回巡逻，火炬的一头是火，另一头握在手中。可是，一会儿，军营中所有的兵士都出来了，每人手里拿一个十字形火炬，用手握住一头，其余三头都点着火，然后在军营里分散站开。这样，一个人就"变"成了三个人。

在和汉兵对峙的匈奴人的军营中，主帅闻报说："廉范的军营里到处是举着火炬的士兵。"主帅以为汉朝的增援部队已经赶到，不久就要发动攻击，因此很是害怕。天色微明，群星消失，大地一片苍茫，匈奴部队急急收起帐篷，向北撤退。廉范命令士兵们紧擂战鼓，喊杀声惊天动地，一个冲锋，杀敌数百。匈奴兵慌忙中自相践踏，又抛下1000 多具尸体，让他们做"异乡鬼"了。

"智用于众人之所不能知，而能用于众人之所不能见。""圣人之道，在隐与匿。"廉范的这招无中生有之计就是如此，计谋隐秘又合理，时机又恰到好处，可谓"奇谋"。

大凡智慧者，都应该"隐而不露"。不光古代的战场如此，人生的很多领域都应遵循同样的道理。

1998 年，华为以 80 多亿元的年营业额，雄踞当时声名显赫的国产通信设备四巨头之首，势头正猛。而华为的首领任正非不但没有从此加入到明星企业家的行列中，反而对各种采访、会议、评选唯恐避之不及，直接有利于华为形象宣传的活动甚至政府的活动也一概坚拒，并给华为高层下了死命令："除非重要客户或合作伙伴，其他活动一律免谈，谁来游说我就撤谁的职！"整个华为由此上行下效，全体以近乎本能的封闭和防御姿态面对外界。

2002 年的北京国际电信展上，华为总裁任正非正在公司展台前接待客户。一位上了年纪的男子走过来问他："华为总裁任正非有没有来？"任正非问："你找他有事吗？"那人回答："也没什么事，就是想见见这位能带领华为走到今天的传奇人物究竟是个什么样子。"任正非说："实在不凑巧，他今天没有过来，但我一定会把你的意思转达给他。"

关于任正非还有很多故事。有人去华为办事，晕头转向地换了一圈名片，坐定之后才发现自己手里居然有一张是任正非的，急忙环顾左右，斯人已不见踪影。有人在出差去美国的飞机上，与一位和气的老者天南地北地聊了一路，事后才被告知那就是任正非，于是懊悔不迭。这些多少有点传奇的故事说明，想认识任正非的人太多，而真正认识任正非的人却很少。

近两年来，华为的壁垒有所松动，出于打开国外市场的需要，华为与境外媒体来往密切，和国内媒体的接触也灵活不少，华为的一些高层也开始谨慎露面。惟一没有任何解禁迹象的，是任正非本人。

在一篇名为《我的父亲母亲》的文章中，又展现了任正非理性和激情背后温情的一面。他在文中总结说："由于家庭原因，'文革中'，无论我如何努力，一切立功、受奖的机会均与我无缘。在我领导的集体中，战士们立三等功、二等功、集体二等功，几乎每年都大批涌出，唯我这个领导者从未受过嘉奖。我已习惯了我不应得奖的平静生活，这也培养了我今天不争荣誉的心理素质。"

正是由于任正飞的低调做人，才使得他有更多的时间和精力打理公司，每年花大量时间游历全球，在各个发达市场与发展中市场上寻觅机会，在通信设备国际列强间合纵连横，寻觅可用的力量与资源。深刻领悟西式规则的同时，充分发挥东方的智慧，带领着华为再创辉煌。

过分的张扬自己，就会经受更多的风吹雨打，暴露在外的橡子自然要先腐烂。一个人在社会上，如果不合时宜地过分张扬、卖弄，那么不管多么优秀，都难免会遭到明枪暗箭的打击和攻讦。

第十一篇　决^①术

第一章　成败在于决断

■■ 原文

为^②人凡^③决物，必托于疑者，善其用福，恶其有患^④，善至于诱也，终无惑^⑤。偏有利焉，去其利则不受也^⑥，奇^⑦之所托^⑧。若有利于善者，隐托于恶，则不受矣，致^⑨疏远。故其有使失利、有使离^⑩害者，此事之失。

注释

①决：决断。《左传·桓公十一年》："卜以决疑"。《史记·淮阴侯列传》："成败在于决断"。这里指决情定疑，果断决策。

②为：给，替。

③凡：凡是，表示概括。

④善其用福，恶其有患：喜欢有利而厌恶灾祸。

⑤惑：迷惑。

⑥去其利则不受也：去，除去；去其利，将其利除去，即没有

利。受，接受。没有利则不接受。

⑦奇：奇计。

⑧托：凭借。

⑨致：导致，招致。

⑩离：古通"罹"，遭受。

译文

凡为他人决断事情，都是受托于有疑难的人。一般说来，人们都希望遇到对自己有利的事情，不希望碰上与自己不利的事情，希望最终能排除疑惑。在为人作决断时，如果只对一方有利，那么不利的一方就不会接受，这是因为依托的基础不平衡。任何决断本来都应有利于决断者的，但是如果在其中包含着不利的因素，那么决断者就不会接受，彼此之间的关系也会因此疏远，这样对作决断的人就不利了，甚至还会遭到灾难，这样决断是失误的。

〇 **鬼谷锦囊**

在现实生活中，不管是求人办事，还是帮人办事，人们都要对办与不办进行抉择，而抉择的目的无非就是权衡利弊得失，你是如此，对方亦是如此。所以，如果你想说服对方同意自己的要求，就要学会站在对方的立场和角度考虑，并用这种口吻与对方商量，只有让对方知道你是为了他好，他才能心甘情愿地接受你的要求。

〇 **延展阅读**

通常，人们都是通过事物变化产生的疑点来制定相应的策略。如果对方是可以说服的人，可以为我所用，就要通过对对方有利的话语来打动他，一切从善的方面表述，灵活运用；如果对方是不可以说服的人，不能为我所用，就要通过对对方不利的话语来提醒对方危险无处不在，同时要让对方明白自己的提醒是善意的。那些对自己有利可图的事情，如果不想方设法让对方改变对事情原有的看法时，对方是难以接受的，甚至还有可能导致彼此关系疏远。

投降安禄山的雍丘令令狐潮，被真源令张巡以草人计赚去几十万支箭后，恼羞成怒，几天后再次将雍丘包围。

张巡灵机一动："哎，再施一计，让令狐潮上当。"两军对阵，张巡策马驰至阵前，假意对令狐潮说："你想得到雍丘城吗？好！你给我30匹马，我就把城换给你。马一送到，我立即骑马跑出城门，高高兴兴请你入城，如何？"

令狐潮暗想：只要30匹马就能换一座城，那太合算啦。如果他不守信用，违背诺言，再打他也不迟。他连连应声："张巡，素闻你是个君子，我马上派人送来30匹好马！"

30匹马一到，张巡便将它们分发给了30名骁勇善战的军官。张巡特意吩咐："良机一到，看我手势，你们便飞马插进敌阵，每人抓回一个敌将！"

一昼夜将要流逝，令狐潮终不见张巡骑马出城。他又急又气，在城下破口大骂："张巡，你这个不讲信用、食言而肥的人，将被天下人耻笑！"

张巡却朗声笑答："我想骑马离城，可手下兵将不愿走，叫我如何是好呢？"

令狐潮一听此言，气得咬牙切齿："张巡啊张巡，你是故意拖延时间。你换城是假，骗老子的马是真！"当即大怒，立即把全部人马都摆在城外，要跟张巡决一雌雄。

可是，这么一来，恰恰中了张巡的圈套。

令狐潮的将领都涌出来了，但尚未摆好阵势，混乱之下，张巡的30名军官各骑一匹马，突然飞奔出城，杀入敌阵。这30员干将，看准目标，活捉了敌将14人，杀死士兵100多人。令狐潮眼瞅损兵折将，长叹一声，忙带着人心惶惶的部下龟缩回陈留。

张巡的"以城换马之计"的确很诱人，他通过讲述对对方有利的话语来诱使对方接受自己的要求，使对方上当，最后使对方措手不及，一败涂地。

著名人际关系学大师卡耐基曾经历过这样一件事：

他曾租用纽约某家饭店的大舞厅，用来每季度举办一系列的讲课。

在某一季度刚要开始的时候，他突然接到一个通知，说他必须付高出以前3倍的租金。而卡耐基得到这个通知的时候，入场券已经印好，并且发出去了，而且所有的通告也已经公布。

当然，卡耐基并不想支付这笔增加的租金，可是跟饭店的人理论是毫无用处的。因此，几天之后，他会见了饭店的经理。

"收到你的信，我有点吃惊，"卡耐基说，"但是我根本不怪你。假如我是你，我也可能发出一封类似的信件。你身为饭店的经理，有责任尽可能地增加收入。如果你不这样做，你将可能丢掉现在的职位。现在，我们拿出一张纸来，把你因此可能得到的利弊列出来，如果你坚持要增加租金的话。"

卡耐基取出一张纸，在中间划了一条线，一边写着"利"，另一边写着"弊"。

他在"利"的下面写下几个字："舞厅空下来"。接着他说："你把舞厅租给别人开舞会或开大会是最划算的，因为像这类的活动，比租给人家当讲课场更能增加不菲的收入。如果我把你的舞厅占用20个晚上来讲课，你的收入当然就会减少很多。现在，我们来考虑坏的方面。首先，如果你坚持增加租金，你不但不能从我这儿增加收入，反而会减少自己的收入。事实上，你将一点收入也没有，因为我无法支付你所要求的租金，我只好被逼到另外的地方去开这些课。你还有一个损失，这些课程吸引了不少受过教育、修养高的听众到你的饭店来。这对饭店本身是一个很好的宣传，不是吗？事实上，如果你花费5000美元在报上登广告的话，也无法像我的这些课程能吸引这么多的人来你的饭店。这对一家饭店来讲，其价值不是很大吗？"

卡耐基一边说，一边将这两项坏处写在"弊"的下面，然后把纸递给饭店的经理，说："我希望你好好考虑你可能得到的利弊，然后告诉我你的最后决定。"

第二天卡耐基收到一封信，通知他租金只涨50%，而不是300%。

卡耐基并没有明确提出自己的要求，而是从始至终都在谈论着对方的利与弊，正是他的聪明才智，使得自己成功得到了减租。

在现实生活中，此类事件似乎经常遇到，这就需要充分发挥自己的聪明才智，冷静思考，认真分析，切莫与对方产生冲突。当我们努力去争取某件事或努力达到某个目标的时候，就要权衡利弊，该舍弃的就要舍弃，以免被一些不必要的细枝末节所牵绊。

第二章　微而施之

▬ 原文

圣人所以能成其事者有五：有以阳德之①者，有以阴贼之②者，有以信诚之者，有以蔽匿之者，有以平素③之者。阳励于一言，阴励于二言，平素、枢机④以用；四者⑤微而施之。于是，度以往事，验之来事⑥，参⑦之平素，可则决之；公王大人之事也，危⑧而美名者，可则决之；不用费力而易成者，可则决之；用力犯勤苦，然而不得已而为之者，可则决之；去患者，可则决之；从福者，可则决之。故夫决情定疑万事之机⑨，以正治乱⑩、决成败，难为者。故先王乃用蓍龟⑪者，以自决也。

注释

①以阳德之：用阳道来感化。

②以阴贼之：用阴道来惩治。

③平素：即平时。

④枢机：枢纽、机要。

⑤四者：指一言、二言、平素、枢机。

⑥验之来事：对将来的事情进行验证。

⑦参：核对，对照、参照。

⑧佹：崇高的意思。

⑨万事之机：万事的关键。

⑩治乱：肃清动乱。

⑪蓍（shī）龟：蓍，一种多年生草本植物；龟是龟甲，都是占卜工具。

译文

圣人能够完成大业的原因，主要有五个途径：有用阳道来感化的；有用阴道来惩治的；有用信义来教化的；有用爱心来庇护的；有用廉洁来净化的。行阳道则努力守常如一，行阴道则努力掌握事物对立的两面。要在平时和关键时刻巧妙地运用这四个方面并谨慎行事。推测过去的事，验证将要发生的事，再参考日常生活中的事，如果可以，就做出决断；王公大臣的事，崇高而享有美名的，如果可以就做出决断；不费吹灰之力即可获成功的事，如果可以就做出决断；耗力气又辛苦，但又不得不做的，如果可以就做出决断；能消除忧患的，如果可以就做出决断；能实现幸福的，如果可以就做出决断。所以说，解决事情，确定疑难，是万事的关键。澄清动乱，预知成败，这是一件很难做到的事。所以古代先王就用筮草和龟甲来决定一些大事。

☺ 鬼谷锦囊

在现实生活中，做任何决策都应该遵循事物发展的规律，三思而后行，不要盲目急躁，更不要意气行事，否则只会自食恶果。

"度以往事，验之来事，参之平素"，万事要借鉴以往的或前人的经验，并验证现在将要实施的计划，结合一切如常的氛围，最后选择机会实施谋略。总之，只有慎重地决策，才能做出正确的决断。

◔ 延展阅读

"故夫决情定疑万事之机"，然而万事万物的决策都离不开事物存在的背景及事物之间错综复杂的联系。决断事物是有一定规律可循的，"度以往事，验之来事，参之平素"，就是说要借鉴往事，研究现状，预测未来。三者缺一不可。只有决策慎重，才能做出正确的决断。

明代开国皇帝朱元璋在平定天下时，提出基本国策为："高筑墙，广积粮，缓称王。"而一千多年之后，毛泽东在研究我国建设与防卫的方针时，还曾借鉴此一决策，指出 20 世纪 70 年代我国国策为："深挖洞（备战），广积粮（备荒），不称霸（外交）。"

由此可以看出，正确的决策可以稳定政局、富国强兵、造福人类；而错误的决策不仅会丧权辱国，还将使自己身败名裂。因此，不管做什么样的决策都应该进行慎重的考虑。

在职场中，最需要慎行的就是跳槽问题。职场中人最容易犯的通病就是这山望着那山高。寻找新的发展机遇固然不错，然而，在一些入业者立足未稳、涉世不深的情况下，被一时的"利好"假象所迷惑，盲目乱跳，结果往往会适得其反，自食苦果。

外经贸大学毕业的刘玉强去年春季被一家进出口公司所录用。由于公司实行的是承包制，刘玉强的底薪只有一千七百元，其他的待遇主要靠业务提成。实习期结束后，刘玉强刚刚上手，客户网络尚未建立起来，比起老业务员来，其待遇不能同日而语。

恰巧这时，一位学友主动介绍他到一家新成立的私人报关行，称其入业的门槛低，只要考上了报关员证，每月的底薪就可以拿到三千多。刘玉强闻言，动心了。在没有和原公司打招呼的情况下，他停职重新自修报关专业。这期间，学外贸专业如鱼得水的刘玉强对熟记海关编码等专业知识颇不适应，连考了两次都没有及格。第三次勉强过了，但那家报关行的人员已招满，而原来那家外贸公司早已将他除名。无奈之下，刘玉强又踏上了新的求职之路。

隔行如隔山。职场中人应该立足自己的专业或特长谋发展较为妥当。在人才市场供大于求的情况下，能找到与专业对路的单位本属不易，所以要耐得住寂寞，沉下心，大事都是由小事而成就的。

夏丽是职场的"老人"了。大学毕业后，在一家房地产公司做了两年的售楼员，虽然业绩不如老手，但远高于同期进来的同事。公司承诺，待她销售的楼盘到达50套时，将提升她为业务部副主任，其待遇也将随之"水涨船高"。

由于行业的特点，一般夏秋季属于售房的低迷期，加之国家出台新政策对房价进行了限价。在已完成45套的情况下，最后这5套夏丽想了很多辙也不管用。夏丽赶了一次人才招聘会，另外一家房产老板称她是"售楼冠军"，开出了更优惠的条件。入业后，夏丽这才知道新公司一样地遭遇了售房的"严寒期"。整个夏季，夏丽只卖出了5套房。再回到"老东家"，公司在春季已急招了新人填补了她的空位，她原有的业绩自然而然地也一笔勾销了。

有些行业有其独特性，如饮料销售员夏季就易出业绩，春节前后则是售楼的黄金期。跳槽要选择合适的季节和时机。反之，不考虑这些因素，结果往往与跳槽的初衷背道而驰。

第十二篇　符言①

第一章　主位

━ 原文

安、徐②、正、静，其柔节③先定。善予而不争，虚心平意④，以待倾⑤。右主位⑥。

注释

①符言：符是符契、符节。我国早在汉代就把有节的竹片加以中分，由两人各持一片，日后各拿这一片竹的人，只要能把两片竹完全合在一起，连竹节都能像原来那样吻合，那就证明是他本人或其代理人。到后来，改竹片而用木片或纸片等，并在上面加盖印记，而且是从印的中间切断使用，这种印就叫"骑缝印"。这里指言词与事实像符契一样吻合。还有人认为"符言"乃是"阴符之言"的简称。

②徐：缓慢、稳重。

③节：节度，法度。

④虚心平意：使内心很谦虚，使意念很开朗。

⑤以待倾：以备倾覆。

⑥右主位：上面主要讲善守其位。右：古代从右向左竖写。

译文

如果身居君位的人能做到安详、从容、正派、沉静，既会顺利又能节制，愿意给予，也与世无争，这样就可以心平气和地面对天下纷争。以上讲善守其位。

鬼谷锦囊

那些有所作为身居高位的人，往往不会显得高高在上、盛气凌人，而是给人一种平易近人的感觉。他们有着安静、稳重、有礼有节的言行举止，有着高尚的道德情操，同时善于听取他人的意见，善于肯定他人的成果，因此他们的做事效率往往比一般人要高得多。

胸襟广阔、平易近人的人，深知"小不忍而乱大谋"的道理，尤其是那些心中存有远大抱负之人，更是能够分清孰轻孰重。当然，宽容大度并不是对他人的无原则迁就，也不是主张善恶兼容，更不是要与不正当的行为和平共处，而是在道德规范的基础之上，做到相互谅解和支持。只有真正做到宽以待人，才能建立起和谐的人际关系。

延展阅读

公元前606年，一鸣惊人的楚庄王一举消灭了叛党，回到郢都，开了一个庆功会。这个宴会名为"太平宴"。君臣兴致很高，从白天一直喝到晚上，还没尽兴。

这时，天已经渐渐变黑，外面刮着大风，如同要下雨的一般，然而大厅中烛火通明，轻歌曼舞。忽然，从舞女中转出一位绝色佳人，上着白藕丝对衿仙裳，下穿紫绡翠纹裙。满头珠翠，颤巍巍无数宝钗簪；遍地幽香，娇滴滴有花金缕细。脸蛋如三月桃花，纤腰似春之杨柳，说不尽的体态风流，丰姿绰约。

这位美女就是庄王最宠爱的许姬。此刻，她奉庄王之令为群臣斟酒。她体态轻盈如同燕子一般，一会儿往东，一会儿往西。群臣都被她给迷住了，疯狂的喧闹声顿时全无。

突然，一阵冷风扑至大厅上，将屋里所有的蜡烛都吹灭了。而此时许姬正为一人斟酒，那人却趁着黑灯瞎火之际，拉住许姬的袖子，去捏她的手。

许姬倒也厉害，顺手牵羊地把那人帽子上的缨子揪了下来，快步来到庄王前轻轻地告状，要庄王快命人点烛，看看是谁那么大胆，竟敢趁机调戏她。

调戏君王的宠姬，无疑是对君王的羞侮，这是大逆不道的行为啊！但庄王想了想，高声喊道："切莫点燃蜡烛！寡人今日要与诸卿开怀畅饮，不用打扮得衣冠齐整的了，大家统统把帽子全摘下来吧！"当莫名其妙的文武官员都把帽子摘下后，庄王这才叫人点燃蜡烛。如此一来，庄王和许姬始终都不知道拉袖子的是何人。

散席之后，许姬对庄王颇有责怪之意。庄王却笑着说道："今天是寡人请文武百官前来喝庆功酒的，大家也很高兴，喝得都差不多了，酒醉出现狂态乃是很正常的事情，这又有什么奇怪呢？如果寡人按你所说的把那个人查出来，这样的确显示了你的贞节，但却让群臣不欢而散，那样就都会说我胸怀狭窄、度量太小，那以后谁还会为我拼死效劳呢？"

许姬听后，十分佩服。

后来，楚国与郑国交战时，前部主帅的副将唐狡自告奋勇率数百余人充当先锋，为大军开路。他攻无不克，战无不胜，使楚军进展顺利。庄王要厚赏唐狡。唐狡却红着脸说："大王切莫厚赏，只要不治我的罪，末将已感激不尽了！"

庄王问："为什么呢？"

唐狡磕头答道："上次'绝缨会'上，去拉美人手的便是我呀！昔日蒙大王不杀之恩，今日末将才舍命相报啊！"

庄王大喜，不但没有责怪反而重赏了他。

楚庄王心胸广阔，善于听取他人的意见，对调戏自己爱妃的人不但不加以责罚，还加以重用，这样的主君有谁愿意舍弃呢？他能够成为春秋五霸之一的原因，也就是如此。

能够做到心平气和、与世无争的人，不仅能够减轻自己本身的负担，还能获得他人的尊重，甚至还有可能使自己声名远播，何乐而不为呢？清朝时期的张廷玉宰相就是一个典型的例子。

清朝时期，有一位名叫张廷玉的宰相，他与一位姓叶的侍郎都是安徽桐城人。两家毗临而居，都要起房造屋，两家人争夺地皮的事情发生了争执。

张老夫人争不过，便修书给张廷玉宰相，要张宰相亲自出面干预，希望能够抢得那块地皮。

身为宰相的张廷玉到底见识不凡，他看完来信，立即做诗劝导老夫人："千里家书只为墙，再让三尺又何妨？万里长城今犹在，不见当年秦始皇。"

张老夫人见信后懂得了其中的道理，于是立即把墙主动退后三尺。

叶家见此情景，深感惭愧，也马上把墙让后三尺。就这样，张叶两家的院墙之间，就形成了六尺宽的巷道，成了有名的"六尺巷"。

尽管张廷玉失去了祖先传下的几分宅基地，但他却换来了邻里之间的和睦相处以及流芳百世的美名，这当然是得大于失的好事。

心平气和、与世无争，并不等于做一个无名无用之人，更不等于逃避；相反，与世无争是一种心态，更是一种境界，心静自然远离虚浮，心平气和自然与世无争。追求与世无争的境界更多的是在挖掘自身内心的快乐，要超越他人，首先就需超越自己，如果连自己都征服不了，又怎么能够去征服别人呢？

人的一生当中，如果能够以广阔的胸襟来对待他人，做到安详、从容、正派、沉静，不仅能够博得他人的好感，赢得周围人的尊重，更重要的是能够使自己的工作、生活变得更加轻松自在，这才是真正美丽、幸福的人生。

第二章　主明

原文

　　目贵明①，耳贵聪②，心贵智③。以天下之目视者，则无不见；以天下之耳听者，则无不闻；以天下之心虑者，则无不知。辐辏④并进，则明不可塞。右主明⑤。

注释

①明：明亮。

②聪：灵敏。

③智：智慧。

④辐辏（còu）：车辐条集辏于毂上。

⑤主明：主要讲察人之明。

译文

　　对眼睛来说，最重要的就是明亮；对耳朵来说，最重要的就是灵敏；对心灵来说，最重要的就是智慧。人君要是能用全天下的眼睛去观看，就不会有什么看不见的；要是用全天下的耳朵去听，就不会有什么听不到的；要是用全天下的心去思考，就不会有什么不知道的。要是全天下的人都能像车辐条集辏于毂上一样，齐心协力，就可明察一切，无可阻塞。以上讲察人之明。

⊙ 鬼谷锦囊

在实际生活中，真正能够做到明察秋毫、不被假象所迷惑的人又有多少呢？企业的管理者难免会有轻信他人的时候，就连要好的朋友之间也会因为他人的嫉妒诋毁而相互远离，这种事情可以说数不胜数。因此，要避免这种事情的出现，只有擦亮自己的眼睛，透过表面的现象去看事物的真实本质，认真分析事物变化发展的规律以及事物之间的内在联系，唯有如此，才不致造成不必要的损失。

⊙ 延展阅读

"目贵明，耳贵聪，心贵智。"拥有一双明亮的眼睛，除了要看清东西之外，最重要的是要"透过现象看本质"；拥有一双灵敏的耳朵，除了要听见声音外，最重要的是要听出"弦外之音"；既然要用心来想问题，那就要认真分析事物变化发展的规律以及事物之间的内在联系。假如我们能够集思广益、广开言路，把众人清楚明白的事情加以整理吸收，变成自己的想法，那么，世界上就没有看不透的事物。

三国时期，刘备死后，刘禅继位，蜀国的大小政事便由丞相诸葛亮处理决定，诸葛亮成了蜀国政权的实际主持者。

诸葛亮在人们的心目中有很高的威望，但他并不因此居功自傲，而是经常注意听取部下的意见。杨颙是当时丞相府里负责文书事务的主簿官。他对诸葛亮亲自过问每一件事的作法提出了建议。他说："处理国家军政大事，上下之间分工应该不同。"他还举出历史上一些著名的例子，劝诸葛亮不必亲自处理一切文书，少过问一些琐碎的小事，对下属应该有所分工，自己应主抓军政大事。诸葛亮对于杨的劝告和关心很是感激，但他怕有负刘备所托，仍然亲自处理大小事务。

后来杨颙病死，诸葛亮非常难过，哀悼不已。为了鼓励下属踊跃参与政事，诸葛亮特地写了一篇文告，号召文武百官，朝廷内外人士积极主动地发表政见，反复争议。这篇文告就是《教与军师长史参军掾属》。他在文中写道："丞相府里让大家都来参与议论国家大事，是为了集中众人的智慧和意见，广泛地听取各方面有益的建议，从而取得更好的效果。"

广开言路方能集思广益，集思广益方能让自己心知肚明。眼睛是明亮的，那就要看得清视野以外的东西；耳朵是灵敏的，那就不要听信他人的谗言，否则只会造成不必要的损失；要让自己拥有一颗包容的心，当自己颇有成绩时，不要居功自傲，更不要盛气凌人，遇见比自己高明的人要虚心向他学习，千万不要让嫉妒心毁了自己。

中国的企业管理者，大都有着这样一种管理信条："如果想把企业管理好，不论什么事情都不要相信自己的耳朵，而只相信自己的眼睛，任何人都不要轻易相信。"也正因为这样，才能够使这些管理者不被假象所蒙蔽，做到明察秋毫。一个听信道听途说、不问青红皂白的管理者和领导者是不合格、不称职的。

牛耕了一天田回来，躺在栏里，疲惫不堪地喘着出气，狗跑过来看它。

牛诉苦："唉，老朋友，我实在太累了，明儿个我真想歇一天。"

狗告别牛后，在墙角遇到了猫。"伙计，我刚才去看了牛，这位大哥实在太累了，它说想歇一天，也难怪，主人给它的活太多太重了。"

猫转身对羊说:"牛抱怨主人给它的活太多太重,它想歇一天,明天不干活了。"

羊对鸡说:"牛不想再给主人干活了,它抱怨它的活太多太重。唉,也不知道别的主人对他的牛是不是好一点?"

鸡对猪说:"听羊说牛不准备再给主人干活了,它想去别的主人家看看。也真是,主人对牛一点也不心疼,让它做那么多又重又脏的活,还用鞭子粗暴地抽打它。"

晚饭前,主妇给猪喂食,猪向前一步,说:"主妇,我向你反映一件事情,牛的思想最近很有问题,你得好好教育教育它。它不愿再给主人干活了,它嫌主人给它的活太脏太累太重太多。它还说要离开主人到别的主人那里去。"

"我得到猪的报告。"晚饭桌上,主妇对主人说:"牛想背叛你,它想换一个主人。背叛是不可饶恕的!你准备怎样处置它?"

"对背叛者,杀无赦。"主人咬牙切齿地说道。

可怜,一头勤劳而实在的牛就这样被传言"杀"死了!

一个出色的、优秀的管理者,决不能像故事中的主人那样,不弄清事情真相,仅凭一面之词,就武断地妄下结论,结果了一头辛勤劳作的牛的性命!一个企业如果有这样的管理者,那将是企业最大的不幸。

第三章　主听

━━ 原文

听之术曰：勿望而许之，勿望而拒之①。许之则防守②，拒之则闭塞③。高山仰之可极，深渊度之可测。神明之位术，正静其莫之极欤④！右主听⑤。

注释

①勿望而拒之：不要远远看见了就拒绝。

②许之则防守：听信他人之言，众人就会归服而保卫君主，也就是能转危为安。

③拒之则闭塞：拒绝采纳进言，就使自己受到封闭。

④高山仰之可极……正静其莫之极欤：山的高度和渊的深度固然能测量，但是神明的位术却是正静的，绝对无法像测山河一般来测量。

⑤主听：主要讲虚心纳谏。

译文

听取情况的方法是："不要远远看见了就答应，也不要远远看见了就拒绝。"如果能够善于听取他人的意见，就使自己多了一层保护，如果拒绝别人进言就使自己受到了封闭。高山仰望可看到顶，深渊测量可以测到底，而神明的心境既正派又深沉，是无法测到底的。以上讲的得虚心纳谏。

◎ 鬼谷锦囊

高山可以见顶端，深渊可以测深度，而那些心境正派、城府极深的人，不仅无法用肉眼看穿，更加无法测量其深度。

要让自己表现出良好的道德修养，就不要固执己见，更不要拒人于千里之外。要耐心听取他人的意见，对他人的滔滔不绝，不要轻易去打断，更不要表现得不耐烦。那些不能够虚心听取他人意见的人，不但不能够博得他人的好感，甚至还将自己的言路给封闭了，这样一来，他就只能生活在自己已知的世界里。

◎ 延展阅读

玄武门之变后，有人向秦王李世民告发，说东宫有个官员叫魏征，曾经参加过李密和窦建德的起义军，李密和窦建德失败之后，魏征在太子建成手下干过事，还曾经劝说建成杀害秦王。秦王听后，立刻派人将魏征找来。

魏征见了秦王，秦王板起面孔问他说："你为何要在我们兄弟中挑拨离间？"左右的大臣听秦王这样发问，以为是要算魏征的老账，都替魏征捏了一把汗。但是魏征却神态自若，不慌不忙地回答说："可惜那时候太子没听我的话，要不然，也不会发生这种事情了。"秦王听了，觉得魏征说话直爽，很有胆识，不但没责怪魏征，反而和颜悦色地说："这已经是过去的事，就不用再提了。"

唐太宗即位以后，把魏征提拔为谏议大夫，还选用了一批建成、元吉手下的人做官。秦王府的官员都不服气，背后嘀咕说："我们跟随皇上数年，现在皇上封官拜爵，反而让东宫、齐王府的人先沾了光，这算什么规矩？"

宰相房玄龄将这番话告诉唐太宗，唐太宗笑着说："朝廷设置官员，为的是治理国家，应该选拔贤才，怎么能拿关系来作选人的标准呢？如果新来的人有才能，老的没有才能，就不能排斥新的，任用老的。"

唐太宗不记旧恨，选用人才，而且鼓励大臣们有意见当面说出来。在他的鼓励之下，大臣们都敢于进言，尤其是魏征，对朝廷大事，都想得很周到，有什么意见就在唐太宗面前直说。唐太宗也特别信任他，常常将他召进内宫，听取他的意见。

一次，唐太宗问魏征说："历史上的人君，为什么有的明智，有的昏庸呢？"魏征说："善于听取各方面的意见，就是明智；只听单方面的言语，就是昏庸。"他还举了历史上尧、舜和秦二世、梁武帝、隋炀帝的例子，说："治理天下的人君如果能够广纳部下的意见，那么下情就能上达，即使亲信想要蒙蔽也蒙蔽不了。"唐太宗连连点头说："你说得太好了！"

以后，魏征提的意见越来越多。他看到太宗有不对的地方，就当面力争。有时候，唐太宗听得不是滋味，沉下了脸，魏征还是照样说下去，叫唐太宗下不了台阶，但为了广开言路，唐太宗最终还会对魏征容忍有加。

由于唐太宗重用人才，积极采纳大臣的意见，政治比较开明，而且注意减轻百姓的劳役，采取了一些发展生产的措施，使得唐朝初期经济出现了繁荣景象，社会秩序比较安定，历史上把这段时期称作"贞观之治"。

如果独断专行，对于他人的意见充耳不闻或敷衍了事，不仅不会取得良好的效果，还会导致他人的积极性受挫。

战国时，魏惠王的宰相公叔痤病了，魏惠王去探望他，说："您的病很重，国家该怎么办呢？"公叔痤回答说："我的家臣御庶子公孙鞅很有才能，希望大王您能把国政交给他治理，如果不能任用他，不要让他离开魏国。"惠王没回答，出来时对左右侍从说："难道不可悲吗？凭公叔痤这样的贤明，今天竟叫我一定要把国政交给公孙鞅治理，太荒谬了！"惠王没有采纳公孙痤的意见。

公叔痤死后，公孙鞅离开魏国向西游说秦国，秦孝公听从了他的意见，结果秦国一天天强盛，而魏国一天天地衰弱下去了。

公孙痤有知人之明，而魏惠王固执己见、闭目塞听，魏国也因此由盛转衰。

所以，无论是在生活还是在工作中，我们都要善于听取他人不同的意见，并虚心采纳，只有这样才能避免失误的出现。尤其是企业的领导者，必须善于听取各方不同的意见，尤其是与自己相悖的意见，只有这样，才能增强每个员工的参与意识和工作责任感，增加企业的凝聚力和向心力。

第四章　主赏

▬ 原文

用赏贵信，用刑贵必。刑赏信必，验①于耳目之所见闻。其所不见闻者，莫不暗化矣。诚畅于天下神明，而况奸者干君？右主赏②。

注释

①验：和证据互相对照，以便明了真相。

②主赏：主要讲罚赏必信。

译文

运用奖赏时，最重要的是守信用。运用刑罚时，贵在坚决。处罚和赏赐的信誉以及坚决，应验证于臣民所见所闻的事情，这样对于那些没有亲眼看到以及亲耳听到的人也有潜移默化的作用。人主的诚信要是能畅达天下，那么连神明也会来保护，又何惧那些奸邪之徒上犯主君呢？以上讲赏罚必信。

◎ 鬼谷锦囊

假如要行赏，那就要说到做到，不能出尔反尔，否则会被认为是不守信用之人；假如要惩罚，那就一定要以理服人，做到公平、公正，让人心服口服。对他人行赏时，除了要一言九鼎外，还应加大宣传的力度，让众人知晓并以此作为榜样。即使没有亲眼看到他人行赏，也能因榜样的事迹起到潜移默化的作用，久而久之，正义的力量也就得到了很好的传播。当正义的力量在社会上占主导地位时，那些奸险小人就无处藏身了。

今天的社会是一个商业的社会，更讲究"三分做事，七分做人"。人际关系可以说是当今社会的生存基础，如果没有和谐的人际关系，即便是靠技术生存的人，任何本领也只不过是空中楼阁，而建立良好人际关系的基础不在于什么高明的手段和技巧，而在于一个字"信"。"人无信不立"，如果丧失了基本的诚信，或者诚信受到质疑，即使你是聪明绝顶的人，也难以在社会上立足。

☾ 延展阅读

军队中如果不能做到赏罚分明，就会出现纪律不严，士气低落的现象。因此，古代治军严谨的将领都十分注重赏罚分明，正所谓"军令如山"，"军中无戏言"。赏罚也是领导的重要手段，"赏罚不明，百事不成，赏罚若明，四方可行"。

僖负羁是曹国人，曾经救过晋文公的命，所以晋文公在攻下曹国时，为了报答僖负羁的恩情，就向军队下令，不准侵扰僖负羁的住处，如有违反者，一律处以死刑。

大将魏平和颠颉却不服从命令，带领军队将僖负羁的家团团围住，并放火焚屋。魏平爬上屋顶，想把僖负羁拖出杀死。不料，梁木承受不了重量而塌陷，正好把魏平压个正着，动弹不得，幸好颠颉及时赶到，才将他救了出来。

这件事被晋文公知道后，十分气愤，决定依照命令处罚二人。大臣赵衰（赵国君王的先人）替二人求情，说："他们俩人都替国君立下过汗马功劳，杀了不免可惜，还是让他们戴罪立功吧！"晋文公说："功是一回事，过又是一回事，赏罚必须分明，才能使军士服从命令。"于是便下令，革去了魏平的官职，又将颠颉处死。

从此以后，晋军上下，都知道晋文公赏罚分明，再也不敢违令了。

赏罚不明乃兵家大忌，同时也被视为工作中的大忌。在一些企业里，规章制度虽然很好，可是一旦有人真正违反时，却没有任何实质性处罚，总说下不为例，事实上违反制度的事情屡禁不止，以致管理日渐混乱，造成这种后果的根本原因就是没有做到"信"。赏罚不信，做事不公正，有谁会愿意去遵守呢？因此，该赏则赏，该罚则罚。

商鞅在得到亲王的信任之后，开始变法。新的法律已经准备就绪，但没有公布。因为商鞅担心百姓不相信自己，于是决定做一件事，让百姓相信自己变法的决心。

商鞅在国都集市的南门外竖起一根三丈高的木头，派遣士兵把守，并宣布法令："有谁能把这根木条搬到集市北门，就给他奖励十两黄金。"

前来看热闹的百姓云集，面面相觑，都觉得很奇怪，都持怀疑的态度，却没有一个人敢来搬动。

商鞅说："大家都没反应，是不是嫌奖金太少了？"于是修改法令把奖金增加到五十两黄金。

围观的百姓更加莫名其妙了。有一个胆子颇大的人上前一步，说道："在秦国的法令中，从来就没有如此高的重赏，今天忽然出现这般重赏，一定有其重要意义，即便得不到五十两黄金，至少也会给一点吧？"于是他壮着胆子扛起木头，径直朝着北门走去，看热闹的百姓人山人海，都浩浩荡荡跟着去了北门。

官吏把事情禀告了商鞅，商鞅要求召见此人，并当着众人的面说："你能够执行我的法令，是个好百姓！"立刻命令部下取出五十两黄金当众奖赏给他，以表明他说到做到，然后对着众人说："你们放心，我是绝不会对百姓不守信用的！"

百姓争相传说此事，大家都相信商鞅变法的决心，新法很快在全国推行。

由于商鞅"徙木为信"，因此在百姓心目中树立了令出必信，法出必行的好印象。

第五章　主问

▬ 原文

一曰天之，二曰地之，三曰人之。四方、上下、左右、前后，荧惑①之处安在？右主问②。

注释

①荧惑：火星古代名。此指不清楚。

②主问：主要讲多方咨询。

译文

一叫作天时，二叫作地利，三叫作人和。四方，上下、左右、前后不明白的地方在哪里？以上讲多方咨询。

◌ 鬼谷锦囊

中国有句名言，叫作"活到老，学到老"。的确，知识不是与生俱来的，它需要我们不断地去学习，不断地去探索，只有将书本与实际相结合，才能不断地完善自我、超越自我。

那些狂妄之人，总是过分地高估自己，以为自己读过几本书就才高八斗，无人可比；以为学过几套拳脚，就武功高强，身怀绝技。这种人的结局往往是自毁前程。

作为一名领导者，更应该为自己创造学习、提高的机会，而最好的办法莫过于亲自参加种种工作，不畏艰险，敢拼敢冲，你的阅历和勇气将会使你在领导的位置上更趋完善。

◯ 延展阅读

治理好一个国家最基本的要素为：天时、地利、人和。可是这三个要素的实际情况从何而来？四面八方究竟有没有问题？如果有问题，那么问题又出在哪里？要怎么样才能解决这些问题，等等，都是需要靠自己亲自去实践、亲自去探索的，否则就无从知晓问题的根源。这就需要我们深入第一线，深入群众中去寻求答案，对自己不明白的问题要敢于下问，不耻下问，直至找出问题的解决办法为止。

卫国大夫孔圉聪明好学，更难得的是他是个十分谦虚的人。在孔圉死后，卫国国君为了让后代的人都能学习和发扬他好学的精神，因此特别赐给他一个"文公"的谥号。于是后人就尊称他为孔文子。

孔子的学生子贡也是卫国人，但是他却不认为孔圉配得上那样高的评价。

有一次，他问孔子说："孔圉的学问及才华虽然很高，但是比他更杰出的人还很多，凭什么赐给孔圉'文公'的称号？"

孔子听了微笑着说："孔圉非常勤奋好学，脑筋聪明又灵活，而且如果有任何不懂的事情，就算对方地位或学问不如他，他都会大方而谦虚的请教，一点都不因此感到羞耻，这就是他难得的地方，因此赐给他'文公'的称号并无不妥之处。"

听了孔子这样的解释，子贡最终服气了。

当遇到自己不懂的问题时，要虚心向周围的前辈请教，即便年龄小于自己，学历或地位低于自己，也应该虚心请教，而且要显示出自己的诚心，不要以此为耻。这种不耻下问、虚心好学的态度，是十分可贵也是值得大力提倡的。

气象、地理学家竺可桢，在离逝世两个星期前的一天里，当得知外孙女婿来到他家时，便迫不及待地叫外孙女婿讲授高能物理基本粒子的基本知识。

老伴劝他说："如今你连坐都支持不住，还问这些有什么用？"

竺老听了老伴的话儿，一边咳嗽一边说："不成，我知道得太少。"

好一个"我知道得太少"！这种谦虚好学，不耻下问，甘拜人师的精神，正是我国人民的传统美德。竺可桢在气象学上辛勤耕耘，数十年如一日地进行长期观察研究，一生硕果累累。谁能想到，一个蜚声中外的大科学家，竟在自己生命处于垂危之际，三番五次不惜向晚辈求教。

这正是"谦逊好学，不耻下问，甘拜人师的精神"在一个大科学家身上的体现。这也是竺老能够走向人生光辉顶点的基本原因，如此怎能不令人为之敬佩呢？

因此，在现实生活中也应该大力提倡"不耻下问、虚心好学"的学习精神，提倡互帮互学，取长补短，以能者为师的精神。只有这样，我们才能不断取得进步。然而有不少人在遇到问题时，不善于向别人请教，更不善于"下问"，主要原因在于拉不下"面子"，放不下"架子"，宁肯不懂装懂，也不去向别人请教弄个明白，这样，不仅阻碍自己的进步，还让周围人觉得你是一个非常傲慢的人。

第六章　主因

━ 原文

心为九窍①之治，君为五官②之长。为善者君与之赏，为非者君与之罚。君因其所以来，因而与之，则不劳。圣人用之，故能掌之。因之循理，固能久长。右主因③。

注释

①九窍：窍是出入空气的小穴。人体上共有九个小穴，就是口、两耳、两眼、两鼻孔、二便孔等，但是通常都除掉二便孔而称为"七窍"。

②五官：商代五种重要官职。即司徒、司马、司空、司士、司寇。

③主因：主要讲遵规循理。

译文

心是九窍的统治者，君是各种官员的首长。做好事的臣民，君主就会赏赐他们；做坏事的臣民，君主就会惩罚他们。君主根据臣民的政绩来任用，斟酌实际情况给予赏赐，这样就不会劳民伤财。圣人深知其中的奥妙，因此能很好地掌握他们，并且要遵循客观规律，所以才能长治久安。以上讲遵规循理。

🕒 鬼谷锦囊

很多人对待事情不能进行认真的分析思考，对待他人的建议不理不睬，听之任之，以致造成不良的后果；也有不少人虽然对自己的前途有良好的规划，但是计划不如变化，往往想到了这一方面却忽视了另一方面，以致事情不能得到更快更好地解决。如果我们能够停下脚步认真思考，分析事情变化的规律及相互之间的联系，找出其中的原因，并迅速果断地进行相应的处理，事情便会朝向好的一面发展。

🕒 延展阅读

"心为九窍之治，君为五官之长。"世界万物纷繁复杂，当人们面对这纷繁复杂的世界时，都会停下脚步用心去分析，企图了解和掌握事物变化的规律及相互之间的联系。如果顺应这些规律，就可以达到心想事成的目的，因此，心是各种问题的统治者。

国君是各种官员的首长，能够为国家立下功劳的人，就会得到国君的赏赐，而那些不仅没有立下功劳反而做错事情的人，就会得到相应的惩罚。国君会根据臣民的政绩来任用，并尽量满足各自的需求，因此，国家上下，同心同德，这样国君也不用太过操劳。

圣人懂得其中的奥妙，因此非常善于按照其中的规律来满足他人的需求，长此以往，圣人领导的国家便可以长治久安。

一天，刘邦在洛阳附近看见许多将军围在一起大发牢骚，可正当自己走近他们的时候，又听不到说些什么，只见将军们面有愠色，看样子对刘邦挺有意见呢。于是刘邦就去问张良，究竟是怎么一回事，张良如实汇报说："将军议论着准备造反！"

张良的话着实把新做了汉朝皇帝的刘邦吓了一大跳。天下才刚刚平定，又有人出来造反，什么时候才能过上安定的日子呢？这可如何是好。于是他赶忙向张良寻根问底，要他想出一个合理的对策，张良分析说："陛下斩蛇起义，是靠这些将士们出生入死才夺取了天下。秦朝被陛下推翻，项羽也被陛下打败，如今，陛下当上了皇帝，将军们现在关心的自然就是分封土地和授予官位的事情了。可是，陛下分封的 20 多人中，都是萧何、曹参等陛下最为亲近的人，处分的都是那些和陛下有怨恨的人。现在，将军们一边在盼着陛下快快分封自己，一边又担心土地有限轮不到自己。还有一些人害怕平时得罪过陛下，会遭到陛下的处置。所以他们才聚集在一起密谋发难。如果处置不当，定会出现内乱。"

刘邦忙问："事到如今，那我该怎么办呢？"

张良接口说道："我有一计，可以改变这个局面。陛下请告诉我，平时最恨的而且将军们都知道的人是谁？"

事至如此，刘邦只得如实回答，他顿了顿说："雍齿，此人作战勇猛，立过许多战功，在将士们中也有威望。可是他居功自傲，说话没头没脑，不分君臣，几次让我在大臣面前难堪。我恨不得杀了此人，痛痛快快地出口气。但想到那时正是用人之际，也就忍了。"

张良拍手笑道："这就好了，请陛下立即封雍齿为侯，如此一来，那些有战功而担心陛下为难他们的人，一看陛下连最恨的人都分封了，哪还有什么顾虑呢？顾虑自然烟消云散了，还愁他们会造反吗？"

刘邦采取了张良的建议，于是设下酒宴，当着大臣和将军们的面，封雍齿为什方侯，又让丞相、御史加快定功封赏的进度。

几天前还准备闹事的将军们吃过酒宴后，高高兴兴地说："现在好

了，什么都不用愁了，连陛下最恨的人都分封了，那我们就等着陛下
的分封奖赏吧！"

张良小小的一计，便安定了汉初的局面。

刘邦采纳张良的计策迅速又及时，才得以稳定天下，安定臣民。
如果刘邦对于张良的计策稍稍迟疑，又或者他根本不把张良的计策
放在心里，而是一意孤行，将雍齿杀害，那么将军们准备造反的事
情就会得以实现，这也正是体现了刘邦广阔的胸襟。

第七章　主周

■ 原文

人主不可不周^①；人主不周，则群臣生乱。寂乎^②其无常也，内外不通，安知所开？开闭不善，不见原也^③。右主周^④。

注释

①不可不周：君主必须广泛知道世间一切道理。周，周密、细密。

②寂乎：形容没有人声，很安静。

③不见原也：不知道为善的源头。

④主周：为君主者必须遵循事物本身的规律。

译文

作为人主必须广泛了解外界事物，要是不通人情道理，那么就容易发生骚乱，世间鸦雀无声是不正常的，内外没有交往，如何能知道世界的变化。开放与封闭不适当，就无法发现事物的根源。以上所说的是君主在表情上做到恭。

☉ 鬼谷锦囊

身在职场，要多和他人交换意见，营造和谐的人际关系，这样才能进一步了解世间的变化。如果内外信息不通，外面的真实情况就无从得知，事情的真实面目也就无从知晓，也就无法做出正确的决策，更不用说考虑周全了。因此，不仅是国君，在实际生活中，我们也要养成办事考虑周全的好习惯。

☉ 延展阅读

作为君主，除了要广泛了解外界的信息之外，最为重要的是要将各种事情处理得极为周全，并尽量把各种关系处理平衡，这样才不容易发生叛乱。如果不能将问题考虑得细密、周全，凡事马马虎虎，敷衍了事，就会有人从中浑水摸鱼，趁机钻空子，最终导致不良局面的出现。

虢（guó）国的国君平日里只爱听好话，听不得反面的意见，因此聚集在他身边的是一些只会阿谀奉承而不会治理国家的小人。当虢国灭亡的那一天，那一群误国之臣也一个个作鸟兽散，没有一个人愿意顾及国君，虢国的国君总算侥幸地跟着一个车夫逃了出来。

车夫驾着马车，载着虢国国君逃至荒郊野外，国君又渴又饿，垂头丧气，车夫赶紧将食品袋取出，并送上清酒、肉脯和干粮，让国君吃喝。国君感到很奇怪，车夫的这些食物是哪里来的呢？于是他在吃饱喝足后，便擦嘴问车夫："你从哪里弄来这些东西呢？"

车夫回答说："我事先准备好的。"

国君又问："你为什么会事先做好这些准备呢？"

车夫回答说："我是专替国君做的准备，以便在逃亡的路上好充饥、解渴呀。"

国君听了，很不高兴地问道："你知道我会有逃亡的这一天吗？"

车夫回答说："是的，我相信迟早会有这一天的到来。"

国君对车夫的话很是生气，不满地说道："既然这样，那你为什么过去不早点告诉我？"

车夫说："因为国君是一个只喜欢听奉承话的人。如果是提意见的话，哪怕再有道理也不爱听。我要给国君提意见，国君不但会听不进去，说不定还会将我处死。那样的话，今天便会连一个跟随的人也没有，更不用说谁来给国君吃的喝的了。"

国君听过车夫这番话，气愤至极，紫涨着脸指着车夫大声吼叫。

车夫见状，得知这个昏君已经无可救药，死到临头还不知悔改。于是连忙谢罪说："国君息怒，是我说错了。"

马车走了一程又一程，两人都不说话，国君憋不住了，便开口问道："你说，我到底为什么会亡国而逃，落到这般田地呢？"

车夫不敢再说反面的话，只好改口说："是因为太仁慈贤明了。"

果然，国君听后，很是高兴，颇感兴趣地接着问："为什么仁慈贤明的国君不能在家享受快乐，安安稳稳地过日子，反而会逃亡在外呢？"

车夫说："因为除了国君是个贤明的人外，其他所有的国君都不是好人，他们嫉妒您，才造成逃亡在外的的原因。"

国君听后，心情十分舒畅，一边坐靠在车前的横木上，一边美滋滋地自言自语说："唉，难道贤明的君主就该如此受苦吗？"他头脑一片昏沉，困意来袭，于是枕着车夫的腿睡着了。

而此时，车夫总算是看清了这个昏庸无能的虢国国君，他认为跟随这种人实在是太不值得了。于是，车夫将自己的腿慢慢地从国君头下抽出，换一个石头给他枕上，然后离开国君，头也不回地走了。

最后，这位亡国之君死在了荒郊野外，被野兽吃掉了。

听取意见固然是件好事，但是如果只能听进正面的意见，而容纳不了反面意见的话，就会落到像虢国国君这样的下场。这就告诉我们，在实际生活中，我们不光要听取好的方面，更要思量坏的方面，凡事做到细致周全，那么，世界上就没有战胜不了的困难。反之，如果一意孤行，执迷不悟，那么后果将是十分可悲的。

第八章　主恭

▄▄▄ 原文

一曰长目①，二曰飞耳②，三曰树明③。千里之外，隐微之中，是谓"洞"。天下奸莫不谙变更。右主恭④。

注释

①长目：能看到很远的事物，犹如千里眼。

②飞耳：能听到很遥远的声音，犹如顺风耳。

③树明：明察一切事物的能力。

④恭：恭谨。

译文

国君要借鉴天下人都看到的事物，自己就没有看不到的事物；借鉴天下人都听到的事情，自己就没有听不到的事情；借鉴天下人都思虑的问题，自己就没有不知道的；那么千里之外的事情，隐蔽细微的事情，都可以洞察。这样天下的奸邪小人不得不悄悄的把自己的坏主张收敛起来。这就是国君要恭谨的原因。

鬼谷锦囊

俗话说：宁肯得罪十个君子，也不要得罪一个小人。可见，"小人"的危害有多大。奸险小人在上司面前诽谤你，在同事面前诋毁你，甚至会在你的家人面前诬陷你！其手段实在令人防不胜防。因此，为了让自己少受伤害甚至避免伤害，要洞察奸邪之人，看清小人的丑恶嘴脸，做到防患于未然，就需要掌握慧眼识破小人的招术，真正做到眼观六路、耳听八方，为自己构筑一道防护墙！

延展阅读

人君要洞察奸邪，惩治奸佞小人，就需要修炼一双能够看透事物现象的慧眼，就如同火眼金睛一般，这样，小人的奸计就无法得逞；要塑造一双能够听到千里之外声音的耳朵，就如同顺风耳一样，这样，就能知道小人私底下在谋划什么；此外，人君还需要修炼洞察世间万物的本领，能够透过事物的表面现象看透事物的真实本质。

那些能够眼观世界、耳听八方，透过现象看本质的人君，即使是藏于深洞中的奸佞小人，也无法逃出人君的慧眼灵耳。在现实生活中也是如此，要透过事物的层层表象，不要被假象所迷惑，要学会洞悉对方的弦外之音，这样才不会被奸险小人算计。然而有些人目光短浅，不善观察，以致不知不觉中就中了小人设计的圈套。

春秋时期，吴国和越国相互争霸，战事频繁。经过长期战争，越国终因不敌吴国，只得俯首称臣。越王勾践被扣在吴国，行动受到了限制。勾践立志复国，十年生聚，十年教训，卧薪尝胆。表面上对吴王夫差百般逢迎，终于骗得夫差的信任，被放回越国。

回国之后，勾践依然臣服吴国，年年进献财宝，迷惑夫差，而在国内则采取了一系列富国强民的措施。几年后，越国实力大大加强，人丁兴旺，物资丰足，人心稳定。此时的吴王夫差却被胜利冲昏了头脑，被勾践的假象迷惑，根本不把越国放在眼里。他骄纵凶残，拒绝纳谏，杀了一代名将忠臣伍子胥，重用奸臣，堵塞言路。生活淫靡奢侈，大兴土木，搞得民穷财尽。

公元前473年，吴国颗粒难收，民怨沸腾。越王勾践选中吴王夫差北上和中原诸侯在黄池会盟的时机，大举进兵吴国，吴国国内空虚，无力还击，很快就被越国击破灭亡。

吴王夫差只看表面不看本质，被勾践的假象迷惑，即无慧眼；他骄纵凶残，拒绝纳谏，即无洞察本领，最终落得个国破家亡的下场。在人际交往中，如果我们能对他人的言行举止、表情动作稍作细致的观察，就能避免像吴王夫差这样的结局。那些眼观世界、耳听八方，善于观察的人，往往能够九死一生，成为最后的胜利者。

一天，一头年老多病的狮子想爬到树上去，结果一不小心从树上摔了下来，导致一条腿瘸了。看着自己的瘸腿，想到行动不便将给自己带来的困难，狮子心中不禁燃起一丝郁闷，但它很快就豁然开朗，因为它想到自己年纪大了，捕不到多少食物。不如假装生病，让每只动物前来探望，这样，自己就可以乘机将它们吃掉。想到这里，年迈的狮子露出了诡异的笑容。

狮子瘸着腿，装成很痛苦的样子，缩成一团不断呻吟着。一只猴子见了，关心地问道："你怎么了？"狮子回答："我不小心从树上摔了下来，可能活不了多久了，你去帮我通知大家，让每一只动物到我洞里来看我。""好吧！"猴子答应了。看着猴子远去的背影，狮子再一次露出了诡异的笑容。

第二天，松鼠姐妹来到洞中探望狮子，这一进去就再也没有出来过。

第三天，兔子也来到洞中探望它，同样，兔子也没有出来过。

第四天，野狗去探望，它也没有出来过。

……

就这样，森林里的动物渐渐少了。过了好几天，一只聪明的狐狸来到狮子洞口，但它并没有走进洞去，只是托着下巴立在原地，眼睛咕噜咕噜转，好像在思考什么似的。

狮子见状，便温和地对狐狸说道："狐狸，我很欢迎你的到来，请进来吧！"

狐狸谢绝道："我就不进去了，因为你的洞口只有进去的脚印，没有出来的脚印。"说完向后一转，吹着口哨，头也不回地走了。

原来，松鼠姐妹、兔子、野狗都被狮子吃掉了，而聪明的狐狸却识破了狮子的诡计。

昆虫有益虫和害虫之分，人类有君子和小人之别。在人际交往中，只要留心观察就不难发现，阴险狡诈之人随处可见，他们挑拨离间、兴风作浪，甚至无恶不作，着实令人讨厌，正人君子唯恐避之不及。

第九章　主名

━━ **原文**

循名而为①，按实而定，名实相生，反相为情。名实当则治，不当则乱。实生于德、德生于理，理生于智，智生于当。右主名②。

注释
①循名而为：采取符合名分的行动。
②主名：名实相符。

译文
依照名分去考察实际，根据实际来确定名分。名分和实际互为产生的条件，反过来又互相表现。名分和实际相符就能得以治理，不相符就容易产生动乱。名分从实际中产生，实际从意愿中产生，意愿从分析中产生，分析从智慧中产生，智慧就产生于适当。以上讲名实相符。

⊗ **鬼谷锦囊**
一个修养良好、知识渊博且谦虚低调的人，所作所为、言行举止都遵循着相应的道德规范，因此，能够受到众人的好评，带来良好的名声。名声越好，就越会按照道德规范行事，就越会受到他人的称赞，从而达到名副其实的境地。

好名声取决于外在行为。只要行善积德、为民造福，便可以带来好名声，只要所作所为名副其实，便可以确保长治久安。因此，可以说好名声来自于好行为，好行为来自于为民造福，为民造福来自于良好的道德修养，良好的道德修养来自于遵循事物的规律，遵循规律又来自于适当的分寸。这就是"名实相副"。

◯ 延展阅读

明朝中叶，有一位政声颇著的官吏，他的名字叫邵清。邵清，字士廉，南京人，他的为人与他的名字一样——清正廉明。

弘治五年（1492 年），邵清乡试中举，次年授官江西德化（今九江市）教谕。教谕虽然只是个很小的小官，却掌管县儒学生员的教诲之责。邵清不以职卑为轻，任教谕九载，"俸入之外，一钱不取；诲生徒，暑寒罔间，力变习俗。"确实是以身作则，为人师表。他曾对学生们说："清白坚贞，可质神明，挽士风之陋，整学政之颓"。邵清自己正是以清白坚贞而获得海内清望。弘治十七年（1504 年），他部试第一，授官监察御史。以教职而授监察御史，此前尚无先例。

邵清起初受命督办卢沟桥抽分（征收），他"痛革宿弊，奸无所容"。到正德初年他又受命巡办长芦盐政，兼理河道。他核实余盐，革除弊政，抚恤灶丁，结果"势豪盐商，凛凛重足立，贪吏多弃印绶去。"

邵清办事清正刚直，论劾处置的多为权贵，又不肯稍有姑息，即使有人请托都御史出面讲情，他也不肯买账。邵清因此得罪了不少权贵富豪，为他们所嫉恨，不久便因宦官和富商合谋诬陷，被置于午门下用刑。家里人来看他，不由失声落泪。邵清却坦然受刑，并劝慰家人道："我非自败名节，以辱先人至此，况得失在我，何哭为！"此后邵清被免职家居，他也乐得闭门谢客，每日在园中种菜，在书房教子，过着清贫的生活。

嘉靖初年，邵清再次被起用为云南按察司佥事，但他依然不改当日的清直之风，初至任，便为属官辩诬，又巡视诸寨，修城垣，召商贾，办了不少利民之事。

滇南一带，素以出珍奇闻名，邵清却一毫不取，所入只是分内的廪禄柴薪而已。等到入京办事时，随身携带除了行李图书，此外一无长物。邵清自己清正，对属下也约束极严，史书中称他，"下至胥吏舆台，一无所染。"深为当地少数民族所悦服。

邵清晚年辞官家居，回到南京，就连自己居住的地方也没有，只好借住在岳父家中。他一生为官清正，家无余赀，以至贫困到连吃饭都困难了，常常到了中午，家里还没能举火烧饭。可是邵清却毫无怨言，依然过得十分自在。

有一天，督学御史林有孚到邵清家中来拜访，两人谈得非常投机，可是始终对坐而谈，也不见家人备茶待客，原来邵清家中已贫得无茶具可设。林御史知道后感叹而去。

当时有人将朝廷没收的官田送给邵清，帮他借以养家，邵清却断然推辞，不肯收受。他就这样清贫地度过了晚年。

在他80岁那年，终于在贫困中病倒了。儿子守在他身边，邵清语重心长地对儿子说道："为己谨独甚难，平生不敢受安逸，唯我与汝自知之。"又说："兢兢业业，过了一生，将盖棺，务保全无过，瞑目时心始放下耳。"这便是他的遗言。几天后，邵清便与世长辞。

当时人们都评论他说："佥宪（即邵清）之贤于人远矣。夫少而颖敏交修文行，美材质也；兼举本末而不偏敷，善教也；按视有功，剀切上疏，贞宪度明治体也；不夺于权奸，有守也；不怠于起废（重新起用），有为也；始终不苟取，廉之诚也；忠孝者，本也；人皆闻而哀之者，可以观德也；鸣呼备矣！"邵清简直就是一位完人，而这一切都是他自严自责自励的结果。平生不去图安逸，兢兢业业，务求无过，到死也无愧于心，无愧于人。这是邵清为官的准则，也是他能够名垂青史的原因。

邵清是名实相符的清官，他为众人所敬重，为世人所效仿，是难得的好官。不少人一生不是为名就是为利，这二者的确很难分割。但一个追名逐利的人，并不能因此说明他品行不好，道德败坏，判断的依据主要还在于名实是否相符。

很多人都有这样的感叹：做一个人很难，做一个名副其实的好人难上加难。而"今不修身而求令名于世者，犹貌甚恶而责妍影于镜也。"就是对那些名不副实者的批评。品德真正高尚的人，并不会去刻意追求外在的名利，他只是觉得所有的事情都是在自己的义务范围之内，都是自己应该做的，也只有这样的人才能够得到人们的认可，从而名扬千里。

第十三篇　本经①阴符②七篇

第一章　盛神法五龙

■ 原文

盛神③法五龙④。盛神中有五气⑤，神为之长，心为之舍⑥，德为之人⑦。养神之所，归诸道⑧。道者，天地之始⑨，一其纪也⑩。物之所造，天之所生。包宏无形化气，先天地而成，莫见其形，莫知其名，谓之"神灵"。故道者，神明之源，一其化端⑪。是以德养五气，心能得一⑫，乃有其术。术者，心气之道所由；舍者，神乃为之使。九窍、十二舍⑬者，气之门户，心之总⑭摄⑮也。生受之天⑯，谓之真人。真人者，与天为一。而知之者，内修炼而知之，谓之圣人。圣人者，以类⑰知之。故人与生一，出于化物⑱。知类在窍⑲，有所疑惑，通于心术，术必有不通。其通也，五气得养，务在舍神⑳。此之谓化。化有五气㉑者：志也、思也、神也、心也、德也，神其一长也。静和者养气，养气得其和。四者不衰，四边威势，无不为，存而舍之㉒，是谓神化归于身，谓之真人。真人者，同天而道，执一㉓而养产万类，怀天心、施德养，无为以包志虑、思意，而行威势者也。士者，通达之，神盛乃能养志。

注释

①本经：本，本源、根本；经，经典。这里指基本经典。

②阴符：阴，暗；符，符契。这里指客观事实与主观谋划暗合。

③盛神：盛，旺盛、强盛；神，指人的意识和精神。

④五龙：五行中的龙。所谓"五行"，是中国说明宇宙万物变化的传统学说，认为在天地之间，有循环流转不停的金、木、水、火、土，万物就是根据这五种元素而产生，龙是古代想象中的灵兽，具有超人能力。

⑤五气：指心、肝、脾、肺、肾等五脏之气。这里认为气是万物生成的根源，形成风雨、寒暑、阴晴等天地间现象之源。

⑥心为之舍：舍，住所。心是五气所住宿的地方。

⑦德为之人：德是使人成为人的本源。

⑧养神之所，归诸道：根据道来养神，道是万物的根源，也是养神的根本。

⑨天地之始：天地的开始，指"道"。

⑩一其纪：一是一切的纲纪。

⑪化端：变化的开始。

⑫得一：一为万物之源。得一，即得到一切。

⑬十二舍：是指目、耳、鼻、舌、身、意、色、声、香、味、触、事等。

⑭总：总，谓聚合，统领。

⑮摄：提起，执持。

⑯受之天：由上天传授到人间。

⑰类：种类。

⑱化物：变化。

⑲知类在窍：人之所以能知事类，完全是根据九窍。

⑳舍神：使魂魄停止、住下。

㉑五气：这里指志、思、神、心、德而言。

㉒舍之：住在这里。

㉓执一：专一。

译文

要使人的精神旺盛充沛，就要效法五龙。旺盛的精神中包含着五气，精神是五气的统帅，心灵是五气的住所，品德是精神在人身上的表现。凡属培养精神的方法都归于"道"。所谓"道"，就是天地的本源，是天地的纲纪。创造万物的地方，就是天产生的地方。化育万物的气，在天地之前就形成了，可是没有人见过它的形状，也没有人叫出它的名称，只好称之为"神灵"。所以说，"道"是神明的根源，而"一"是变化的开端。品德可养五气，心能总揽五气，于是产生了"术"。"术"是心气的通道，是魂魄的使者。人体上的九个孔和十二舍是气进出人体的门户，都由心所总管。从上天获得生命的人是真人，真人与天溶为一体。明白这些道数的人，是通过内心的修炼才明白的，这就叫作圣人，圣人能以此类推而明白一切道理，人与万物一起生成，都是事物变化的结果。人所以能了解事物，都是通过九窍。如果对事物有疑惑不解的地方，就要采取一定的方法去排除，如果仍然不通，那就是方法不当。当九窍畅通之时，五气就会得到滋养，滋养五气就要使精气留住，这就是所说的"化"。所谓化，必须有五气，主要是指志向、思想、精神、道德而言，其中"神"是五气的统帅。如果宁静、祥和就能养气，养气就能得到祥和。这四个方面都不衰弱，周围就构不成威胁，对这种情况可以用"无为"来处之。把五气寓于自身，就是所谓神化，当这种神化归于自身时，那就是真人了。

所谓真人，就是已经把自身和自然溶为一体，和大道彻底符合，坚守无为法则来化育万物，他们以大自然的胸怀，广施善德来滋养五气，本着无为法则，包容智虑、思意，施展神威。士人如能心术通达，心神盛大，就能修养自己的心志。

◎ 鬼谷锦囊

在这里，文章重在讲述积蓄力量的问题。"盛神"即积极努力，积蓄力量的过程。因此，我们要学会利用宝贵的时间来加强内功的修炼，善于积累，不断磨练，加强自己的竞争能力，一旦时机成熟，便可迅速出击，锐不可挡。而如果时机未到，随意妄行，势必会造成失败的后果。

"机会只属于有准备的人"，要想在机会来临时紧紧抓住，就要在平时积蓄力量，磨练一双能够把握机会的手。

◎ 延展阅读

人身上有五气，即：心、肝、脾、肺、肾。精神是五气的统帅，心灵是五气的住所，品德是五气的根本。"养神之所"在于道，而道是神明的根源，品德可以养五气心志自然可以生术，而术又是心气所借用的手段，是灵魂的使者。九种器官、十二种住处都是气的出入口，都由心来管制，这些都是与生俱来的。

农夫在地里同时种了两棵一样大小的果树苗。第一棵树拼命地从地下吸收养料，储备起来，滋润每一根枝干，积蓄力量，默默地盘算着怎样完善自身，向上生长。另一棵树也拼命地从地下吸收养料，凝聚起来，开始盘算着开花结果。

第二年春，第一棵树便吐出了嫩芽，憋着劲向上长。另一棵树刚吐出嫩叶，便迫不及待地挤出花蕾。

第一棵树目标明确，忍耐力强，很快就长得身材苗壮。另一棵树每年都要开花结果。刚开始，着实让农夫吃了一惊，非常欣赏它。但由于这棵树还未成熟，便承担开花结果的责任，累得弯了腰，结的果实也酸涩难吃，还时常招来一群孩子石头的袭击。甚至，孩子会攀上它那赢弱的身体，在掠夺果子的同时，损伤着它的自尊心和肢体。

时光飞转，终于有一天，那棵久不开花的壮树轻松地吐出花蕾，由于养分充足、身材强壮，结出了又大又甜的果实。而此时那棵急于开花结果的树却成了枯木。农夫诧异地叹了口气，将那根瘦小的枯木砍下，烧火用了。

有时不急于表现自己的人恰恰正是最富有竞争力、生命力最强、最有前途的人。

积累不够，就急于表现，只能是昙花一现，甚至会给自身带来伤害；而厚积薄发，水到渠成的人则会长久地享受成功的愉悦。

世间的万物，都有自己的发展规律与步骤，我们不能为了达到某种炫耀的目的就拔苗助长，跃过或者忽略掉其中的一步，这样只能使自己成为一个不健全的人，给自己的发展带来不良的影响，这是一种短视行为。不要为眼前的小利而失去长远的大利。要学会耐心等待，等待收获更大更好的"果实"。

一只野狼卧在草上勤奋地磨牙，被狐狸看到了，就对它说："老兄，天气这么好，大家在休息娱乐，不如你也加入我们的队伍中吧！"野狼没有说话，继续磨着牙，把它的牙齿磨得又尖又利。狐狸见状奇怪地问道："森林这么安静，猎人和猎狗早已回家了，老虎也没在近处徘徊，根本没有任何危险，你何必那么勤于磨牙呢？"这时，野狼停下来回答说："你想想，如果有一天我被猎人或老虎追逐，到那时，我想磨牙也来不及了。而平时我就把牙磨好，到那时就可以保护自己了。"

"书到用时方恨少"，平时不刻苦，不充实学问，临时抱佛脚是解决不了问题的。

这个时代是一个竞争的时代，要想在竞争中打败对手，让自己成功，就必须加强自己的实力，要善于利用时间加强自身的锻炼，通过不断地积累来加强自身的竞争能力，等待厚积薄发！

第二章 养志法灵龟

■ 原文

养志①法灵龟②。养志者，则心气③之思不达也。有所欲，志存而思之。志者，欲之使也。欲多则心散，心散则志衰，志衰则思不达也。故心气一则欲不偟④，欲不偟则志意不衰，志意不衰则思理达矣。理达则和通，和通则乱气不烦于胸中。故内以养志，外以知人；养志则心通矣，知人则分职明矣。将欲用之于人，必先知其养气志。知人气盛衰，而养其气志；察其所安，以知其所能。志不养，心气不固；心气不固，则思虑不达；思虑不达，则志意不实；志意不实，则应对不猛；应对不猛，则志失而心气虚；志失而心气虚，则丧其神矣；神丧则仿佛⑤，仿佛则参会⑥不一。养志之始，务在安己⑦；己安则志意实坚；志意实坚则威势不分。神明常固守，乃能分之。

注释

①养志，培养志向。

②灵龟：指用来占卜的龟。

③心气：指神。

④偟（huáng）：彷徨，徘徊不定。

⑤仿佛：两者似而难辨，觉得相像。

⑥参会：参，通叁。指志、心、神三者交会。

⑦务在安己：务，必须；安己，假如欲望少，心就会安静。

译文

　　培养心志的办法是效法灵龟。培养心志的原因是由于思虑还没有通达。如果一个人有某种欲望，就会在心中想着如何去满足。所以说心志不过是欲望的使者。欲望多了，心神就会涣散，意志就会消沉。意志消沉，思虑就无法通达。因此，心神专一，欲望便无隙可乘；欲望无隙可乘，意志就不会消沉；意志不消沉，思想脉络就会畅通；思想脉络畅通，就能心气和顺；心气和顺就没有乱气郁积于心中。

　　因此，对内要以修养自己的五气为主。对外，要明察各种人物。修养自己可以使心情舒畅；了解他人可以知人善任。如果想重用一个人，应先知道他是如何培养心志的，因为只有了解了一个人的五气和心志的盛衰之后，才能继续修养他的五气和心志，然后再观察他的心志是否安稳，就可以了解他的才能到底有多大。

　　如果一个人的心志都得不到修养，那么五气就不会稳固；五气不稳固，思想就不会畅通；思想不畅通，意志就无法坚定；意志不坚定，应付外界的能力就不强；应付外界能力不强，就容易丧失意志、心里空虚；丧失意志，心里空虚，就丧失了神智；人一旦丧失了神智，他的精神就会陷入恍惚的状态；精神一旦陷入恍惚状态，那么他的意志、心气、精神三者就不会协调一致。

　　所以培养心志的首要前提是安定自己。自己安定了意志才能坚定；意志坚定了，威势才不分散，精神才能固守。只有这样，才能分散对手的威势。

⚇ 鬼谷锦囊

只有欲望的产生，才有想法的出现，让欲望变成一种现实，就是所谓的"志向"。它是欲望的使者，欲望太多，就会导致心力分散、意志消沉；如果能够做到心神合一，欲望就无机可乘，没有了欲望，就会心力集中、意志坚强、心情舒畅，烦恼自然随风而去。因此，我们要做到对内养气，对外明察各种人物，修身养性。

要想重用他人，就必须先了解他人，掌握他人培养心志的途径，只有这样，才能判断他是否能够真正胜任。那些五气不稳、思虑不畅、意志薄弱的人，往往反应迟钝、缺乏信心、底气不足，甚至还会出现精神恍惚的现象，这样的人，"志""心""神"不协调，是无法委以重任的。

⚇ 延展阅读

在实际生活中，要培养心志，修身养性，首先就要安定自己，心无杂念，唯有这样，意志才能坚定，思虑才能畅通，五气才能稳固，才能显示出自己的神威，神威固守，才能调动一切。

贤明仁厚的唐尧担任部落联盟的最高首领几十年，日夜为人民操劳，更为黄河之患忧虑。他想做的事情还很多，可惜现在人老了，力不从心，于是想挑选一个接班人。

放齐向帝尧推荐尧的嗣子丹朱。尧说："丹朱是个很不虚心的人，又好争论一些无原则的是非，这样的人不会老老实实为人民做事，不可用。"帝尧转向四岳："你们哪一个能当我的接班人？"四岳均谦让不受，说自己才疏学浅，不能担此重任。

尧说："既然这样，你们就推荐一个吧！不管近亲还是远戚，是官是民，只要才能兼优就行。"

　　四岳都说："冀州有个平民叫虞舜，母亲早逝，父亲瞽叟双目失明，靠种田捕鱼为生，有时做些陶器。他勤劳、诚恳、朴实，尤其是家庭关系处理得很好。舜有个弟弟名象，后母所生。后母不讲礼，弟弟很傲慢，父亲听后母挑唆，几次想把舜弄死，但舜仍然对父母很孝顺，对弟弟也很友爱，一家人很和睦。这种人一定能够担当大任。"尧听了觉得可以，但必须亲自考察一番，便把两个女儿娥皇和女英嫁给己三十尚未结婚的舜为妻，又命令九个儿子和舜一起工作，以便观察舜的为人。

　　舜成亲后，要求妻子孝敬公婆，尽儿媳的职责，关照弟弟，尽大嫂的本分，并没有因为妻子出身高贵而破坏家庭的规矩。舜对尧的九个儿子要求都很严格，无丝毫迁就之心。舜在历山开荒种地，由于和气谦让，同他一起开荒种地的人都能互让田界，融洽相处。舜去雷泽钓鱼，雷泽的人看见舜谦逊和气，都不好意思与他争执。舜在河边做陶器，仔细认真，一点不合规格就重做。那些做工马虎的人见了，既感到惭愧，又非常羡慕，便跟着舜学，渐渐地就做精致了。舜的品德在人们中产生了很大感召力，大家都愿意亲近他。他的住所本来很偏僻，但一年后就变成了村落，两三年就成为热闹的城镇。

　　尧很赏识舜的作为，赏给舜一架名贵的琴，许多高级衣料和一群牛羊，又为舜修建粮仓，舜的弟弟象，看到舜富裕起来，非常妒忌，一心要暗害舜。

　　有一次象和母亲商量好了，要瞽叟叫舜去修整漏雨的仓屋。舜领了瞽叟的指令，便回房告诉自己的妻子，娥皇和女英各取了一个大竹笠给舜修仓遮太阳用。舜取了梯子爬上仓顶，聚精会神地修补着。这时象偷偷地把梯子拿开，接着在仓的周围放起火来，打算把舜烧死。仓顶是用茅草盖的，一着火就迅猛燃烧起来。只见黑烟翻滚，烈焰腾腾，把舜呛得无法呼吸，烫得皮肉通红。舜找梯子，梯子却不知去向，他急中生智，连忙把遮太阳用的两个竹笠挟在左右腋下，一边一个像鸟的翅膀一样，冒险往下跳去。乘着风势，飘飘荡荡落在离仓较远的地方。舜明知是象和后母的诡计，但并不计较。

象得知此计不成，又生一计，他与其母商议，劝瞽叟叫舜去修井。于是瞽叟对舜说："这几天不下雨，井水浅，你下井去把泥沙掏干净，把井挖深一点。"舜回到自己的房间，把修井的事告诉妻子。娥皇和女英便各取一把短斧给舜，嘱咐舜要多加小心。

舜下井后，先不掏泥沙，而用两把短斧在井壁上挖了一个洞。洞刚挖好，象就在井上叫舜，舜答应了一声。象知舜在井里，急忙和瞽叟一起动手，往井里推泥团、石块，打算把舜堵死在井里。

象估计舜已死了，便手舞足蹈跑到其母面前说："妙计由我想出，现在可以把哥哥的东西分了，粮仓和牛羊归你和爸爸，两个嫂子和琴等用具归我。"

舜早已料到象居心不良，当象在井口叫舜，舜应了一声后，便躲到刚挖好的井洞里。原来这口井通旁边的另一口井，舜估计象已经走开，就从旁边的井口爬出。

这时，象走进舜的房间，这摸摸，那看看，心想：所有的东西都是我的了。

正当象心旷神怡地弹着琴时，舜从外面走进来，和象打招呼。

象不觉大惊失色，满脸通红，转身朝屋外跑去。

舜连忙把象叫住，和颜悦色地说："你来得正好，我这里有些事要你帮助料理一下。"

舜仍和过去一样，对弟弟友爱，对父亲孝顺。尧对舜经过一段时间的考察，认为舜的品德的确很好，而且能够从容应付各种棘手的事情，于是就要舜帮助他掌管行政方面一些事物。

舜上任后，很注意选拔人材。当时高阳氏有八个才子，人们称之为"八恺"，高辛氏有八个才子，人们称为"八元"，都贤明正直，多才多艺，都被舜推荐出来协助工作。舜帮助尧办理政事，不管做什么，都办得井井有条，因此，受到各部落的首领和远方来朝宾客的尊敬。经过几年的考察，尧认定舜可以做他的接班人，就把最高首领的位置让给了舜。尧正是因为了解舜的心志状态，知道他的能力，才做到知人善任。

养志的目的就是要使自己安定，意志坚定精力集中。对外要明察各种人物，知道他们的意志状态，知道他们的能力，才能做到知人善任。而唐尧禅让的故事就说明了这一点。

在现实生活中，要达到"养志"的目的，首先就要安定自己的内心，努力做到心神合一，这样，欲望便无机可乘。世界上的事情纷繁复杂，只要意志坚定，心神合一，反复实践，就能顺利掌握其中的规律，事情也就变得得心应手、运用自如。

第三章　实意法螣蛇

━━ **原文**

实意法螣蛇①。实意②者，气之虑也。心欲安静，虑欲深远；心安静则神明荣③，虑深远则计谋成；神明荣则志不可乱，计谋成则功不可间。意虑定则心遂安，心遂安则所行不错④，神者得则凝⑤。识气寄⑥，奸邪得而倚之，诈谋得而惑之，言无由心矣。故信心术⑦，守真一而不化，待人意虑之交会，听之候之也。计谋者，存亡枢机⑧。虑不会，则听不审⑨矣，候之不得。计谋失矣，则意无所信，虚而无实。故计谋之虑务在实意，实意必从心术始。无为而求安静，五脏和通六腑⑩。精神魂魄固守不动，乃能内视、反听⑪、定志，思之太虚，待神往来，以观天地开闭，知万物所造化，见阴阳之终始，原人事之政理。不出户而知天下，不窥牖⑫而见天道。不见而命，不行而至，是谓"道"。知以通神明，应于无方⑬而神宿⑭矣。

注释

①螣（téng）蛇：传说中的神蛇，能腾云驾雾，在云中飞舞。

②实意：实，充实，充满；意，意思，思虑。

③神明荣：神，精神，神志；明，聪明；荣，繁茂、旺盛。

④心遂安，则所行不错：如果内心平安，就不会有错误。

⑤凝：稳定、巩固。

⑥寄：依附。

⑦信心术：使心术诚明。

⑧枢机：关键、重点。

⑨审：详细，周密。

⑩六腑：指胆、胃、膀胱、小肠、大肠、三焦（指自舌的下部沿胸腔至腹腔的部分）。

⑪反听：听取他人的意见。

⑫牖（yǒu）：窗户。

⑬无方：无限的世界。

⑭神宿：神明留住心中。

译文

要坚定意志，就要效法螣蛇。坚定意志就是要在五气和思想上下功夫。心情要安祥宁静，思虑要周到深远。只有心情安祥宁静，精神就会愉快；只有思虑深远，计谋才能成功。精神愉快，心志就不会紊乱；计谋成功，功业就不可抹杀。

意志和思虑能安定，心情就能安详，其行为没有差错，精神就能宁静。如果胆识和心气只是暂时寄住，那么奸邪就会乘机而入，阴谋也会乘机来施展，所讲的话也不是经过用心考虑的。因此要坚信通达心灵的方法，信守纯真始终不变，静静地等待意志和思虑的交汇，听候期待这一时机的到来。计谋是国家存亡的关键，思虑不和意志交会，所听到的事就不详明。即使等候，时机也不会到来，计谋也就失去了作用，那么意志也就无所依赖，计谋也就成了虚而不实的东西。所以，思虑计谋时务必要做到意志坚强，心气宁静。无为要求安五脏和通六腑，使精神、魂魄固守纯真，不为外界所动。于是就可以对内自我省察，对外听取消息。凝神定志，神游太虚幻境，等待时机和神仙往来，观察开天辟地的规律，了解自然界万物演变的过程，揭示阴阳变化的规律，探索人世间治国安邦的道理。这样自己不出门就能知晓天下大事，不开窗就能看见天道，没看见民众就发出命令，没推行政令就天下大治，这就是所谓的"道"。它能和神明交往，和无限的世界相应和，并可以使神明长驻心中。

🕐 鬼谷锦囊

"心欲安静，虑欲深远"，每个人都需要安静，都希望思虑能够深远。只有意志、思虑安定，才能使心境保持安详；心境安详则精神愉快，精神愉快则精力集中，这样就可避免差错的出现。"心安静则神明荣，虑深远则计谋成，神明荣则志不可乱。"安心是静心的前提，只有静心，才能使人体五脏六腑内的环境得以有序地进行自我调节，实现和谐与平衡，这样，人的精、气、神才能得到滋补与营养，达到精力充沛、心神旺盛的境地。

人生在世，要实现理想，干出一番大事业，就必须拥有健康的体魄、充沛旺盛的精神。在现实生活中，要修身养生，就必须像对待理想、对待事业那般做到"实意"，即真心真意，而不能虚情假意；要一心一意，杜绝三心二意，更不能左顾右盼一切只做表面文章，要朝着学术事业的纵深发展。让坚定的信念和真心实意作基础的同时，遵循一定的科学方法，最终实现自己的理想。

◎ 延展阅读

计谋是国家兴衰的关键，要兴就要先谋划再实施，只有谋划周密、考虑周全，才能取得成功；如果先实施再谋划，必然导致失败。因此，在实际生活中，凡事都要从实际出发，开动脑筋，分析情况，将各种因素考虑周全，并采取相应的对策，这样才能让自己处于主动地位，立于不败之地。

战国时代，齐楚为土地而发生争执。楚襄王谋定而后动，用慎子之谋，统纳众臣之议，终于保住了500里国土。

楚襄王做太子时，曾在齐国当人质，楚怀王死后，太子要赶紧归国继承君位。齐王却乘机要挟他，提出以楚国东部五百里土地作为交换条件，不然就不放他回去。太子向身边随臣慎子求教。

慎子认为，回国继承君位是大事，可以先答应齐国的要求，余下的事以后再说。太子回国继承了君位，即为楚襄王。

不久，齐国便派使者带领兵车50辆，前来索要先前答应的500里土地。襄王很为难，又向慎子讨主意。

慎子说："明日您上朝时，召见众臣，让大家都献计。"

第一个献策的是上柱国子良，他说："不能不给，身为君主，金口玉言。过去已经答应，现在不给就是不讲信用。那样，日后在诸侯国也难以取信。应当先给，然后再出兵夺取回来。先给他，表明我们言而有信。再次取回来，证明我们武力强大。"

子良退出，昭常入见襄王说："不能给。我们楚国能够号称万乘之国，就是因为地盘广大。如今割去东部500里土地，楚国就去掉了一半，岂非徒有万乘之名而无万乘之实？坚决不能给！请求大王让我领兵去东部镇守边境。"

昭常退出，景鲤入见，他说："不能给。不过，以楚国自己的力量也难以守住。莫如答应给他，以践约守信。请大王再派我去求救于秦，助我守地。"

景鲤出，慎子最后入见。

楚襄王便把子良、昭常、景鲤三人的主张都讲给慎子，并且说："众说纷纭，我将何所适从？"

慎子听罢，从容地说："这些建议大王都可以采用。"

楚王十分迷惑，阴着脸说："此话是什么意思？"

慎子说："臣请用事实去证明他们的三种主张都是可行的。"

于是，慎子便向楚王说出了具体的办法："大王可以先让上柱国子良前往齐国献地；第二天，派昭常去东部镇守；第三日，再派景鲤去向秦国求救。"

楚王便依计而行。

子良到了齐国，告知齐王同意立即献地之事。可是，当齐国派兵去东部接管地盘时，守将昭常却说："我奉命守此东地，便当守职尽责，与国土共存亡。如果你们一定要夺取这块土地，我这五尺男儿，还有上至皓首老人，下至三尺儿童，以及30多万楚国士卒，都愿为守护东部国土而献身！"

齐王闻讯，便谴责子良说，"大夫你亲自前来献地，如今又令昭常镇守，这是何故！"

子良说："我奉楚王之命前来献地是真，昭常不给是有违君命。请大王出兵东地攻打昭常便是。"

于是，齐王大举兴兵攻打东地。但还未到达楚国边界，秦国已出动50万大军兵临齐国。秦军统帅派使者致意齐王说："当初齐国阻止楚太子归国继承君位，并乘机要挟，索要土地，这是不仁；如今又出兵强行攻占楚国土地，这是不义。如果退兵便罢，不然，我就不客气了。"

　　齐王唯恐后方有闪失，只好让子良回归楚国，并派使者赴秦讲和。结果，楚国既保住了东部 500 里国土，又未失义于天下。

　　客观事物总是相互联系相互作用的。楚襄王遇有疑难，能够做到先谋而后动，可以说是明智之举。子良、昭常、景鲤三人的建议截然不同，而慎子却善于各取其长，互为补充，形成一个保全国土的上上之策，这样的一谋统三筹，慎子不愧是大智之人。

　　人无远虑，必有近忧。如果不考虑长远利益，就无法谋划当前的问题；如果不考虑全局利益，就无法处理局部问题。只有谋深计远，及时认识和掌握事物变化发展的规律和趋势，事先采取相应的对策，才能做到知人所不知，见人所不见。

第四章　分威法伏熊

▰ 原文

分威①法伏熊②。分威者，神之覆③也。故静固志意，神归其舍，则威覆盛矣。威覆盛，则内实坚；内实坚，则莫当；莫当，则能以分人之威，而动其势，如其天。以实取虚，以有取无，若以镒称铢④。故动者必随，唱者必和，挠其一指，观其余次，动变见形，无能间者。审于唱和，以间见间，动变明，而威可分。将欲动变，必先养志，伏意以视间。知其固实者，自养也。让己者，养人也。故神存兵亡，乃为之形势。

注释

①分威：影响很远，威势盛大。

②伏熊：想要进行偷袭的熊，首先要把身体伏在地上，然后才采取行动。

③覆：覆盖，遮盖。

④以镒称铢：容易移动的意思。镒是重量单位，相当于二十四两；铢，二十四铢为一两。

译文

分布隐蔽威风，就要效法伏熊。所谓分威，就是把威风隐藏起来。要平心静气地坚持自己的志向，使精神归于心舍，那么威风就会显得更加强劲。威风因隐伏而强劲，内心就更坚定有底。内心坚定，就所向无敌。所向无敌，就可用分布隐伏威风来壮大气势。使其像天一样壮阔。用实来取虚，以有来取无，就像用镒来称铢一样轻而易举。因此，只要行动，就必定有人追随；只要呐喊，就会有人附和。只要屈起一个指头，就可以观察其余手指的活动，只要能见到各指活动的情形，就说明外人无法离间他们。如果通晓唱和的道理，就可用离间的手法去加大敌人的裂痕。如果审察透彻，就能让敌人的弱点暴露出来。这样行动就不会盲目，威势也可以分散一些。将要有所行动必须先修养心志，隐蔽自己的实力，暗中观察对手的漏洞。凡是意志坚定的人，就是能自我养气的人。凡是谦逊的人，就是能替人养气的人。因此要设法让精神的交往发展下去，让武力争斗得以化解。这就是所要实现的形势。

鬼谷锦囊

"分威"就是把自己的实力、神威隐藏起来，以实来取虚，以有来取无。"实"就是军队的勇、强、治、佚众、有备等强点；"虚"就是怯、弱、乱、寡、无备等弱点，要善于利用对方的弱点来取胜对方。

在特殊的形势下，用伪装的方法将真正的志向和动机隐藏起来，使自己不受外来的干扰和侵略，便于保存和发展自己。原本能够攻下却故意装作不能，原本能够守住却故意假装不能，有战斗能力却故意装作没有。通过伪装来迷惑敌人，让其陷于被动地位，乘势战而胜之。

⊙ **延展阅读**

运用这样的谋略方法，应注意掌握谋略对抗的全局，在可能的基础上掩饰自己，设下骗局，决不消极退让，一旦敌人上当，便采取正确进攻的方法以战而胜之。

唐宪宗时，戎族和羯族进攻中原地区，皇帝下令，调动南梁的5000人马，前往京师驻镇。南梁军队刚要出发，众人叛乱，赶走了他们的统帅。聚集起来抗拒王命。这种状况持续了一年多。唐宪宗为此事深感不安。这时候京兆尹温造请求单枪匹马前往处理此事。他到了南梁境内，南梁人看见只是来了一个儒生，温文尔雅，认为不会有所作为，因此放松了对他的警惕。

温造到达目的地后，只是宣读了皇帝的诏书，对大家安抚和问候一番，对于作乱之事只字未提，仿佛没有事情一般，就连南梁军队中那些挑头作乱、全副武装的人，温造也装作没看见。

有一天，温造在操场中设置乐队演乐曲，全军战士都前往操场听乐曲，温造叫军人在长廊下边吃饭，饭桌的前边正对着长廊的台阶，南北两行设置了两根长绳，让军人各自在面前的长绳上挂上他们的刀剑，然后吃饭。酒宴刚开始，忽然响起了一声鼓，温造手下的人站在长廊的台阶上，从两头齐力平举两根绳索，于是所有的刀剑瞬间离开地面三丈多高。没有武器的军人们显得一片慌乱，根本无法施展他们的勇武。这时温造把门关上，命令手下的人斩了这些叛军。从此以后，南梁地方的人不再谋反了。

温造采取既往不咎、若无其事的态度来稳住叛军，当对方松懈之时，便突然发起袭击，将他们一举歼灭。温造的计策，也显示出了他外柔内刚的一面。

当形势不利于自己的时候，要善于伪装自己，表面上装疯卖傻，给人以碌碌无为的印象；

要善于隐藏自己的真才实学，掩盖内心的政治抱负，以免引起他人的警觉，等时机一到，便一举进攻，实现自己的理想。

在职场生活中，要善于分散对方的威势，就要不断迷惑对方，使对方无法摸透自己，令对手防不胜防。要学会正确隐藏自己的真实意图，让别人看不出你的真实想法，只有这样才能在不知不觉中集中自己的实力，实现自己的愿望。

秦朝末年，张良在博浪沙谋杀秦始皇没有成功，便逃到下邳隐居。

一天，他在镇东石桥上遇到一位白发苍苍、胡须很长、手拄拐杖、身穿褐色衣服的老人。老人的鞋子掉到了桥下，便要张良去帮他捡。张良面露惊讶，心想：你算老几？敢让我帮你捡鞋子？张良甚至想以拳相向，但见他年老体衰，而自己却年轻力壮，便克制住自己的怒气，到桥下帮他捡回了鞋子。

谁知老人不仅不道谢，反而大咧咧地伸出脚来说："替我把鞋穿上！"张良心底大怒：好个糟老头子，我好心帮你把鞋捡回，你却得寸进尺，真是过分！

张良正想脱口大骂，但又转念一想，反正都捡回来了，干脆好人做到底，便默不作声地替老人穿上了鞋。张良的恭敬从命，赢得了老人"孺子可教"的首肯。又经过几番考验，老人终于将自己用毕生心血注释而成的《太公兵法》送予张良。

得到这本奇书，张良日夜诵读研究，后来成为满腹韬略、智谋超群的汉代开国名臣。

张良为老人拾鞋、穿鞋的过程中，尽量克制自己的不快，看似一副窝囊模样，但这并不是软弱的表现。明知自己身强力壮，还处处礼让，这既显示了对老人的尊重，又显示了对自身品格的完善。正是在不断礼让的过程中，张良磨砺了意志，增长了智慧，最终成为一名杰出的军事家、政治家。

郑庄公准备伐许。战前，他先在国都组织比赛，挑选先行官。众将认为露脸立功的机会来了，都跃跃欲试，准备一显身手。

第一个项目是击剑格斗。众将都使出浑身解数，只见短剑飞舞，盾牌晃动，斗来冲去。经过轮番比试，选中6人参加下一轮比赛。

第二个项目是比箭。取胜的6名将领各射3箭，以射中靶心者为胜。有的射中靶边，有的射中靶心。第5位上来射箭的是公孙子都，他武艺高强，年轻气盛，向来不把别人放在眼里。只见他搭弓上箭，3箭连中靶心。他昂着头，瞟了一眼最后那位射手，退了下去。

最后的射手是位老人，他叫颍考叔，曾劝庄公与母亲和解。颍考叔上前，不慌不忙，只见他三箭连中靶心，与公孙子都射了个平手。

只剩下两个人了，庄公派人拉出一辆战车来，说："你们二人站在百步开外，同时来抢这部战车。谁抢到手，谁就是先行官。"公孙子都轻蔑地看了一眼对手，不料跑到一半时，公孙子都却脚下一滑，跌了个跟头。等爬起来时，颍考叔已抢车在手。公孙子都很不服气，提了长戟就来夺车。颍考叔见状，拉起车来飞步跑去，庄公忙派人阻止，宣布颍考叔为先行官。公孙子都从此怀恨在心。

颍考叔果然不负众望，在进攻许国都城时，手举大旗率先从云梯上冲上许都城头。眼见颍考叔大功告成，公孙子都嫉妒得心里发疼，竟抽出箭来，搭弓瞄准，朝城头上的颍考叔射去，颍考叔从城头栽下来。另一位大将瑕叔盈以为颍考叔被许兵射中阵亡了，忙拿起战旗，又指挥士卒冲城，终于拿下了许都。

不露锋芒，也许永远得不到重任；但锋芒太露，又难免招人陷害。虽然取得暂时的成功，却为自己掘好了坟墓，当你施展自己才华的同时，也埋下了危机的种子。因此，才华的显露要适可而止。

"大智若愚，大巧若拙"。做人要低调，要尽量掩饰自己的聪明，不向他人夸耀或抬高自己，注重提高自身的修为和素质，对待事情能持开放的态度，真心实意地踏实做事。尤其是身处职场，学会收敛和隐匿锋芒，不仅能保护自我，还可以充分发挥自己的才能，要克服、战胜骄傲自大的心理，凡事不要太张狂，让自己养成谦虚让人的美德。

第五章 散势法鸷鸟

■■ **原文**

散势法鸷鸟①。散势者，神之使也。用之，必循间而动。威肃、内盛，推间而行之，则势散。夫散势者，心虚志溢。意失威势，精神不专，其言外而多变。故观其志意为度数，乃以揣说图事，尽圆方、齐长短。无间则不散势；散势者，待间而动，动而势分矣。故善思间者，必内精五气，外视虚实，动而不失分散之实；动则随其志意，知其计谋。势者，利害之决，权变之威。势散者，不以神肃察也。

注释

①鸷鸟：凶猛的鸟，如鹰、雕之类。

译文

散开舒展气势就要效法鸷鸟。散开气势是由精神支配，实施时必须沿着一定的空隙运行，才能威风壮大、内力强盛。如果寻找空隙运行，那么气势就可以散开。气势散开的人，能包容和决定一切。意志力一旦丧失威势，精神就会陷于涣散，言语就会外露无常。为此，要考察对方意志的度数，以便用揣摩之术来谋划大事，比较方圆，衡量长短。如果没有空隙就不分散气势。所谓散势，就是等待适当时机而行动。一旦采取行动，气势就会分散。因此，善于发现对方漏洞的人，一定要对内精通五气，对外观察虚实。即使行动，也不使自己失之于分散。行动起来以后，就要跟踪对方的思路，并掌握对方的计谋。有气势，就可以决定利弊得失，就可以威胁权变的结局；气势一旦溃败，就没有必要再去认真研究了。

鬼谷锦囊

在各种竞争中，要培养自己的气势，树立自己的威信，就要保持内部坚实、士气旺盛，要顺利地控制和利用对方的各种权势，要善于观察对方的虚实，发现对方的漏洞，揣摩对方的计谋，一旦对方出现漏洞，就立即采取行动，从而使自己立于不败之地。

商场如战场，重要的是谁先占得先机。能够乘隙而入，抢占先机，即使再强大的敌人也总有他的薄弱之处；任何商业市场，也总还有空缺的需求。要做到乘隙而入，首先就要进行冷静地分析，只有找准了才能进入。

延展阅读

要达到散发威势的目的，就要效法鸷鸟，要善于利用对方的间隙采取行动，只有这样，威势才能发散出去。在散发威势的过程中，要保持思绪稳定，才能保证考虑周到；要让意志充沛，才能顺利地进行决断。假如出现意志衰弱的现象，就会导致威势的丧失；假如精神上不能够做到专一，那么，在说话的时候就会出现断断续续甚至前后矛盾的情况。

因此，在职场生活中，我们要善于观察对方的思想意志和从事标准，通过运用揣摩之术来对他进行游说，并采取不同的政治策略来谋划各种各样的事情，有时圆转灵活，有时方正直率。假如缺少间隙或意志等主客观条件的话，就不能将威势顺利地散发出去，因此，散发威势必须等待间隙而采取行动。那些善于发现间隙或时机的人，他会紧紧地抓住对方的思想意志，及时了解对方的计谋，而不会轻易地失去散发威势的实效。

公元 383 年，氐族前秦统一了黄河流域地区，势力极为强大。前秦王符坚坐镇项城，调集九十万大军，打算一举歼灭东晋。他派其弟符融为先锋攻下寿阳，初战告捷，符融判断东晋兵力不多并且严重缺粮，建议符坚迅速进攻东晋。符坚闻讯，不等大军齐集，立即率几千骑兵赶到寿阳。

东晋将领谢石得知前秦百万大军尚未齐集，于是抓住时机，击败敌方前锋，挫敌锐气。谢石先派勇将刘牢之率精兵五万，强渡洛涧，杀了前秦守将梁成。刘牢之乘胜追击，重创前秦军。

谢石率师渡过洛涧，顺淮河而上，抵达淝水一线，驻扎在八公山边，与驻扎在寿阳的前秦军隔岸对峙。

符坚见东晋阵势严整，立即命令坚守河岸，等待后续部队。

谢石看到敌众我寡，只能速战速决。于是，他决定用激将法激怒骄狂的符坚。他派人送去一封信，说道，我要与你决一雌雄，如果你不敢决战，还是趁早投降为好。如果你有胆量与我决战，你就暂退一箭之地，放我渡河与你比个输赢。

符坚大怒，决定暂退一箭之地，等东晋部队渡到河中间，再回兵出击，将晋兵全歼水中。他没想到秦军由各族人混杂而成，与他并不一心，士气不高，撤军令下，被迫降秦的东晋将领朱序趁机大喊："秦军败退了！"兵将顿时大乱，争先恐后，人马冲撞，乱成一团，怨声四起。这时指挥已经失灵，几次下令停止退却，但如潮水般撤退的人马已成溃败之势。

谢石乘势指挥东晋兵马，迅速渡河，乘敌人大乱，奋力追杀。前秦先锋苻融被东晋军在乱军中杀死，苻坚也中箭受伤，慌忙逃回洛阳。前秦大败。

淝水之战，东晋军抓住战机，乘虚而入，是古代战争史上以弱胜强的著名战例。

大部队在移动的过程中，肯定会有漏洞的出现。比如，军队急于前进，各部移动速度不一，这就给统一调动军队造成了一定的困难，从而导致协调失灵、战线越拉越长，可乘之机也就越来越多。此时，就要善于看准敌人的间隙，抓住有利的时机给予对方致命的一击。

古人云：善战者，见利不失，遇时不疑。讲的就是要善于捕捉战机，看准对方在移动中出现的漏洞，抓住最薄弱的地方，乘虚而入，最终取得胜利。当然，小利是否应该必得，这就需要从全局出发，只要不会造成"因小失大"的后果，即使小胜的机会也不应该放过。

唐朝中期，各镇节度使都拥有军事、经济大权，根本不把朝廷放在眼里。蔡州节度使的儿子吴元济在父亲死后，起兵叛乱。唐宪宗派大将李愬任唐州节度使，剿灭吴元济。

李愬刚到任就放风麻痹吴元济，散布说，我只是一个懦弱无能的人，朝廷派我来，只是为了安顿地方秩序，至于攻打吴元济，与我无干。吴元济观察了李愬的动静，见他毫无进攻之意，也就不把李愬放在心上了。

其实李愬一直在思考攻打吴元济老巢蔡州的策略，他趁机擒获了吴元济手下的大将李佑，并对他以礼相待，李佑也因此大受感动。李佑告诉李愬，吴元济的主力部队都部署在洄曲一带，防止官军进攻，而防守蔡州城的不过是些老弱残兵。蔡州是吴元济最大的空隙，如果出奇制胜，应该迅速直捣蔡州，活捉吴元济。

在一个雪天的傍晚，李愬率领精兵抄小路，神奇地直抵蔡州城边，趁守城士兵呼呼大睡之际，爬上城墙，杀了守兵，打开城门，部队静悄悄涌进了城。

待吴元济从睡梦中惊醒，发现宅第已被围困，负隅顽抗，终于被捉。李愬将吴元济装进囚车，押往长安。驻扎在洄曲的董重质见大势已去，也向李愬投降。

李愬能够取得最后的胜利，关键在于他懂得如何捕捉战机，能够看准吴元济在活动的过程中所出现的漏洞，抓住最大的空隙并乘隙而入。

第六章　转圆法猛兽

▰ 原文

转圆法猛兽①。转圆者，无穷之计也。无穷者，必有圣人之心，以原不测之智。以不测之智而通心术，而神道混沌为一，以变论万类，说义无穷。智略计谋，各有形容②，或圆或方、或阴或阳、或吉或凶、事类不同。故圣人怀此之用。转圆而求其合。故与造化者为始，动作无不包大道，以观神明之域。天地无极，人事无穷③，各以成其类。见其计谋，必知其吉凶、成败之所终也。转圆者，或转而吉，或转而凶。圣人以道先知存亡，乃知转圆而从方。圆者，所以合语；方者，所以错事④；转化者，所以观计谋；接物者，所以观进退之意。皆见其会。乃为要结，以接其说也。

注释

①转圆法猛兽：圣人的智慧就像转动中的圆珠，所以才能操纵自如无所停滞，不过这却很类似猛兽的动作。转圆，转动圆体的器物，比喻便易迅速。

②形容：形象。

③天地无极，人事无穷：天地永远无边无际，人间也有无穷的吉凶循环。

④错事：错，通"措"。措事，安置事物。

译文

要把智谋运用得像转动圆球一样，就要效法猛兽。所谓转圆，是一种变化无穷的计策。要有无穷的计策，就必须有圣人的胸怀，以施展深不可测的智慧，再使用深不可测的智慧来沟通心术。哪怕在神明和天道混为一体之时，也能推测出事物变化的道理，能解释宇宙无穷无尽的奥秘。不论是智慧韬略还是奇计良谋，都各有各的形式和内容。或是圆略，或是方略，有阴谋、有阳谋、有吉智，有凶智，都因事物的不同而不同。圣人凭借这些智谋的运用，转圆变化以求得与道相合。从创造化育万事万物的人开始，各种活动以及行为没有不和天道相合的，借此也能反映自己的内心世界。天地是广大无边的，人事是无穷无尽的。所有这些又各以其特点分成不同的类别。考察其中的计谋，就能知道成败的结果。所谓转圆，或转而吉，或转而凶。圣人凭借道来预测存亡大事，于是也知道了转圆是为了就方。所谓圆，就是为了便于语言合转；所谓方；就是为使事物稳定；所谓转化，是为了观察计谋；所谓接物，是考察进退的想法。对这四种办法要融汇贯通，然后归纳出要点以及结论，以发展圣人的学说。

🔵 鬼谷锦囊

在生活中，最可怜的莫过于那些遇事举棋不定、犹豫不决、不知所措的人，这样的人很难得到他人的信任。如果要成就一番大事，首先就必须学会做出敏捷、坚毅的决断，这样，无论在何时何地都会让你受益无穷。它可以让你比以前更加自信，甚至比以前更容易得到他人的信任。相反，那些没有自己的主见、不能快速地进行抉择、凡事依靠别人生存的人，是注定一事无成的，最终只能被他人所摒弃。

◯ 延展阅读

转圆就是要效法猛兽扑食，行动迅速，达到以速取胜的目的。快速用兵，就要善于捕捉和创造战机，让指挥变得果断决策，切忌优柔寡断，犹豫不决，还要审时度势，见机行事。

天赐良机往往稍纵即逝，要抓住这些良机，就需要具备果断的素质。当然，果断并不等于草率，更不等于鲁莽，草率与鲁莽往往是那些愚昧无知和粗心大意者的伴生物，而果断则是经过深思熟虑做出的迅速而准确的反应。当机遇来临时，就必须快速地做出决策，让决策产生效用，否则，错失良机，即使再周密的决策也是徒劳无功的。

公元249年春，魏帝曹芳到洛阳城南90里的高平陵（魏明帝陵）去祭祀，曹爽和其弟中领军曹羲等人陪同，司马懿一看时机已到，便迅速部署人马将洛阳所有的城门关闭，并占领了武器库，接管了曹爽和曹羲的军营，又派兵到了洛水的浮桥上，这些都是以皇太后的命令行事的，一切准备就绪之后，司马懿又写了一个奏疏给曹芳，历数了曹爽的罪过，要求罢去他的兵权，不得稽留。

曹爽拿到奏疏后，无疑是一个晴天霹雳，不敢给曹芳看，惶惶然手足无措，不知所为。这时司马懿又派人前来劝说曹爽早早归罪，并指着洛水发誓说，这次行动只免曹爽的官职，其它一切如常，让他不必多虑。

当时有一名叫桓范的，担任大司农，是曹爽的同乡，这人有点智谋，他劝说曹爽当机立断，把天子带到许昌，然后再以天子的名义征发四方人马，可是懦弱的曹爽犹豫不决，迟迟做不出决定。

桓范说："这件事是明摆着，假如你能够和天子相随，号令天下，谁敢不响应呢？而且曹羲另有军营在外，可以随时调遣，从这里到许昌，不过是一天多点的时间，许昌兵库中的兵器足够我们使用，要说担心的也就是粮食，可是大司农的印章在我们这里，你还犹豫什么？"

从天黑一直说到天亮，可曹爽兄弟还是不敢行动。五更时分，曹爽把刀朝地上一扔说："我就算把兵权交给司马懿，仍然有爵位在身，还可以做一个富家翁。"

桓范一看，大哭道："曹子丹（曹爽之父曹真字子丹）这样一个出色的人物，怎么生出你们兄弟俩，比猪还蠢，我也会受你们连累而罪至灭族的。"

于是曹爽将奏疏送到曹芳那里，免官后回到洛阳家里，司马懿马上派人将他软禁起来，又在他住宅四角筑起高楼，派人日夜监视其行动，有时曹爽拿着弹子到园子里打鸟，角楼上的人就高喊："故大将军朝东南方向走了。"曹爽至此已是一筹莫展。

不久，曹爽等人以阴谋叛逆的罪名被下狱处死。

俗语说：当断不断，反受其乱。足智多谋的司马懿之所以能够打败曹爽，原因在于他行事果断、决策迅速；而才智低下的曹爽，在事情面前犹豫不决，无法当机立断，假如他能够听取桓范的计策，也许事情会朝着不同的结局发展。要以速取胜，就要善于捕捉和创造战机。

公元 233 年，魏国西北边疆地区出现险情，原来宗属曹魏政权并为曹魏戍守边塞的鲜卑人首领步度根，与一向抗拒曹魏政权的鲜卑人首领轲比能暗中往来，相互勾结，只是尚未发展到举兵反叛的程度。

隐情被并州刺史毕轨探出，遂部署军队，想达到对外威慑轲比能，对内镇抚步度根的目的，并上疏表奏了朝廷。魏明帝看完毕轨的表奏，大惊说："步度根不过一时被轲比能所诱惑，对于反叛心中尚存疑惧，毕轨现在出兵，只能使二人如惊弓之鸟，迅速合二为一。这等于是逼着步度根反叛，怎能实现内镇外慑的目的呢？"于是速下诏书，命令毕轨出兵不要过快，应以句注之地为界，不得越过，好给步度根留下悔改的余地。

明帝的见识果然不凡，毕轨刚要出兵，步度根便因恐惧而举兵出逃，远奔轲比能。然而见识虽深，诏书已晚，当诏书发至毕轨手中时，毕轨已派遣将军苏尚、董弼远追步度根。追至楼烦，疲惫的曹兵与前来迎接步度根的轲比能发生遭遇战，曹兵大败，步度根所率的鲜卑族人遂全部叛逃出塞，与轲比能联合，经常寇扰曹魏的边疆地区。

毕轨智谋不足、见事不明、愚莽行事，这是导致他失败的根本原因。因此，要达到快速用兵、以速取胜的目的，还需要有足够的智慧和稳定的心态，万事切合实际，只有预先对事情进行谋略，才能在机会来临的时刻取得胜利。

如果要成就一番事业，那么，犹豫不决、优柔寡断就是一个致命的弱点，如果不具备果断决策的能力，那么，你的人生就如同漂泊在海上的孤舟，只能任凭风吹雨打，永远也到不了成功的目的地。那些优柔寡断的人，最后落得两手空空的下场，是成不了大事的，因为他的犹豫之心允许机会的流失。

义渠国君到魏国的时候，魏将公孙衍对他说："两国路途相隔甚远，日后恐怕难得再拜见君王了，请听我报告一些内幕消息。"义渠君点头表示很乐意听。

公孙衍说："假如中原诸侯不攻打秦国，那么秦国就会将那些山野草木烧掉，修一条路来夺取君王之国；假如中原诸侯攻打秦国，那么秦国将会派急使送重礼去巴结君王。"义渠君说："我会记住您的话。"

过了没多久，楚、燕、韩、赵、魏五国联军攻秦（公元前318年）。说客陈轸对秦惠王说："义渠君是蛮夷诸国中的贤君，大王不如送重礼去安抚他，免得有后顾之忧。"秦惠王同意了，就挑选五彩刺绣的细绢一千匹和美女一百名送给义渠君。义渠君召集群臣开会，说道："这就是公孙衍所说的内幕消息，秦国来通知我们出兵了。"

就这样，义渠君把握良机，派兵偷袭秦国，在李帛城大败秦军。

事实上，那些犹豫不决的人经常会担心事情的凶吉好坏。今天做出一个抉择，明天会发生更多的可能性，这就是迟迟不敢迅速决断的原因。他们也会因此而失去很多良好的机会、埋没很多可行的点子。如果什么事情都像墙头草一样摇摆不定，那么，无论在哪一方面有多么优秀，多么的强大，在生命的竞赛中也只能被那些坚定的人远远地挤到一边。因为果断者遇事当机立断，想到什么就会立刻去做。也可以这样说，拥有最睿智的头脑不如拥有果敢的判断力。成千上万的人在竞争中溃败而归，就是因为他们的延误与耽搁，而那些成功者们，正是因为在关键的时刻能够冒着巨大的风险，迅速做出决定，从而为自己创造人生的财富。

由此可见，果断决策的个性习惯对每个人都有着非常重要的作用。即便偶尔做出一个错误的决定，也总比不做任何决定要好。快速决策和异常大胆使许多成功人士度过了危机和难关，而关键时刻的优柔寡断几乎只能给自己带来灾难性的后果。

有一只老虎在山间丛林中觅食。茂密的松林遮挡了老虎的视线，使他无从知道此时猎人布置的陷阱就在附近。这时，老虎看到前方似有猎物出现，于是奋力追赶，不想老虎的脚掌被一个铁圈给钩住了。

老虎想挣脱束缚，但是铁圈把它牢牢地固定在了原地。这时，手持猎枪的猎人出现了，他正慢慢地向老虎逼近，老虎似乎感觉到了死亡的来临。眼看着就要端起猎枪的猎人，老虎不再犹豫，它用尽全身的力气，猛地挣脱了铁链。但是，老虎的脚掌却永远地留在了铁圈上。老虎忍痛离开了这个危机四伏的地带。

在这个故事中，老虎断脚自然很痛苦，但是它却因此而保全了性命，一条腿与一条命相比，谁重谁轻，这就需要聪明果断的选择。同样，在现实生活中面临艰难的抉择时，也应像这只求生的老虎一样，果断地做出取舍，不要犹豫不决，只有这样，才能让自己成为一个高效率的执行者。

第七章　损兑法灵蓍

■ 原文

损兑法灵蓍①。损兑者，机危②之决也。事有适然，物有成败。机危之动，不可不察。故圣人以无为待有德，言察辞合于事③。兑者，知之也④。损者，行之也。损之说之，物有不可者，圣人不为辞也。故智者不以言失人之言。故辞不烦⑤而心不虚，志不乱而意不邪。当其难易，而后为之谋，自然之道以为实。圆者不行，方者不止⑥，是谓"大功"。益之损之，皆为之辞。用分威散势之权，以见其兑威其机危，乃为之决。故善损兑者，譬若决水于千仞之堤，转圆石于万仞之溪。而能行此者，形势不得不然也。

注释

①灵蓍：蓍，草名，古人常以其茎作占卜之用。

②机危：同"机微"，细微，常指细微的征兆。

③合于事：核对某种事物。

④兑者，知之也：兑能增长知识，加深认识。

⑤辞不烦：辞要简单而得要领。

⑥圆者不行，方者不止：如果施展巧妙的计谋，即使圆形物也不转动，四角物也不停止，所以能打破对方的一切计谋。圆者、方

者指计谋。

译文

要知道事物的损兑吉凶，可以效法灵蓍变化之法。所谓"损兑"，是一种微妙的判断。有些事在一定情况下很合乎现实，有些事会有成有败。那些微妙的变化，不可不细察。所以，圣人以无为之治对待有德之治，他的一言一行都要合乎事物变化的发展。所谓"兑"，就是以心眼观察外物。所谓"损"，就是排除不利而行之。如果对其减抑，对其说解，事情仍不顺利发展变化，圣人也不会讲明道理。因此聪明人不以自己的言论排斥他人的言论，辞应简明，而心中充满自信，意志不乱心无邪念。遇事根据其难易程度，然后进行谋划，而顺应事物的客观规律则是其根本。（现实中）圆的计谋实施不利，方的谋略就无法停止，这就是大功告成的前提。不论是增益其辞，还是减损其辞，都可以言之成理。用分散实力的权谋，就要发现增加威力之后所显示的危机，并做出决断。所以善于掌握损益变化的人，就像在千丈的大堤上决堤，又如在万仞山谷中转动圆石，运用自如。而之所以能这样做的原因，是形势变化的结果。

◎ 鬼谷锦囊

本篇主要指出了观察分析问题的原则。"兑"就是能够用心、眼来观察外物的人；"损"就是能够排除不利而行之。"损兑"，是一种微妙的判断，即便是最微小的变化，也不可不细察。

领导者在考察员工、选拔干部时，也应从平时的生活中去观察，去发现。因为，一个人在工作中可能有所隐瞒，但是从他平时的生活中，一些不经意的细节便可以显示出他的真实本性。而从生活细

节中去观察、识别人，往往会带有很大的经验性，这就要求领导者
们要时刻具备敏锐洞察的眼力，察觉他人不易发现的特点，能够在
短暂的言行中发现对方最隐蔽的特征。但在考察员工的时候，也不
能以偏概全，单从一件事上下结论，要善于从事物的多方面来分析
问题。

🕐 **延展阅读**

减损杂念、心神专一是判断事物隐微征兆的方法，而要达到减
损杂念、心神专一的目的，就需要效法灵验的蓍草。万事有成有败，
也有偶然巧合之间存在的隐微变化，不能不仔细观察，而观察言辞
要与事物结合，了解事物要做到心神专一，行动果断就要减少杂
念。因此，圣人用合乎自然的无为之道来对待所得知的情况。

当外界不赞同你的说辞时，圣人也不会强加自己的意见进行辩
解，由此看来，智慧之人不会因为自己的主张而排斥他人的主张，
因此能够做到言简意赅、毫不烦琐，能够保持心静而思不乱，坚定
志向而不被其动摇。

要能够适应事物的难易程度，为其制定策略，同时顺应自然之
道来进行实施。策略的增减变化，都要经过仔细地讨论来判断得失，
要善于揣摩对方的心理状态，了解事物隐微的征兆，然后再进行决
断。总之，那些善于减损杂念且心神专一的人，处理事物如同挖开
千丈大堤放水引流一般，又或者像在万丈深渊中转动圆滑的石头一
样，能够知微见著，以小见大，从而果断迅速的进行决策。而仅仅
通过观察对方的容貌声音，也能做到见微知著。

观察有着不可忽视的作用。在现实生活中，我们要善于从不同
的角度、用不同的方式进行观察，以小见大，以事物本身规律为依

据，只有这样，才能避免自己陷入一切片面和假象之中，从而获得真实、全面的结果。

吕布是三国时期以勇著称的战将，但是由于他屡屡更换门庭，认贼作父，终而死于非命。吕布被擒，表面上死于曹操之手，而实际上死于刘备之言。

东汉末年，群雄并起，争城掠地，互相兼并。当时，刘备占据了徐州，但吕布却乘刘备部将张飞的一时疏忽，袭占了刘备这个根据地。刘备势弱，只好逃驻小沛。表面上虽仍与吕布和好如初，但无时无刻不惦记着报仇。曹操一向爱才，早有收降吕布之心，他素知吕布骁勇善战，武艺天下无双，刘关张曾经三战吕布，也只打了个平手。吕布虽然武艺高强，为人却苟且贪生，当他被绑到帐前时，便有意试探地说："缚得太紧了，请稍松一点。"曹操回答说："一点都不紧。"吕布却对他说："你所顾虑的不过是我，如果有我辅佐你，天下何愁不定。"一句话正中曹操的心思，便有宽免收用之意。这时，吕布见刘备立在曹操身边，又恳求刘备能替他说句好话。可惜他万万没有想到，就在他生死关头的那一刻，刘备只慢悠悠地说了一句话，便结束了他的生命。当时，刘备对曹操说："难道您不知道吕布是怎样服侍建阳和董卓的吗？"刘备的话立刻提醒了曹操。当初吕布曾是丁建阳的部下和义子，他投靠董卓时，就亲手杀了义父丁建阳。后来为争貂蝉，吕布又杀掉第二个义父董卓。于是曹操立刻命令刀斧手把吕布推出斩首。

刘备进言斩吕布，既为自己报了夺地之仇，又避免曹操收降吕布为大将而增强势力，可谓一举两得。刘备的成功之处就是暗中观察吕布的短处，暗中利用这些事情来达到自己的目的。

考察是识别和衡量一个人能否担当重任的手段和方法。我国早在汉代就确定了刺史六条，用来监督和考察百官的政绩与行为，并将它立为百代不易的良法，可见，对人才的考察由来已久。

周亚夫是汉景帝的股肱重臣，他在平定七国之乱的时候立下过赫赫战功，以后又官至丞相，为汉景帝献言献策，可以说忠心耿耿。可是汉景帝在选择辅佐少主的辅政大臣时，周亚夫并没有入选，原因何在呢？

在古代，每个皇帝年老之后，皇位的继承问题就变得复杂起来，每个皇帝都会费一番心血，汉景帝也遇到了这个问题，当时太子才刚刚成年，需要辅政大臣的辅佐，为此汉景帝对周亚夫进行了一次试探。

一天，汉景帝宴请周亚夫，宴席上为他准备了一大块肉，但是没有切开，也没给他准备筷子。周亚夫看了，很不高兴，于是回头向主管筵席的官员索要筷子，汉景帝笑着说："丞相，我给你这么大一块肉，难道你还不满足吗？还要筷子，真是一个讲究的人啊。"

周亚夫一听，赶紧将帽子摘下，跪下向皇帝谢罪。

汉景帝说："起来吧，既然丞相不习惯这样吃，那就算了，今天的宴席就到此为止吧。"

周亚夫听后就向皇帝告退，快步走出了宫门。汉景帝目送他离开，并说："看他闷闷不乐的样子，实在不是辅佐少子的大臣啊！"

汉景帝试探周亚夫的方法可以说是很巧妙。辅佐少主的大臣，一定要是稳重平和、任劳任怨、没有丝毫骄气的人。因为少主年轻气盛，万一有什么事情做得不妥当，只有那些具有长者风范的人，才能容忍这些过失，一心一意的尽职尽责。

而从周亚夫的表现来看，就连皇帝失礼的举动他都无法忍受，一副闷闷不乐的样子，往后又怎么能包容少主的过失，进行好好的辅佐呢？汉景帝赏赐的肉，尽管食用不便，但从汉景帝的角度看来，周亚夫也应该二话不说、毫无怨言地吃下去，这是作为臣子安守本分的品德。他要筷子的举动，在汉景帝看来就是非分的做法，如果真的让他辅佐少主，就难免不会提出更多非分的要求，这是汉景帝不能不防的，因此汉景帝果断地放弃了周亚夫。

如果将汉景帝的这种见微知著的"察人术"引申到现代的职场上，就是要求我们多注意细节，善于观察分析事物。细节往往能够决定事物的成败，它也同样适用于人才的选择，因此，作为一名领导者，就要学会从细节之处考察人才。

由此可见，作为领导者，必须学会从外到内去认识人的本质，也就是从外在的容貌、神色、声音、举止等观察其内在的心声。只要加强自己分析事物的能力，处处留心观察，就能练就一双辨别人才的"火眼金睛"。